2024年版

論点別★重要度順

中小企業診断士試験

過去問

完全マスター

経営情報システム

過去問完全マスター製作委員会［編］

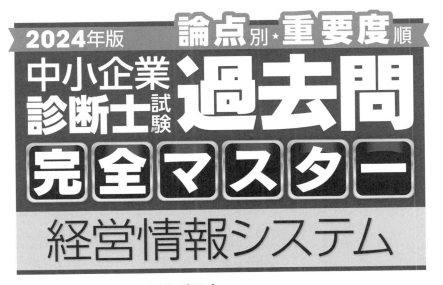

6

6: MANAGEMENT INFORMATION SYSTEM

同友館

はじめに

1. 中小企業診断士試験が受験生に求めているもの

中小企業診断士試験は，受験生に対して中小企業診断士として活動するための基礎的能力を持っているかを問う試験である。

1次試験では，考える力の土台となる幅広い知識を一定水準で持っているかを問い，2次試験では，企業を実際に診断・助言する上で必要になる情報整理力（読む力）・情報分析・考察力（考える力）・社長にわかりやすく伝える力（書く力・話す力）を持っているかを問うている。

これらは表面上で問われている能力であるが，実はあと2つの隠れた能力を問われている。

それは，「計画立案・実行能力」と「要点把握力」である。

中小企業診断士には，一定の期限までにその企業を分析・診断し，効果的な助言を行うことが求められる。

そのためには，診断助言計画を立案した上で，実行し，その結果を検証し，改善策を立案・実行する能力が必要である（計画立案・実行能力）。

また，自分にとって未知の業種・業態の企業を診断・助言する際には，できるだけ短期間でその企業に関する専門知識を得て，社長とある程度対等に論議できるように準備する能力も必要である（要点把握力）。

したがって，中小企業診断士試験では，1次試験で多岐にわたる領域を短期間で要領よく要点を把握し合格レベルに近づける力が問われており，試験制度全体では1年に1回しか実施しないことで，学習計画を立て効果的に学習を進める能力を問うているといえる。

2. 本書の特徴

本書は，中小企業診断士試験の1次試験受験生に対して，上述した「計画立案・実行能力」と「要点把握力」向上をサポートするためのツールである。

1次試験は7科目の幅広い領域から出題され，合格には平均6割以上の得点が求められるが，1年間で1次試験・2次試験の両方の勉強をするためには最大でも8か月くらいしか1次試験に時間を割くことはできないため，すべての科目のすべての領域

1

を勉強することは非効率である。

　したがって，受験生はいかに早く出題傾向を把握し，頻出な論点を繰り返し解くことができるかが重要となる。

　では，出題傾向や重要な論点はどのように把握すればよいのか？

　そのためには，過去問題を複数年度確認する必要がある。

　しかし，これまでの市販や受験予備校の過去問題集は年度別に編集されているので，同一論点の一覧性を確保したい場合や論点別に繰り返し解くツールが欲しい場合は，受験生自身が過去問題を出題項目ごとに並べ替えたツールを自ら作成する必要があった。

　これには時間も労力もかかるため，「市販の問題集で論点別にまとめたものがあったらいいのに…」と考える受験生も多かった。

　本書はそのようなニーズに対して応えたものである。

　平成26年度から令和5年度までの1次試験過去問題を収録し，中小企業診断協会の1次試験出題要項を参考にして並び替えたことで，受験生が短期間に頻出の論点を容易に把握し，繰り返し解き，自分の苦手な論点を徹底的に克服することができるよう工夫した。**なお，問題ランク（頻出度）Cの問題と解説については，電子ファイルで「過去問完全マスター」のホームページからダウンロードできる。**（最初に，簡単なアンケートがあります。URL：https://jissen-c.jp/）

　受験生の皆さんは，本書を活用して1次試験を効率よく突破し，2次試験のための勉強に最大限時間を確保してもらいたいというのが，本プロジェクトメンバーの願いである。

本書の使い方

1. 全体の出題傾向を把握する

　巻末に経年の出題傾向を俯瞰して把握できるよう，**「出題範囲と過去問題の出題実績対比」**を添付した。

　問題を解く前にこの一覧表で頻出論点を把握し，頻出な部分から取り組むことをお勧めする。

　また，実際に問題に取り組んでいく際，各章ごとに**「取組状況チェックリスト」**に日付と出来栄えを記入し，苦手論点を把握・克服する方法を推奨するが，出題領域のどの部分が苦手なのかという全体感の把握には活用できない。

　したがって，この一覧表をコピーし，自分が苦手な論点をマーカーなどでマークし

ておけば，苦手論点の全体把握ができるようになる。

2. 各章の冒頭部分を読む

　以下のような各章の冒頭部分に，出題項目ごとの頻出論点に関するポイントと出題傾向を記載している。まずは，この部分を読み，頻出論点の内容と傾向を把握してほしい。

---

1. 国民所得概念と国民経済計算

1－①　国民所得概念と国民経済計算

▶▶ 出題項目のポイント

　この項目では，診断先企業を取り巻く環境の1つである経済環境のうち，一国の経済の規模を把握するための指標の基礎についての理解を問われる。

　一国の経済を測定する国民経済計算とその構成要素の1つである国民所得勘定，そして，国民所得勘定の三面等価の原則，GDPを中心とした国民所得指標に関する知

---

3. 問題を解く

　各章の論点別に問題を解き，解説や各章の冒頭部分の説明を読み，論点別に理解を深める。取り組む優先順位がわかるように，各問題の冒頭には「頻出度」をベースに執筆者が「重要度」を加味して設定した「**問題ランク**」をA〜Cで記載している。

　「頻出度」は，原則として平成26年度から令和5年度の過去10年間で3回以上出題されている論点はA，2回出題されている論点はB，1回しか出題されていない論点をCとしている。ただし，平成13年度からの出題回数も一部加味している場合もある。

　また，「重要度」は，論点の基礎となる問題や良問と判断した問題ほど重要であるとしている。取り組む順番はAから始めてB，Cと進めることが最も効率よく得点水準を高めることになる。

4. 解説を読む・参考書を調べる

　頻出論点の問題を解き，解説を読むことを繰り返していくと，類似した内容を何度も読むことになる。結果，その内容が頭に定着しやすくなる。これが本書の目指すと

ころである。

　解説については，初学者にもわかりやすいように配慮しているが，市販や受験予備校の参考書のような丁寧さは紙面の都合上，実現することができない。また，本書の解説についてはわかりやすさを優先しているため，厳密さにはこだわっていない。

　なかなか理解が進まない場合もあるかもしれないが，そのような場合は，自分がわからない言葉や論点がわかりやすく書いてある受験予備校や市販の参考書を読んで理解を深めることも必要になる。

　この「興味を持って調べる」という行為が脳に知識を定着させることにもなるので，ぜひ，積極的に調べるという行為を行ってほしい。調べた内容は，本書の解説ページの余白などにメモしておけば，本書をサブノート化することができ，再び調べるという手間を省略できる。

5. 取組状況チェックリストを活用する

　各章の冒頭部分に，「取組状況チェックリスト」を挿入してある。これは，何月何日に取り組んだのかを記載し，その時の結果を記しておくことで，自分がどの論点を苦手としているのかを一覧するためのツールである。結果は各自の基準で設定してよいが，たとえば，「解答の根拠を説明できるレベル＝◎」「選択肢の選択だけは正解したレベル＝△」「正解できないレベル＝×」という基準を推奨する。

　何度解いても◎となる論点や問題は頭に定着しているので試験直前に見直すだけでよい。複数回解いて△な論点は本番までに◎に引き上げる。何度解いても×な論点は試験直前までに△に引き上げるという取り組み目安になる。

　時間がない場合は，問題ランクがCやBで×の論点は思い切って捨てるという選択をすることも重要である。逆にランクがAなのに×や△の論点は試験直前まで徹底的に取り組み，水準を上げておく必要がある。

■取組状況チェックリスト（例）

1. 国民所得概念と国民経済計算							
問題番号	ランク	1回目		2回目		3回目	
令和元年度　第1問	A	1／1	×	2／1	△	3／1	◎

目　次

情報通信技術に関する基礎的知識

経営情報管理

情報通信技術に関する基礎的知識

第1章

情報処理の基礎技術

1. ハードウェア

▶▶ 出題項目のポイント

　本出題領域では，診断先企業で使用するコンピュータ技術のうち，コンピュータの
ハードウェアの基礎についての理解を問われる。記憶装置に関する知識（特に仮想記
憶の出題頻度が高い）と，周辺機器に関する理解がポイントとなる。

・仮想記憶

　　仮想記憶とは，コンピュータの主記憶装置の容量が不足する際に，補助記憶装置
（一般的な PC ではハードディスク）の記憶領域を一時的に使用することで，容量
不足を解決する機能である。

・スワッピング

　　スワッピングとは，仮想記憶方式を用いた主記憶装置と補助記憶装置のデータの
やり取りである。

・スラッシング

　　スラッシングとは，スワッピングが頻発することでコンピュータの処理速度が低
下する現象である。

▶▶ 出題の傾向と勉強の方向性

　仮想記憶や断片化など，繰り返し出題されている用語について，記憶が定着するま
で，繰り返し過去問に取り組むことが望ましい。また，CPU，主記憶装置，ハード
ディスクなど，本出題領域で問われる各ハードウェアは，機能を実現するために互い
に連携して動作している。したがって，処理の流れとそれぞれの部品の役割を意識し
て学習することで，関連する知識をより効率的に身につけることができる。

■取組状況チェックリスト

1. ハードウェア							

コンピュータの機能

問題番号	ランク	1回目		2回目		3回目	
平成28年度 第3問	A	／		／		／	
平成29年度 第1問	A	／		／		／	
平成29年度 第2問	A	／		／		／	
令和2年度 第12問	A	／		／		／	
平成29年度 第14問	A	／		／		／	
令和元年度 第1問	A	／		／		／	
平成27年度 第1問	B	／		／		／	
平成26年度 第2問	B	／		／		／	
令和3年度 第1問	B	／		／		／	
令和5年度 第1問	A	／		／		／	
令和2年度 第2問	A	／		／		／	
令和元年度 第2問	A	／		／		／	
平成26年度 第1問	A	／		／		／	
平成28年度 第1問	A	／		／		／	
平成26年度 第6問	B	／		／		／	
令和4年度 第6問	C *	／		／		／	

コンピュータの利用

問題番号	ランク	1回目		2回目		3回目	
平成29年度 第4問	B	／		／		／	
令和5年度 第14問	C *	／		／		／	
平成28年度 第2問	C *	／		／		／	
平成29年度 第3問	C *	／		／		／	
令和2年度 第1問	A	／		／		／	
平成30年度 第1問	A	／		／		／	
令和5年度 第10問	B	／		／		／	
令和3年度 第2問	B	／		／		／	
平成30年度 第12問	B	／		／		／	

＊ランクCの問題と解説は，「過去問完全マスター」のHP（URL：https://jissen-c.jp/）よりダウンロードできます。

コンピュータの機能	ランク	1回目	2回目	3回目
	A	／	／	／

■平成 28 年度　第 3 問

　業務等に利用する各種のアプリケーションプログラムの実行が円滑に行われるように，コンピュータには様々な仕組みが組み込まれている。しかし，コンピュータの種類によってそれらの仕組みの装備状況が異なり，機能にも能力差があるので仕組みの内容を理解することも必要である。

　コンピュータの仕組みに関する以下の①～④の記述と，その名称の組み合わせとして，最も適切なものを下記の解答群から選べ。

① 　主記憶装置の記憶領域において，実行中のプログラムが使用しなくなった領域のうち断片化したものを整理し，連続して利用可能な記憶領域を確保すること。

② 　コンピュータが仮想記憶の仕組みを備えている場合，主記憶装置と補助記憶装置の間でデータの入れ替えを行うこと。

③ 　演算装置の処理能力に比べて大幅に処理が遅い装置に対するデータの入出力処理において，データを一時的に補助記憶装置等に保存して処理することで，コンピュータの処理効率を向上させること。

④ 　半導体の記憶装置を実装したハードディスクで，使用頻度が高いデータを半導体記憶装置に記憶させ，低速の磁気ディスクからの読み出し回数を減少させて処理の高速化を図ること。

〔解答群〕

　　ア　①：ガーベージコレクション　　②：スワッピング
　　　　③：ファイルダンプ　　　　　　④：キャッシング

　　イ　①：ガーベージコレクション　　②：ホットスワップ
　　　　③：スプーリング　　　　　　　④：ページング

　　ウ　①：コンパクション　　　　　　②：スワッピング
　　　　③：スプーリング　　　　　　　④：キャッシング

　　エ　①：コンパクション　　　　　　②：ホットスワップ
　　　　③：ファイルダンプ　　　　　　④：ページング

解答	ウ

■解説

　コンピュータのアプリケーションプログラムを円滑に実行するための仕組みに関する知識を問う問題である。

①：メモリコンパクションに関する記述である。OS は，アプリケーションプログラムの指示に応じて，主記憶装置（一般的にメモリを指す）の記憶領域を確保する。アプリケーションプログラムは，アプリケーションプログラムが処理を終了して使用しなくなった記憶領域を確保し続けることがある。それが頻発すると，最終的に使用可能なメモリの空き領域が散在してメモリの使用効率が低下する，断片化と呼ばれる状態になる。メモリコンパクションは，プログラムが使用しなくなった領域のうち断片化したものを整理し，連続して利用可能な領域を確保することで，メモリの利用効率を改善する処理である。

②：スワッピングに関する記述である。スワッピングとは，仮想記憶方式を用いた，主記憶装置（一般的にコンピュータのメモリを指す）と補助記憶装置（一般的にコンピュータの HDD や SSD を指す）のデータのやり取りである。仮想記憶方式とは，主記憶装置の容量が不足した場合，補助記憶装置を使用して容量不足を補う機能である。

③：スプーリングに関する記述である。スプール処理とは，処理能力が低速な入出力装置などに演算装置（CPU）が処理を実行指示する際に，データを一時的に補助記憶装置等に保存する処理である。これにより，入出力装置からの実行結果の応答待ち時間の間，CPU が他の処理を実行することが可能になるため，コンピュータの処理効率が向上する。

④：キャッシングに関する記述である。使用頻度が高いデータを，入出力速度が遅いハードディスクではなく入出力速度が速いメモリ上に配置することで，処理を高速化する方式である。CPU のチップに内蔵されているキャッシュメモリと用語が似ているため混同しやすいが，別の用語である。ただし，キャッシュメモリは，CPU の入出力速度と比較して主記憶装置が遅い点を改善するための方式であるため，入出力速度の差異を吸収するという目的においてはキャッシングと類似する概念であり，合わせて記憶されたい。

　よって，ウが正解である。

コンピュータの機能	ランク	1回目	2回目	3回目
	A	／	／	／

■平成 29 年度　第 1 問

　パーソナルコンピュータ（PC）内部には，バスやインタフェースと呼ばれる伝送経路がある。その機能改善によりスループットの向上が期待できるので，PC の導入に当たっては，伝送経路の機能にも配慮すべきである。

　この伝送経路の仕組みに関する以下の文章の空欄 A～D に当てはまる語句の組み合わせとして，最も適切なものを下記の解答群から選べ。

　データやプログラムは，PC 内部のマザーボードで発生する　A　と同期を取りながら，バス上で伝送される。CPU と主記憶装置の間でそれらを伝送するシステムバスは，　B　，データバス，コントロールバスから構成されている。

　PC の入出力バスと　C　や DVD 装置を接続し，それらをオペレーティングシステムの起動ディスクとして利用する場合に使用できる代表的なインタフェースは SATA である。

　PC のシステムバスに接続された　D　インタフェースは，これまで主にグラフィックスボードなどを装着するために利用されてきたが，このインタフェースに装着できる SSD を使用すると，データなどの読み書き速度や PC の起動速度が向上する。

〔解答群〕

　　ア　A：クロック　B：アドレスバス　C：HDD　　　　　D：PCI Express

　　イ　A：クロック　B：パラレルバス　C：SSD　　　　　D：mSATA

　　ウ　A：パルス　　B：シリアルバス　C：ブルーレイ　D：NVMe

　　エ　A：パルス　　B：パラレルバス　C：microSD　　D：IEEE1394

解答	ア

■解説

PC 内部の伝送経路に関する知識を問う問題である。

空欄 A：クロックに関する記述である。CPU，メモリ，HDD 等の間でデータや
プログラムを伝送するバスは，クロックと呼ばれる周期的な電気信号
で機器間の同期を取りデータの伝送を行う。パルスとは，短時間の間
だけ発生する振動現象のことである。たとえば，固定電話では電話を
かける際にダイヤルする番号の数だけパルス波を発生させることで，
接続先の電話番号が何番であるか発信する。

空欄 B：アドレスバスが適切である。アドレスバスは，メモリ上でデータを入出
力する場所に関する情報の伝送を行う。データバスは CPU の演算結果
やメモリから取り出したデータを，コントロールバスは読みこみや書き
などの処理に関する情報の伝送を行う。

空欄 C：HDD が適切である。PC の入出力バスと接続する機器は，HDD，SSD，
ブルーレイドライブがある。microSD はデジカメやスマートフォンの
データ保存に用いられる記憶媒体で，入出力バスに接続したカードリー
ダーを介して使用する。入出力バスに直接 microSD を接続しないため，
不適切である。

空欄 D：選択肢の中で，グラフィックスボードなどを装着するために利用されて
きたインタフェースは PCI Express である。その他の選択肢はいずれ
も SSD を接続できるが，グラフィックボードの接続に用いられないた
め不適切である。mSATA は MiniSATA の略で，HDD などの PC 内の
接続規格である SATA（Serial ATA）の規格の 1 つであり，配線が不
要で小型という特徴を持つ。NVMe は，SATA の後継規格とされるス
トレージ接続規格である。IEEE1394 は，パソコンと周辺機器を接続す
るシリアルインタフェースの規格である。

よって，アが正解である。

コンピュータの機能	ランク	1回目	2回目	3回目
	A	／	／	／

■平成 29 年度　第 2 問

　業務に PC を導入しようとするとき，処理速度を検討する必要がある。 PC の処理速度は多くの要因によって変化し，その評価尺度もさまざまである。

　PC の処理速度や評価尺度に関する記述として，最も適切なものはどれか。

　　ア　実際に使用するアプリケーションの処理内容を想定し，それらに特有な命令を組み合わせた命令ミックスを用いて性能評価することを MIPS と呼ぶ。

　　イ　数値演算を行う場合，同じ数値を整数として演算する場合に比べ小数点付き数値として演算する方が処理が遅いのは，浮動小数点を用いる仕組みを使用しているためである。

　　ウ　整数演算の命令を実行させ，1 秒間に実行できた命令数を表す指標がFLOPS で，この逆数が平均命令実行時間である。

　　エ　単位時間当たりの命令実行数は CPU のクロック周波数の逆数で表される。この値が大きく，また CPI（Cycles Per Instruction）の値も大きいほど高速にプログラムが実行できる。

解答	イ

■解説

PC の処理速度や評価尺度に関する知識を問う問題である。

ア：不適切である。MIPS とは Million Instructions Per Second の略で，1 秒間に実行できる命令の数を百万単位で表した値である。MIPS は，条件分岐や命令の組み合わせなどがない単純な命令の実行数を計測するため，実際のアプリケーション実行時の体感速度と乖離があるという特徴を持つ。したがって，実際に使用するアプリケーションの処理内容を想定しているとはいえない。

イ：適切である。整数として演算を行う場合は，整数を値の正負を表す符号部と，正負を除いた数値を表す仮数部に分けてメモリへの格納や演算を行う。小数点付き数値を扱うことのできる浮動小数点型として演算を行う場合は，上記2 つに加えて指数部と呼ばれるデータを取り扱うため，メモリ入出力や演算処理を行うぶんだけ整数型より処理が遅くなる。

ウ：不適切である。FLOPS は Floating point number Operations Per Second の略で，単位時間当たりの浮動小数点数演算の回数である。平成 24 年度第3 問と全く同じ論点であるため，誤ってこの選択肢を回答した受験生は正確に記憶されたい。

エ：不適切である。CPI は Cycles Per Instruction の略で，1 つの命令を実行するためにクロック周期が何サイクル必要かを表す。したがって，単位時間当たりの命令実行数は CPU のクロック周波数を CPI で割り算した値である。また，CPI の値は小さいほど高速にプログラムが実行できる。

よって，イが正解である。

コンピュータの機能	ランク	1回目		2回目		3回目	
	A	／		／		／	

■**令和2年度　第12問**

スマートフォンには，いろいろなセンサーが搭載されている。

スマートフォンに一般的に搭載されている4つのセンサーの機能・役割に関する記述の正誤の組み合わせとして，最も適切なものを下記の解答群から選べ。

　　a　ジャイロセンサー（ジャイロスコープ）は，地磁気を観測するセンサーで，方位を検知して，スマートフォンの地図アプリで北の方角を示すのに使われる。

　　b　加速度センサーは，重力加速度も検出できるセンサーで，スマートフォンの傾きに応じて自動的に画面の向きを変えるのに使われる。

　　c　磁気センサー（電子コンパス）は，角速度を検出するセンサーで，スマートフォンがどのような方向に動いたかを感知して，スマートフォンの方向に応じた画面を表示するのに使われる。

　　d　近接センサーは，対象物が近づくだけでON・OFFを切り替えることができるセンサーで，通話時に顔にスマートフォンを近づけても誤作動しないように画面をOFFにするのに使われる。

〔解答群〕

　ア　a：正　　b：正　　c：誤　　d：誤

　イ　a：正　　b：誤　　c：正　　d：誤

　ウ　a：誤　　b：正　　c：誤　　d：正

　エ　a：誤　　b：誤　　c：正　　d：正

解答	ウ

■解説

　スマートフォンに搭載されている各種センサーに関する知識を問う問題である。

　　a：不適切な記述である。地磁気を観測するセンサーは，地磁気センサーである。

　　b：適切な記述である。

　　c：角速度を検出するセンサーはジャイロセンサーである。ジャイロセンサーにより，スマートフォンの画面を縦長で表示するか，横長で表示するかなどの制御を行う。

　　d：適切な記述である。

　よって，ウが正解である。

コンピュータの機能	ランク	1回目	2回目	3回目
	A	／	／	／

■平成 29 年度　第 14 問

　IT の進化に伴い，大量かつ多様なデジタルデータを高速で処理し，分析結果を企業経営に生かせるようになってきた。そこには，日々の業務で発生するトランザクションデータ，e メールや交流サイトでやりとりされる Web 上のデータ，デジタル機器から発信される IoT 関連データなどが含まれる。

　これらのデジタルデータの処理に関する記述として，最も適切なものはどれか。

　　ア　センサーの小型化と低価格化が IoT の普及を促進している。センサーには，
　　　　地磁気を測定するジャイロセンサー，加速度を測定する電子コンパスなどさ
　　　　まざまなものがあり，それらを組み合わせた新しいサービスが実現化されて
　　　　いる。

　　イ　大容量のデータ処理を高速化するため，ハードディスクの読み書きを避けて
　　　　メモリ上で処理を完結する技術がある。これをストリームデータ処理という。

　　ウ　データベースに保管された大容量のデータを処理するために，サーバを増設
　　　　して負荷を分散化させる方法を複合イベント処理という。

　　エ　日本語テキストの分析では，意味を持つ最小の言語単位にテキストを分け，
　　　　品詞を判別することが必要になる。テキストのデータ分析に先立つこのよう
　　　　な事前処理を形態素解析という。

解答	エ

■解説

　大量かつ多様なデジタルデータの高速な分析に関する知識を問う問題である。

　ア：不適切である。地磁気を測定して方位を計測するのは電子コンパスである。また，ジャイロセンサーは傾きを計測する。加速度を測定するのは加速度センサーである。

　イ：不適切である。大容量のデータ処理を高速化するため，ハードディスクの読み書きを避けてメモリ上で処理を完結する技術は，インメモリデータ処理技術である。ストリームデータ処理とは，従来のデータ処理において採用されていた全データをまとめて処理する方式と異なり，処理対象のデータが発生した際に都度処理を行う方式である。

　ウ：不適切である。複合イベント処理（Complex Event Processing：CEP）とは，センサーなどから送られる大量のデータを分析するための処理方式である。従来の処理方式ではデータをデータベースなどに一度格納して処理する。複合イベント処理では，受信したデータ毎にあらかじめ決められた分析処理をデータの受信のたびにメモリ上で実行することにより，大量データの分析を高速に処理することが可能である。

　エ：適切である。日本語テキストの分析では，文章を品詞単位に分割する形態素解析と呼ばれる分析の事前処理を行う。

　よって，エが正解である。

コンピュータの機能	ランク	1回目	2回目	3回目
	A	/	/	/

■**令和元年度 第1問**

　各種の業務システムのデータ入力や情報検索などにタッチパネルを利用する場合がある。タッチパネルの選択に当たっては，その方式ごとの操作特性を考慮する必要がある。

　タッチパネルの方式に関する記述として，最も適切なものの組み合わせを下記の解答群から選べ。

　　a　赤外線方式は，機器の画面の複数点を指先で同時に直接触れて操作することができる。

　　b　静電容量方式は，機器の画面の複数点を指先で同時に直接触れて操作することはできない。

　　c　抵抗膜方式（感圧式）は，対応ペン以外のペンでは操作できないが，指先で直接触れて機器の画面に表示されるアイコンやボタンを操作できる。

　　d　静電容量方式は，対応ペン以外のペンでは操作できないが，指先で直接触れて機器の画面に表示されるアイコンやボタンを操作できる。

〔解答群〕

　　ア　aとb

　　イ　aとd

　　ウ　bとc

　　エ　cとd

解答	イ

■解説

タッチパネルに関する知識を問う問題である。

　a：適切である。赤外線方式は，パネルの右上と左上から照射した赤外線が遮光
　　　された影からタッチした座標を算出する方式であるため，複数点の検知が可
　　　能である。

　b：不適切である。静電容量方式は，複数点を指先で同時に触れて操作できるた
　　　め，スマートフォンなどで利用されている方式である。

　c：不適切である。抵抗膜方式（感圧式）は，画面の表面に導電性の膜を複数枚
　　　配置し，画面に触れた際に，膜同士の物理的な接触によって電圧が変化する
　　　ことを利用してタッチを検知する。対応ペン以外のペンでも，圧力により膜
　　　同士の物理的な接触が発生するため，「対応ペン以外のペンでは操作できな
　　　い」という記述は不適切である。

　d：適切な記述である。静電容量方式は指先で画面に触れると発生する微弱な電
　　　流の変化をセンサーで検知する。対応ペン以外のペンではこの電流の変化が
　　　発生しないため，操作できない。

よって，イが正解である。

コンピュータの機能	ランク	1 回目		2 回目		3 回目	
	B	/		/		/	

■平成 27 年度　第 1 問

　コンピュータは，業務に必要な各種の周辺装置を直接あるいはネットワーク経由等で接続して利用する。周辺装置を選択する場合は，各装置の特性を理解した上で，業務に適した装置を選択する必要がある。

　周辺装置の特性に関する記述として最も適切なものはどれか。

　　ア　外部記憶装置として利用される磁気ディスクは製造後にフォーマットを行わなければ利用できないが，SSD はフォーマットが不要でホットスワップ機能のもとでのディスク交換に向いている。

　　イ　カラープリンタで画像を印刷する場合は，画像のベクターデータとともに，XGA，WXGA 等の解像度に関する情報がプリンタへと指示されるので，パラレルインタフェースが使用されている。

　　ウ　業務用のハンディターミナルに搭載されることの多い抵抗膜方式のタッチパネルは，スマートフォンに搭載されている静電容量方式のパネルと比べ，ペンや手袋等をしていても反応し，耐久性能や耐衝撃性能が優れている。

　　エ　有機 EL ディスプレイは有機 EL 素子自体が発光する特性を利用し，高輝度でコントラストが高く鮮明な表示が可能で，バックライトが不要なので消費電力も少ない。

解答	エ

■解説

　コンピュータの周辺装置の特性に関する知識を問う問題である。

　ア：不適切である。SSD も HDD と同様に，製造後にフォーマットを行わなければ利用できない。

　イ：不適切である。解像度の情報はプリンタへは指示されず，ベクターデータをプリンタがそれぞれの解像度に合わせてドットに変換して印刷が行われる。また，近年のプリンタは，パラレルインタフェースより USB（Universal Serial Bus）と呼ばれるシリアルインタフェースを用いるプリンタが多い。

　ウ：不適切である。抵抗膜方式はゲーム機のニンテンドー DS などで使用されている方式で，画面の表面に導電性の膜を複数枚配置し，画面に触れた際に，膜同士の物理的な接触によって電圧が変化することを利用してタッチを検知する方式である。抵抗膜方式は静電容量方式と比較して，特に耐衝撃性や耐久性能が優れているとはいえない。なお，抵抗膜方式は，スマートフォンに搭載されている静電容量方式と異なり，ペンや手袋等をしていても反応する点は適切な記述である。

　エ：適切である。なお，有機 EL は選択肢に記載されている表示性能や消費電力の優位性があるためスマートフォンへの適用が期待されているが，製造コストが高い点が課題とされている。

　よって，エが正解である。

コンピュータの機能	ランク	1回目	2回目	3回目
	B	／	／	／

■平成 26 年度　第 2 問

　コンピュータには様々な装置を取り付けるための入出力インタフェースが用意されており，業務に応じて入出力装置や外部記憶装置などを接続するのに利用される。このような入出力インタフェースに関する以下の文章の空欄A～Dに入る語句の組み合わせとして，最も適切なものを下記の解答群から選べ。

　コンピュータの入出力インタフェースには，データを 1 ビットずつ転送する　A　インタフェースと，複数ビットを同時に転送する　B　インタフェースがある。

　これらのインタフェースを実装する規格のうち　C　は　A　インタフェース，　D　は　B　インタフェースである。

　転送速度が速いのは　A　インタフェースで，最近の多くの入出力装置や外部記憶装置で採用されている。

〔解答群〕

　ア　A：シリアル　　B：パラレル　　C：PCI，MIDI
　　　　D：セントロニクス，IEEE1394

　イ　A：シリアル　　B：パラレル　　C：USB，SATA
　　　　D：IDE，SCSI

　ウ　A：パラレル　　B：シリアル　　C：eSATA，IEEE1394
　　　　D：IDE，セントロニクス

　エ　A：パラレル　　B：シリアル　　C：USB，MIDI
　　　　D：PCI，SCSI

解答	イ

■解説

　入出力インタフェースに関する知識を問う問題である。

　　空欄A：データを1ビットずつ転送するのはシリアルインタフェースである。
　　空欄B：パラレルインタフェースは，複数ビットを同時に転送するインタフェースである。
　　空欄C：選択肢のうち，シリアルインタフェースに該当するものは，
　　　　　　・USB（Universal Serial Bus）
　　　　　　・SATA（Serial ATA）
　　　　　　・eSATA（external Serial ATA）
　　　　　　・IEEE1394
　　　　　　・MIDI
　　　　　　である。
　　空欄D：選択肢のうち，パラレルインタフェースに該当するものは，
　　　　　　・IDE（別名はパラレルATA）
　　　　　　・PCI
　　　　　　・セントロニクス
　　　　　　・SCSI
　　　　　　である。

　なお，転送速度が速いのは，シリアルインタフェースである。一見，データを1ビットずつ転送するシリアルインタフェースより，複数ビットを同時に転送するパラレルインタフェースのほうが，転送速度が速いように考えられるが，近年はシリアルインタフェースが転送速度の面で優位である。

　よって，イが正解である。

コンピュータの機能	ランク	1回目		2回目		3回目	
	B	／		／		／	

■令和3年度　第1問

パーソナルコンピュータ（PC）の利用においては，多様な種類の周辺機器をPC本体に接続することがある。USB規格に基づく，PC本体の受け口への差し込みに関する記述として，最も適切な組み合わせを下記の解答群から選べ。

a　全てのUSB 2.0 Standard-Aのコネクタは，PC本体のUSB 2.0 Standard-Aの受け口に上下どちらの向きでも差し込むことができる。

b　全てのUSB 2.0 Standard-Aのコネクタは，PC本体のUSB 3.1 Standard-Aの受け口に上下どちらの向きでも差し込むことができる。

c　全てのUSB 3.1 Standard-Aのコネクタは，PC本体のUSB 2.0 Standard-Aの受け口に差し込むことができる。

d　全てのUSB 3.1 Standard-Aのコネクタは，PC本体のUSB 3.1 Standard-Aの受け口に上下どちらの向きでも差し込むことができる。

e　全てのUSB 3.1 Type-Cのコネクタは，PC本体のUSB 3.1 Type-Cの受け口に上下どちらの向きでも差し込むことができる。

〔解答群〕
　ア　aとb
　イ　bとd
　ウ　cとd
　エ　cとe
　オ　dとe

解答	エ

■解説

　PC の周辺機器を接続する USB のコネクタについて，具体的な知識を問う問題である。

　　a：不適切な記述である。USB2.0 Standard-A のコネクタは上下が対称のコネクタではないので，上下を適切な方向で差し込む必要がある。

　　b：不適切な記述である。USB2.0 Standard-A のコネクタは USB3.1 Standard-A の受け口に差し込むことが可能である。ただし上下が対称のコネクタではないので，上下を適切な方向で差し込む必要がある。

　　c：適切な記述である。ただし，データ転送速度は受け口の USB2.0 Standard-A の規格に従って動作する。

　　d：不適切な記述である。USB3.1 Standard-A のコネクタは上下が対称のコネクタではないので，上下を適切な方向で差し込む必要がある。

　　e：適切な記述である。USB3.1 Type-C のコネクタは近年のスマートフォンで多く採用されているコネクタで，上下が対称のコネクタである。

　よって，エが正解である。

コンピュータの機能	ランク	1回目		2回目		3回目	
	A	／		／		／	

■**令和 5 年度　第 1 問**

　フラッシュメモリに関する記述として，最も適切な組み合わせを下記の解答群から選べ。

　　a　揮発性メモリであるので，紫外線を照射することでデータを消去できる。

　　b　不揮発性メモリであるので，電源を切っても記憶していたデータを保持できる。

　　c　NAND 型と NOR 型を比べると，読み出し速度は NAND 型の方が速い。

　　d　NAND 型と NOR 型を比べると，書き込み速度は NAND 型の方が速い。

　　e　NOR 型は，USB メモリや SSD などの外部記憶装置に用いられている。

〔解答群〕

　ア　a と d

　イ　a と e

　ウ　b と c

　エ　b と d

　オ　c と e

解答	エ

■解説

フラッシュメモリのデータ記録方式に関する知識を問う問題である。

a：不適切な記述である。フラッシュメモリでは電荷（充電）でデータを記憶，消去する。紫外線でデータを消去するのは，EPROM である。

b：適切な記述である。フラッシュメモリは充電した電荷の量によって情報を記憶する方式であるため，電源が長期間遮断された状態でも数年単位（環境により期間に増減あり）でデータを保持できる。

c：不適切な記述である。NAND 型と NOR 型のデータの読み出しは，それぞれ得意とするケースが異なる。NAND 型はデータが連続している場所に配置されている場合の読み出しが高速である。NOR 型はデータがランダムな場所に配置されている場合の読み出しが高速である。したがって，一概にどちらが速いとはいえない。

d：適切な記述である。NAND 型のほうが NOR 型より書き込み速度が速い。

e：不適切な記述である。USB メモリや SSD に使われるのは NAND 型である。NOR 型は，ルータやプリンタなどに使用されることが多い。

よって，エが正解である。

コンピュータの機能	ランク	1回目		2回目		3回目	
	A	／		／		／	

■**令和2年度　第2問**

　データのバックアップの際には，フラッシュメモリを利用した記憶装置を利用することも多いので，その特性や用途を理解しておくことが望ましい。

　フラッシュメモリに関する記述として，最も適切なものの組み合わせを下記の解答群から選べ。

　　a　紫外線でデータを消去して書き換えることができる。

　　b　磁気でデータを消去して書き換えることができる。

　　c　電源が遮断された状態でも記憶したデータを保持できる。

　　d　USBメモリ，SDメモリカード，SSDといった記憶装置に使われる。

〔解答群〕

　ア　aとb

　イ　aとc

　ウ　bとd

　エ　cとd

解答	エ

■解説

　データのバックアップに用いるフラッシュメモリ（記憶媒体）に関する知識を問う問題である。

　　ア：不適切である。フラッシュメモリでは電荷（充電）でデータを記憶，消去する。紫外線でデータを消去するのは，EPROM である。

　　イ：不適切である。フラッシュメモリは磁気でなく，電荷の量でデータを記録する。

　　ウ：適切である。充電した電荷の量によって情報を記憶する方式であるため，電源が長期間遮断された状態でも数年単位（環境により期間増減あり）でデータを保持できる。

　　エ：適切である。USB メモリや各種メモリカード，SSD に利用されている。

　よって，エが正解である。

コンピュータの機能	ランク	1回目		2回目		3回目	
	A	/		/		/	

■令和元年度　第2問

　レーザ光を利用してデータの読み書きを行う記憶媒体にはさまざまな種類があり，それぞれの特徴を理解する必要がある。

　記憶媒体に関する記述として，最も適切なものはどれか。

　　ア　BD-ROM は，データを未記録部分へ繰り返し追記することができる。

　　イ　BD-R は，読み出し専用である。

　　ウ　DVD-RAM は，データを一度だけ書き換えることができる。

　　エ　DVD-RW は，データを繰り返し書き換えることができる。

解答	エ

■解説

レーザ光を利用したデータの記憶媒体に関する知識を問う問題である。

ア：不適切である。BD-ROM の ROM は Read only memory の略で，読み出し専用の記憶媒体である。

イ：不適切である。BD-R は，データを未記録部分へ繰り返し追記することができ，すでに記録した部分の変更はできないという特徴がある。

ウ：不適切である。DVD-RAM はデータを繰り返し書き換えることができる。

エ：適切な記述である。DVD-RW の RW は ReWritable の略で，データの繰り返し書き換えが可能である。

よって，エが正解である。

コンピュータの機能	ランク	1回目		2回目		3回目	
	A	／		／		／	

■平成26年度　第1問

　コンピュータは，データ記録やオペレーティングシステム（OS）の起動ディスクとしてハードディスクドライブ（HDD）やソリッドステートドライブ（SSD）を装備している。HDDやSSDには様々な種類の製品があり，データ記録のための管理方法も複数の種類がある。

　HDDやSSDにおけるFATやNTFSなどによるデータ記録管理方法に関する記述として，最も適切なものの組み合わせを下記の解答群から選べ。

　　a　記憶装置上のデータ記録位置を，セクタとそれをまとめたクラスタで管理する。

　　b　ファイルはクラスタ容量の単位で分割され，記憶装置上に書き込まれる。その物理的な記録位置はパス名で記録される。

　　c　1ファイルを記録する連続したクラスタがない場合，まず記録位置の再配置を行い連続性を確保して記録する。

　　d　1ファイルの記録場所をひとつ以上のクラスタの接続情報として管理する。

〔解答群〕

　　ア　aとc

　　イ　aとd

　　ウ　bとc

　　エ　bとd

解答	イ

■解説

HDD や SSD におけるデータ記録管理方法に関する知識を問う問題である。

  a：適切である。ＯＳ（オペレーションシステム）は，記憶装置上のデータ記録
     位置を，セクタとそれらをまとめたクラスタで管理する。

  b：不適切である。パス名とは，たとえば，Microsoft 社の Windows であれば，
     C:¥Documents and Settings などの形式で表現されるものであり，HDD や
     SSD の記憶領域の物理的な配置位置を示すものではないため，不適切な記
     述である。なお，FAT や NTFS などは，ファイルをクラスタ容量の単位で
     分割して，記憶装置上に書き込むため，第 1 文の記述は適切である。

  c：不適切である。FAT や NTFS 等によるデータ記録管理方法では，ファイル
     をクラスタの単位で分割して記録場所を管理することにより，連続した空き
     のクラスタがなくともデータを保持することが可能である。

  d：適切である。FAT や NTFS 等によるデータ記録管理方法では，ファイルを
     クラスタの単位で分割して記録場所を管理するため，ファイルの記録場所を
     クラスタの接続情報によって管理する。

よって，イが正解である。

コンピュータの機能	ランク	1回目		2回目		3回目	
	A	／		／		／	

　各種業務処理を行ううえでパーソナルコンピュータ（PC）の重要度が増す中，業務内容に適した機器構成を検討することは重要である。これに関する記述として最も適切なものはどれか。

　　ア　HDDとは異なりSSDは，OSのインストールができないため起動ドライブとしては使えない。

　　イ　PCにグラフィックボードを付ける場合，IDEインタフェースに装着する。

　　ウ　PCには，処理速度を向上させるために，メモリモジュールを複数枚組み合わせて利用できるものがある。

　　エ　マザーボード上のCPUソケットの形状は標準化されているので，処理速度の速いどのようなCPUへの交換も可能である。

解答	ウ

■解説

コンピュータの周辺装置の特性に関する知識を問う問題である。

ア：不適切である。SSD は HDD と同様にコンピュータの記憶装置として用いられるが，フラッシュメモリと呼ばれる高速な媒体にデータを格納する点が異なる。格納可能なデータに差異はないため，SSD も HDD と同様に OS のインストールや起動ドライブのような用途で使用可能である。

イ：不適切である。IDE とは，コンピュータに拡張機器を取り付ける際に使用する接続インターフェースの規格名である。IDE インターフェースに接続するのは，DVD ドライブや HDD などである。グラフィックボードは PCI-Express インターフェースに接続するものが一般的である。

ウ：適切である。メモリモジュールとは，メモリの IC が搭載されている基板のことである。メモリモジュールと CPU 間の転送速度を高速にすることで処理速度を向上する方式として，複数枚のメモリモジュールに並列でアクセスする方式が存在する。

エ：不適切である。どのような CPU へも交換できるでわけではない。ソケット形状の規格が合致した CPU のみ交換可能である。

よって，ウが正解である。

コンピュータの機能	ランク	1回目		2回目		3回目	
	B	／		／		／	

■平成 26 年度　第 6 問

　業務においてデータ変換や通信のための処理，あるいは，データを記憶装置に保存する処理過程で，圧縮と呼ばれる操作を行う場合がある。以下に示す処理過程の中で，圧縮操作として最も適切なものはどれか。

　　ア　音のアナログデータから一定時間間隔ごとにデータを取り出し，有限精度の数値に変換する過程。

　　イ　漢字をデータ化する際，偏（へん）や旁（つくり）を分類してコード化する過程。

　　ウ　通信のための伝送路を有効利用するために，複数のデータ信号を重ね，同時に伝送する過程。

　　エ　デジタル化した画像データを記憶する際，同一データが連続するものを省略する過程。

解答	エ

■解説

　データの圧縮に関する知識を問う問題である。

　　ア：不適切である。音のアナログデータから一定時間間隔ごとにデータを取り出
　　　　し，有限精度の数値に変換する過程は，サンプリングである。音波は空気の
　　　　振動であり，アナログデータに相当する。記憶装置に保存するデータはデジ
　　　　タルデータに変換する必要があるため，上記の処理を行う。したがって圧縮
　　　　の処理過程にはあたらない。

　　イ：不適切である。漢字をへんやつくりに分離してコード化した変換則は存在す
　　　　るが，圧縮のためのものではなく，漢字をデジタルデータ表現するためのも
　　　　のである。

　　ウ：不適切である。光ファイバーなどの伝送路を有効活用するために，波長の異
　　　　なる信号を重ねて同時に伝送する方式は存在するが，本設問で問われている，
　　　　データを記憶装置に保存する過程の圧縮処理にはあたらない。

　　エ：適切である。ランレングス法と呼ばれるデータ圧縮アルゴリズムでは，同一
　　　　データが連続するものを省略する。たとえば，00000111 という 8 桁のデー
　　　　タを圧縮する場合，0 が 5 つ，1 を 3 つと変換することで，記憶装置を使用
　　　　する領域を減らすことができる。

　よって，エが正解である。

コンピュータの利用	ランク	1回目	2回目	3回目
	B	／	／	／

■平成 29 年度　第 4 問

スマートフォンやタブレットなどのモバイル端末では，文字などの入力を行う場合，種類の異なる入力画面がソフトウェアによって表示され，その画面をタッチすることで入力を行う。

この入力に関する以下の文章の空欄 A〜D に入る語句の組み合わせとして，最も適切なものを下記の解答群から選べ。

ひらがな，アルファベット，数字や記号などの入力画面が　A　の形で表示される場合，全ての文字や記号を表示する枠数を確保できないので，1枠に複数の文字や記号を割り当てている。その1枠を複数回タッチして入力するのが　B　入力で，タッチ後に上下左右にスライドさせるのが　C　入力である。

タブレットのように画面が大きく，PC のハードウェアキーボードと同じキー配列で入力を行いたい場合は　D　配列という設定を選べば良い。

〔解答群〕

ア　A：101 配列　　　B：フリック　　　C：トグル
　　D：JIS

イ　A：チェックボックス　B：フリック　　　C：ジェスチャー
　　D：106

ウ　A：テンキー　　　B：ジェスチャー　C：トグル
　　D：Godan

エ　A：テンキー　　　B：トグル　　　　C：フリック
　　D：QWERTY

解答	エ

■解説

スマートフォンやタブレットなどのモバイル端末における入力方式に関する知識を問う問題である。

空欄 A, B, C：画面上に表示されたテンキーを，複数回タッチして入力する文字を指定する方式はトグル入力である。トグル入力では，タッチするキーの位置で子音を指定し，タッチする回数で母音を指定する。たとえば，トグル入力で「く」を入力したい場合は，「か」と表示されたキーを 3 回タッチする。画面上に表示されたテンキーをタッチ後にスライドして入力する文字を指定する方式は，フリック入力である。フリック入力では，タッチするキーの位置で子音を指定する点は，トグル入力と同じだが，タッチ後に指を画面から離す際の位置で子音を指定する。たとえば，「く」を入力したい場合は，「か」と表示されたキーをタッチして，画面から指を離す前に上に指をスライドさせてから指を離す。したがって，空欄 A はテンキー，空欄 B はトグル入力，空欄 C はフリック入力が適切である。

空欄 D：QWERTY が適切である。PC のハードウェアキーボードと同じキー配列のキーボードは，キーボード左上側のアルファベットの配列から，QWERTY 配列と呼ばれる。なお，101 配列，106 配列，JIS 配列配列は，ハードウェアキーボードのキー配列の仕様の名称であり，いずれも英字については QWERTY 配列に該当するため，最も適切な語句は QWERTY である。

よって，エが正解である。

コンピュータの利用	ランク	1回目		2回目		3回目	
	A	／		／		／	

■**令和2年度　第1問**

　業務内容に応じて，さまざまな種類の周辺機器をパーソナルコンピュータ（PC）本体に接続して利用することがある。

　接続のための入出力インタフェースに関する以下の①～③の記述と，それらに対応する用語の組み合わせとして，最も適切なものを下記の解答群から選べ。

① 外付けハードディスク装置（HDD）や外付けブルーレイディスク装置といった周辺機器の接続を可能にするシリアル・インタフェースである。

② 外付けHDDやスキャナといった周辺機器の接続を可能にするパラレル・インタフェースである。

③ スマートフォン，キーボード，マウス，プリンタなどの周辺機器のワイヤレス接続を可能にするインタフェースである。

〔解答群〕

　ア　①：e-SATA　　　②：SCSI　　③：Bluetooth

　イ　①：e-SATA　　　②：USB　　③：IrDA

　ウ　①：IEEE1284　　②：SCSI　　③：IrDA

　エ　①：IEEE1284　　②：USB　　③：Bluetooth

解答	ア

■解説

　パーソナルコンピュータの入出力インタフェースに関する知識を問う問題である。

　　①：e-SATA は，正式名を external Serial ATA といい，外部の周辺機器を接続する際に用いられるシリアル・インタフェースである。

　　②：HDD やスキャナなどの周辺機器を接続するパラレル・インタフェースは SCSI である。

　　③：選択肢の記述のうち，スマートフォン，キーボード，マウス，プリンタなどの周辺機器のワイヤレス接続に使用する接続方式は，Bluetooth である。

　その他の用語は，IrDA が赤外線を用いた接続方式，IEEE1284 は，プリンタ接続などに用いられるパラレル・インタフェースである。

　よって，アが正解である。

コンピュータの利用	ランク	1回目		2回目		3回目	
	A	/		/		/	

■平成 30 年度　第 1 問

　パーソナルコンピュータ（PC）の利用においては，業務内容に応じてハードディスクドライブ（HDD）などのさまざまな種類の周辺機器を PC 本体に接続することがある。周辺機器を接続するインタフェースに関する記述として，最も適切なものはどれか。

　　ア　e-SATA は，PC 本体の電源を切らずに外付け HDD の接続が可能なシリアルインタフェースである。

　　イ　SCSI は，外付け HDD，モデムやマウスの接続が可能なシリアルインタフェースである。

　　ウ　USB は，PC 本体の電源を切らずに外付け HDD の接続が可能なパラレルインタフェースである。

　　エ　シリアル ATA は，外付け HDD，モデムやマウスの接続が可能なインタフェースである。

解答	ア

■解説

　パーソナルコンピュータの周辺装置接続に使用する各種インタフェースに関する知識を問う問題である。

　ア：適切である。e-SATA とは，external Serial ATA の略である。e-SATA は，PC 本体の電源を切らずに外付け HDD の接続することが可能なホットスワップや，ケーブルが抜け落ちにくいなど，外部接続に対応した仕様である。

　イ：不適切である。SCSI は，外付け HDD の接続が可能なパラレルインタフェースである。一般的にモデムやマウスの接続には使用しない。

　ウ：不適切である。USB とは，Universal Serial Bus の略で，コンピュータ等の情報機器に周辺機器を接続するためのシリアルインタフェースの規格の 1 つであるため，選択肢中のパラレルインタフェースという記述が不適切である。

　エ：不適切である。シリアル ATA は，主に内蔵 HDD の接続に使用される。また，一般的にモデムやマウスの接続には使用されない。

　よって，アが正解である。

コンピュータの利用	ランク	1回目	2回目	3回目
	B	／	／	／

■令和 5 年度　第 10 問

　ストレージ技術に関する以下の a～e の記述とその用語の組み合わせとして，最も適切なものを下記の解答群から選べ。

　　a　RAID 技術の 1 つで，ストライピングによって管理する方式。

　　b　RAID 技術の 1 つで，ミラーリングによって管理する方式。

　　c　ファイバチャネルや TCP/IP などの転送方式を利用して構築されたストレージ専用のネットワーク。

　　d　既存のネットワーク（LAN）に直接接続し，コンピュータなどからネットワークを通じてアクセスできるストレージ。

　　e　ストレージを仮想化して割り当てておき，実データの増加に応じて物理的なストレージを増設する管理技術。

〔解答群〕

ア　a：RAID0　　b：RAID1　　c：NAS　　d：SAN
　　e：シンプロビジョニング

イ　a：RAID0　　b：RAID1　　c：SAN　　d：NAS
　　e：シンプロビジョニング

ウ　a：RAID0　　b：RAID5　　c：SAN　　d：DAS
　　e：シックプロビジョニング

エ　a：RAID1　　b：RAID0　　c：DAS　　d：NAS
　　e：シックプロビジョニング

オ　a：RAID1　　b：RAID5　　c：NAS　　d：SAN
　　e：シックプロビジョニング

解答	イ

■解説

データを保存するための各種ストレージ技術に関する知識を問う問題である。

a ：RAID0 に関する記述である。RAID0 で用いられるストライピングとは，1 つのデータを複数のデータに分割して，それらを別々のストレージに同時に読み書きする方式である。ストレージの読み書きの処理速度がボトルネックとなっているシステムにおいて，性能向上を図る際に用いられる。

b ：RAID1 に関する記述である。RAID1 で用いられるミラーリングは，2 つ（あるいは複数）のストレージに対して，同じデータ読み書きを指示する方式である。1 台のストレージを用いる場合と比べて処理性能は向上しないが，ストレージ単体の故障によるデータの損失が回避できるため冗長性が向上する。

c ：SAN に関する記述である。SAN は Storage Area Network の略で，ストレージ専用のネットワークを介して，システムに柔軟性・拡張性・冗長性を持つストレージを提供する。

d ：NAS に関する記述である。NAS（Network Attached Storage）は，既存のネットワーク（LAN）に直接接続し，コンピュータなどからネットワークを通じてアクセスできるストレージである。なお，DAS（Direct Attached Storage）は，コンピュータに直接接続され，そのコンピュータにのみアクセス可能なストレージである。

e ：シンプロビジョニングに関する記述である。仮想サーバにストレージを割り当てる際に，シンプロビジョニング（Thin Provisioning）では，ストレージを仮想化して割り当てておき，実データの増加に応じて物理的なストレージを増設する。これに対して，シックプロビジョニング（Thick Provisioning）では，ストレージ容量を事前に確保し，物理的な容量を割り当てる。

よって，イが正解である。

コンピュータの利用	ランク	1回目		2回目		3回目	
	B	／		／		／	

■令和3年度　第2問

　中小企業でも検品棚卸等の業務で商品の個体識別に RFID が用いられるようになってきた。

　RFID に関する記述として，最も適切な組み合わせを下記の解答群から選べ。

　　a　複数の RF タグ上のデータを一括して読み取ることができる。

　　b　電波を用いて RF タグ上のデータを読み取ることができる。

　　c　3個の検出用シンボルにより，RF タグ上のデータを読み取ることができる。

　　d　赤外線を用いて RF タグ上のデータを読み取ることができる。

　　e　光学読み取り装置を利用して RF タグ上のデータを読み取ることができる。

〔解答群〕

　　ア　a と b

　　イ　a と e

　　ウ　b と c

　　エ　c と d

　　オ　c と e

解答	ア

■解説

RF タグの読み取り方式に関する知識を問う問題である。

a：適切な記述である。電波を用いて RF タグを読み取るため，電波が届く範囲にある RF タグを同時にまとめて読み取ることができる。

b：適切な記述である。電波を用いて RF タグを読み取る。

c：不適切な記述である。二次元バーコードの1つである QR コードに関する記述である。QR コードは，四角形のバーコードの3つの角に印刷されている検出用シンボルで縦横の方向を認識する。

d：不適切な記述である。RF タグの読み取りには電波を用いる。

e：不適切な記述である。RF タグの読み取りには電波を用いる。

よって，アが正解である。

コンピュータの利用	ランク	1回目	2回目	3回目
	B	／	／	／

■平成 30 年度　第 12 問

　QR コードは，中小企業でも商品の検品・棚卸，決済などの業務に利用できる。QR コードに関する記述として最も適切なものはどれか。

　ア　コードの一部に汚れや破損があっても元のデータを復元できる。

　イ　数字だけではなく英字やひらがなのデータを格納できるが，漢字のデータは格納できない。

　ウ　スマートフォンやタブレットなどの携帯端末で実行できるプログラムである。

　エ　無線通信を用いてデータを非接触で読み取ることができる。

解答	ア

■解説

QR コードの具体的な仕様に関する知識を問う問題である。

ア：適切である。コードの一部が汚れなどで読み取れない場合であっても，QR
　　コードに印刷されている情報にもとづいて，軽微なデータの欠損であれば訂
　　正することが可能である。

イ：不適切である。半角の英数字と記号とカナ文字，漢字を含む全角文字が使用
　　できる。

ウ：不適切である。QR コードは文字列を 2 次元のバーコードで表現したもので
　　あり，スマートフォンやタブレットなどの携帯端末で実行できるプログラム
　　ではない。

エ：不適切である。モニタに表示されたり紙に印刷された QR コードの画像を，
　　カメラやスキャナなどで読み取るため，無線通信という記述は不適切である。

よって，アが正解である。

2. ソフトウェア

▶▶ 出題項目のポイント

　ソフトウェアとその種類およびオペレーションシステムの出題領域で，コンピュータ内で動作するソフトウェアの種類と役割を問う問題の出題頻度が高い。

　過去に問われたソフトウェアについて，ハードウェアから遠い順に下記の表に記載する。なお，これらのソフトウェアは，それぞれが担う処理範囲を連携して処理を行う。ハードウェアに近いソフトウェアであるほど，動作環境が特定のハードウェアに特定され，特定の業務に依存しない処理を担う。逆に，ハードウェアから遠いソフトウェアであるほど，動作環境が特定のハードウェアに特定されず，特定の業務に依存する処理を担う。

分　　類		役　　割	例
応用ソフトウェア	個別応用ソフト	応用ソフトウェアのうち，業務・業種に個別の処理を行うもの	販売管理や財務管理ソフト
	共通応用ソフト	応用ソフトウェアのうち，業務・業種に共通の処理を行うもの	ワープロや表計算ソフト
システムソフトウェア	ミドルウェア	オペレーティングシステムと応用ソフトウェア（アプリケーションソフトウェア）の間で機能し，共通したインタフェース利用方法や統一的なコンピュータ機能の利用をアプリケーションソフトウェアの要求に従って提供するソフトウェアである。	DBMSや通信管理ソフト
	基本ソフトウェア，OS	キーボードからの入力，プリンタへの印字出力，外部記憶装置に対する読み書きなど，入出力デバイスの管理を行う。	WindowsやMacOS

デバイス ドライバ	コンピュータの周辺機器を制御するためのソフトウェアで,利用する周辺機器ごとに必要なものをオペレーティングシステムに組み込んで使用する。	プリンタド ライバ

　次にプログラム言語について，言語名とその概要に関する知識を問う問題の出題頻度が高い。複数の対となる分類があるため，それぞれ対となるものを言語名とともに記憶することで，効率的に理解することができる。

・低水準言語と，高水準言語

　　低水準言語は，アセンブラなど，機械語と1対1で対応するプログラム言語である。高水準言語はそれ以外のプログラム言語である。

・手続き型言語と，非手続き型言語

　　手続き型言語とは，COBOL，FORTRAN，BASICなど，プログラム言語で記述されている順に処理を行うプログラム言語である。非手続き型言語とは，プログラム言語で記述されている順に処理を行わないプログラム言語で，SQL，Javaなどオブジェクト指向言語がこれに含まれる。

・インタプリタ型言語と，コンパイラ型言語

　　インタプリタ型言語では，プログラムのソースコードまたは中間コードを一命令ずつ解釈し，機械語に翻訳しながら実行する。コンパイラ型言語では，ソースコードをCPUが理解する低レベルな機械語に変換し，実行プログラムを作成する。なお，ソースコードとソースプログラムは同義語である。過去問ではどちらも使用されているので，留意いただきたい。

▶▶ **出題の傾向と勉強の方向性**

　プログラム言語については，平成17年度以降の本試験において，SQLを除いて，プログラミング言語のソースプログラム（ソースコード）を解読できるレベルの知識を要求された問題が出題されたことはない。したがって，プログラム言語については，出題項目のポイントに記載したプログラム言語のおおまかな特徴など，概要レベルの理解で試験対策としては十分である。

■取組状況チェックリスト

2. ソフトウェア							
ソフトウェアとその種類							
問題番号	ランク	1回目		2回目		3回目	
令和4年度　第10問	B	/		/		/	
平成29年度　第15問	A	/		/		/	
平成28年度　第4問	A	/		/		/	
平成29年度　第5問	A	/		/		/	
オペレーティングシステム							
問題番号	ランク	1回目		2回目		3回目	
平成26年度　第3問	B	/		/		/	
平成30年度　第3問	B	/		/		/	
プログラム言語と言語プロセッサ							
問題番号	ランク	1回目		2回目		3回目	
令和2年度　第3問	B	/		/		/	
令和4年度　第3問	A	/		/		/	
平成27年度　第4問	B	/		/		/	
令和3年度　第6問	B	/		/		/	
平成27年度　第3問	A	/		/		/	
令和3年度　第4問	A	/		/		/	

| 平成 30 年度　第 2 問 | A | ／ | | ／ | | ／ | |

表計算ソフトウェア							
問題番号	ランク	1 回目		2 回目		3 回目	
令和元年度　第 4 問	B	／		／		／	
平成 28 年度　第 5 問	C＊	／		／		／	
平成 27 年度　第 5 問	C＊	／		／		／	

＊ランク C の問題と解説は,「過去問完全マスター」の HP（URL：https://jissen-c.jp/）よりダウンロードできます。

ソフトウェアと その種類	ランク	1回目	2回目	3回目
	B	/	/	/

■令和4年度　第10問

　中小企業においても，オープンデータの活用は競争力向上の重要な要因となり得る。オープンデータに関する記述として，最も適切なものはどれか。

　ア　売上データや人流データなどに匿名加工を施したうえで第三者に販売される
　　　データ。

　イ　行政の透明化を図るために，条例に基づいて住民からの公開請求の手続きに
　　　より住民に公開されるデータ。

　ウ　公開の有無にかかわらず，OpenDocument フォーマットで保管されるデータ。

　エ　政府や企業が公式に発表する統計データや決算データではなく，インターネ
　　　ットのログや SNS の投稿などから得られるデータ。

　オ　二次利用が可能な利用ルールが適用され，機械判読に適し，無償で利用でき
　　　る形で公開されるデータ。

解答	オ

■解説

オープンデータに関して，データ形式や特徴を問う問題である。

オープンデータとは，（現時点では事実上の標準といわれるような定義がないが）概ね以下のような特徴を持ったデータを指す。

・自由に使えて再利用ができる
・誰でも再配布できる
・無償のものが多い

また，行政組織で収集されてきたデータを，広く社会に公開し民間で利活用できるようにオープンデータ化する動きが，近年活発になってきている。

ア：不適切な記述である。オープンデータは，売上データや人流データといった特定の内容に制限されておらず，匿名加工や第三者への販売の要否について特に規定されていない。

イ：不適切な記述である。選択肢の記述は，情報公開制度を利用して公開されるデータに関する記述である。

ウ：不適切な記述である。OpenDocument フォーマットとは，オフィスソフト用の文書ファイルフォーマットである。また，OpenDocument は特にファイルフォーマットは規定されていない。

エ：不適切な記述である。たとえば総務省におけるオープンデータの定義では，国，地方公共団体および事業者が保有する官民データを対象としている。そのため，政府が公式に発表する統計データではないとする本選択肢の記述は不適切である。

オ：適切な記述である。総務省におけるオープンデータの定義と合致する記述である。

よって，オが正解である。

ソフトウェアと その種類	ランク	1 回目		2 回目		3 回目	
	A	／		／		／	

■平成 29 年度　第 15 問

　企業や社会で，インターネットを介して，さまざまな形でデジタルデータの利活用が進んでいる。

　それに関する記述として，最も適切なものはどれか。

　　ア　M2M とは，人同士がよりスムースにインターネットを介してつながることを意味する言葉であり，SNS の基本とされている。

　　イ　インダストリー 4.0 とは，米国政府が 2012 年に発表した，情報技術を活用し生産性の向上やコストの削減を支援する取り組みを指す。

　　ウ　オープンソースとは，インターネットの双方向性を活用するデータ利用のことで，行政への市民参加を促進するための情報公開・意見収集の手段である。

　　エ　行政データのオープンデータ化とは，行政組織で収集されてきたデータを広く社会に公開し民間で利活用できるようにすることを指す。

解答	エ

■解説

デジタルデータの利活用に関する知識を問う問題である。

　ア：不適切である。M2M とは，Machine to Machine の略で，機器同士の通信を表し，M2M は，人ではない「物」がインターネットを介してつながる，IoT（Internet of Things の略）の基本とされている。SNS とは，Social Networking Service の略で，人間同士の社会的なつながりをインターネット上で支援するサービスである。

　イ：不適切である。インダストリー 4.0 は米国政府ではなくドイツ政府が推進している。

　ウ：不適切である。オープンソースとはインターネットなどを介して，ユーザがプログラムの設計図（ソースコード）が入手可能で，そのソースコードを改良して使用したり，改良したソースコードを再配布することが可能なプログラムを指す。

　エ：適切である。近年，行政が地図，各種統計などのデータを公開し，企業に 2 次利用を許可することで新たな産業を創出する取組みが進められている。

よって，エが正解である。

ソフトウェアと その種類	ランク	1回目		2回目		3回目	
	A	/		/		/	

■平成 28 年度　第 4 問

　PC には多様なソフトウェアが使われている。ソフトウェアに関する記述として最も適切なものはどれか。

　　ア　デバイスドライバとは，PC に接続される周辺機器を制御するためのソフトウェアである。

　　イ　ファームウェアとは，OS の一部分を指し，接続される周辺機器と通信するためのソフトウェアである。

　　ウ　ミドルウェアとは，OS の中核となって機能するソフトウェアである。

　　エ　ユーティリティプログラムとは，アプリケーションプログラムの総称である。

解答	ア

■解説

コンピュータで使用されるさまざまな種類のソフトウェアに関する知識を問う問題である。

ア：適切である。コンピュータの周辺機器を制御するためのソフトウェアで，利用する機器ごとに機器メーカ等から提供されるデバイスドライバをオペレーティングシステムに組み込んで使用する。

イ：不適切である。ファームウェアは，OS の一部分ではなく，周辺機器に組み込まれるソフトウェアである。なお，ファームウェアは，周辺機器の基本的な制御を行うためにコンピュータと周辺機器の通信を司るソフトウェアであるため，「OS の一部分を指し」以外の記述は適切である。

ウ：不適切である。ミドルウェアは，アプリケーションソフトウェアに，共通したインタフェースの利用方法や統一的なコンピュータの利用を提供するソフトウェアである。したがって，OS とアプリケーションソフトウェアの間で機能する。

エ：不適切である。アプリケーションプログラムは，利用者の特定の要求に対応する比較的狭い範囲の処理を行うプログラムである。ユーティリティプログラムは，テキストファイルの文字コード変換処理など，OS がカバーしていない処理を補完するプログラムであり，ツールなどとも呼ばれる。

よって，アが正解である。

ソフトウェアと その種類	ランク	1回目	2回目	3回目
	A	／	／	／

■平成 29 年度　第 5 問

　オペレーティングシステム（OS）は，制御プログラム，言語プロセッサおよびユ
ーティリティ（サービスプログラムとも呼ばれる）で構成される。

　OS の基本機能に関する記述として，最も適切なものはどれか。

　　ア　言語プロセッサには，コンパイラ，インタプリタなどがある。コンパイラは，
　　　　高水準言語で記述されたプログラムを機械語のオブジェクトプログラムに変
　　　　換する言語プロセッサである。

　　イ　タスク管理とジョブ管理は，制御プログラムの基本機能である。タスク管理
　　　　は，プログラムの実行単位を 1 つのタスクとして，その処理順序を監視・制
　　　　御することであり，ジョブ管理は，タスクを細分化したジョブに CPU や主
　　　　記憶などの資源をいかに割り付けるかを管理することである。

　　ウ　デバイスドライバは，入出力装置などを操作・管理するプログラムであり，
　　　　制御プログラムの中に組み込まれている。従って，新しいデバイスドライバ
　　　　が必要になった場合，OS の再インストールが必要となる。

　　エ　ユーティリティは，制御プログラムおよび言語プロセッサを代替する機能を
　　　　持ち，これによって OS は安定して稼働できるようになる。

■解説

OS の基本機能に関する知識を問う問題である。

ア：適切である。インタプリタは，プログラムのソースコードまたは中間コードを一命令ずつ解釈し，機械語に翻訳しながら実行する。ソースコードをCPU が直接理解できる機械語の形式に変換し，実行プログラムを作成するコンパイラと比較して，インタプリタは実行速度が遅いという特徴がある。

イ：不適切である。ジョブ管理は，ジョブ（人間側から見たプログラムが行う仕事の単位）をジョブステップと呼ばれる単位に分割し，ジョブステップに対するCPU や主記憶装置などのコンピュータ資源の割り付けを管理する。タスク管理は，ジョブステップを OS 側から見た処理の単位であるタスクに分割し，タスクの状態を管理する。

ウ：不適切である。デバイスドライバは，さまざまな周辺機器ごとに異なるものが必要であることから，基本的に OS の一部である制御プログラムに組み込まれない。したがって，新しいデバイスドライバが必要になっても OS の再インストールを求められることはない。デバイスドライバが，入出力装置などを操作・管理するプログラムである旨の記述は適切である。

エ：不適切である。制御プログラムおよび言語プロセッサを代替し，OS の安定動作や処理の高速化を実現するプログラムは，ファームウェアである。ユーティリティプログラムとは，テキストファイルの文字コード変換処理など，OS がカバーしていない処理を補完するプログラムであり，ツールなどとも呼ばれる。ユーティリティプログラムは，平成 28 年度第 4 問でも問われた用語であるため，正確に記憶されたい。

よって，アが正解である。

オペレーティング システム	ランク	1回目		2回目		3回目	
	B	／		／		／	

■平成 26 年度　第 3 問

　パーソナルコンピュータの OS には複数の利用者が使用することを考慮して，複数のユーザアカウントを作成可能なものがあり，ユーザごとに管理者が設定可能な管理項目が設けられている。

　このような管理項目に関する記述として最も適切なものはどれか。

　　ア　主記憶装置上の利用可能な記憶領域の範囲をユーザごとに割り当て，使用できる記憶容量を制限することができる。

　　イ　特定の発信者からのみ e-mail を受け取ることができるようユーザごとに設定できる。

　　ウ　ネットワーク利用環境で使用する新規ユーザの登録には，ユーザ名，パスワード，利用対象とするコンピュータ名を設定する。

　　エ　ファイルシステムに存在する各種ファイルの参照や実行，作成や削除の権限をユーザごとに設定できる。

解答	エ

■解説

OS におけるユーザ管理に関する知識を問う問題である。

ア：不適切である。主記憶装置（メモリ）の利用可能な範囲は，アプリケーションごとに OS が随時割り当てを行うことが一般的であるため，「ユーザごとに割り当て，使用できる記憶容量を制限することができる」という記述は最も適切とはいえない。

イ：不適切である。特定の発信者からのみ e-mail を受け取ることができるようにするのは，OS の機能ではなく，メールサーバの機能である。

ウ：不適切である。利用対象とするコンピュータ名を設定するのではなく，利用対象とするコンピュータ上で，ユーザ名，パスワードを設定する。

エ：適切である。ユーザごとにファイルアクセス権限（参照，実行，作成，削除等）の設定が可能である。

よって，エが正解である。

オペレーティング システム	ランク	1回目		2回目		3回目	
	B	／		／		／	

■平成 30 年度　第 3 問

　文字情報を電子化する際の文字コードには，いくつかの種類がある。文字コードの特徴に関する記述として，最も適切なものはどれか。

　ア　ASCII コードは，アルファベット，数字，特殊文字，制御文字および漢字から構成される文字コードである。

　イ　EUC は，UNIX OS のために開発されたが，その後拡張されて日本語などにも対応できるようになった文字コードである。

　ウ　Shift-JIS コードは，EUC を拡張して日本語にも利用できるようにした文字コードである。

　エ　UTF-8 は，2 バイトの文字コードで，英数字と日本語だけではなく，世界の主要な言語で使われるほとんどの文字も表現できる。

解答	イ

■解説

文字コードに関する知識を問う問題である。

ア：不適切である。ASCII コードは，アルファベット，数字，特殊文字，制御文字で構成される文字コードである。漢字は含まれない。

イ：適切である。EUC は Extended Unix Code の略で，UNIX OS のために開発され，その後拡張されて日本語などにも対応できるようになった文字コードである。

ウ：不適切である。Shift-JIS コードは EUC が拡張されてできた文字コードではない。

エ：不適切である。UTF-8 では，4 バイトの文字コードで，世界の主要な言語で使われるほとんどの文字を表現できる。

よって，イが正解である。

プログラム言語と言語プロセッサ	ランク	1回目		2回目		3回目	
	B	／		／		／	

■令和2年度　第3問

　オブジェクト指向の考え方は，情報システムの開発において最も重要なものの一つである。オブジェクト指向のモデル化とプログラミングの基本に関する以下の文章の空欄A～Dに入る語句として，最も適切なものの組み合わせを下記の解答群から選べ。

　オブジェクト指向では，実世界をオブジェクトの観点からモデル化し，その結果をプログラミングによって実現する。モデル化の際は，おのおののオブジェクトを　A　と状態で定義し，プログラミングの際は，　A　を手続きとして，状態はデータとして記述する。このとき，手続きを　B　と呼ぶ。　B　は，他のオブジェクトから送られてくる　C　によって起動する。つまり，　C　とは，そのオブジェクトへの仕事の依頼といえる。

　また，プログラミングの際は，類似のオブジェクトをまとめて扱うことでプログラミングの効率を高めることができるので，プログラミングの対象は類似のオブジェクトの集まりである　D　となる。

〔解答群〕

　ア　A：機能　　　　　B：メソッド　　C：メッセージ　D：カプセル化

　イ　A：機能　　　　　B：メソッド　　C：メッセージ　D：クラス

　ウ　A：サブルーチン　B：メッセージ　C：メソッド　　D：クラス

　エ　A：プロセス　　　B：メッセージ　C：メソッド　　D：カプセル化

解答	イ

■解説

　プログラム言語における，オブジェクト指向の考え方に関する知識を問う問題である。

　オブジェクト指向では，メッセージによりメソッドを起動する，メソッドとデータのかたまりを１つのオブジェクトと呼ばれる単位とみなして，プログラムを作成する。これにより，オブジェクト単位でプログラムを部品として再利用できるようになり，生産性が向上するプログラミング方式である。

　したがって，それぞれの空欄に入る単語は下記のとおりである。

　空欄A：機能に関する記述である。

　空欄B：メソッドに関する記述である。

　空欄C：メッセージに関する記述である。

　空欄D：クラスに関する記述である。オブジェクト指向におけるプログラミングでは，クラスと呼ばれる類似のオブジェクトの集まりごとにプログラムを記述することで開発効率を高める。なお，カプセル化とはクラスを実現するための重要な考え方の一つである。クラスの外部からクラス内部のプログラムへのアクセスを制限する（カプセル化）することによって，クラスの挙動を管理しやすくする効果がある。

　よって，イが正解である。

プログラム言語と言語プロセッサ	ランク	1回目		2回目		3回目	
	A	／		／		／	

■**令和4年度 第3問**

プログラミング言語には多くの種類があり，目的に応じて適切な選択を行う必要がある。

プログラミング言語に関する記述として，最も適切なものはどれか。

ア　JavaScript は Java のサブセットであり，HTML ファイルの中で記述され，動的な Web ページを作成するために用いられる。

イ　Perl は日本人が開発したオブジェクト指向言語であり，国際規格として承認されている。

ウ　Python は LISP と互換性があり，機械学習などのモジュールが充実している。

エ　R は統計解析向けのプログラミング言語であり，オープンソースとして提供されている。

オ　Ruby はビジュアルプログラミング言語であり，ノーコードでアプリケーションソフトウェアを開発することができる。

解答	エ

■解説

さまざまなプログラミング言語の特徴に関する知識を問う問題である。

ア：不適切な記述である。JavaScript と Java はプログラムで使用する記号が類似している点を除いては，データ型の有無など多くの相違点があり互換性もないため，サブセットとはいえない。

イ：不適切な記述である。この選択肢の記述は Ruby に関する記述である。なお，Ruby は Perl を参考に開発された。

ウ：不適切な記述である。Python と LISP に互換性はない。

エ：適切な記述である。R は統計解析向けのデータの加工および可視化の機能が充実したプログラミング言語で，オープンソースとして提供されている。

オ：不適切な記述である。Ruby で意図した処理を行うプログラムを作成するには，Ruby の文法に従ってプログラムコードを文字で書く必要がある。したがって，ノーコードでアプリケーションソフトウェアを開発する（つまりコードを書く必要がない）ことができるとはいえない。また，ビジュアルプログラミングとは，たとえば「左クリックしたとき」や「画像を表示する」などと書かれたブロックをマウスで積み上げるなどしてプログラムを作成する方式で，プログラムを文字で記述する従来のプログラミングよりも初心者や子供が学びやすいという特徴がある。

よって，エが正解である。

プログラム言語と 言語プロセッサ	ランク	1回目		2回目		3回目	
	B	/		/		/	

■平成 27 年度　第 4 問

　ソフトウェアの開発には多様なプログラミング言語が使われるが，それぞれ特徴がある。下記の記述のうち最も適切なものはどれか。

　　ア　C は，OS も開発できる言語であるが，メモリ解放の指示を忘れるとメモリ
　　　　リークバグが発生することがある。

　　イ　C# は，日本人が開発したオブジェクト指向型言語であるが，Perl を参考に
　　　　して開発された。

　　ウ　Java は，インタプリタ言語なので，初心者にも習得がしやすい。

　　エ　Perl は，HTML とともに記述することができるサーバサイドスクリプト言
　　　　語で，Web ページ作成に特化している。

解答	ア

■解説

プログラミング言語に関する知識を問う問題である。

ア：適切である。Windows などの OS が C 言語を用いて開発されている。また，C 言語によるプログラムではプログラムが専有するメモリの領域を指定するが，バグにより専有したメモリの領域を解放しない場合に，メモリの空き領域が不足する事象をメモリリークと呼ぶ。

イ：不適切である。C# は Java を参考にして開発され，日本人が開発したものではない。Perl を参考にして日本人が開発したオブジェクト指向型言語は Ruby である。

ウ：不適切である。Java はソースプログラムをコンピュータが実行可能な形式に変換するためにコンパイルが必要であるため，コンパイラ型言語である。

エ：不適切である。Perl は HTML とともに記述せず，別途スクリプトファイルを作成する。なお，Perl はサーバサイドスクリプト言語であるという記述は適切である。また，Perl は Web ページ作成に用いられることが多いが，特化しているとまではいえず，UNIX 上での文字列処理全般に用いられる。

よって，アが正解である。

プログラム言語と 言語プロセッサ	ランク	1回目	2回目	3回目
	B	/	/	/

■令和3年度　第6問

　データ分析や機械学習を容易に行うことができるプログラミング言語である Python の利用が拡大している。

　Python に関する記述として，最も適切なものはどれか。

　ア　Python2.x で動作するプログラムは全て，Python3.x でも動作する。

　イ　オブジェクト指向のプログラミング言語であり，関数型プログラミングをサポートしていない。

　ウ　クラスや関数，条件文などのコードブロックの範囲はインデントの深さによって指定する。

　エ　データの操作や定義を行うための問い合わせ言語である。

　オ　論理プログラミング言語であり，プログラムは宣言的に表現される。

解答	ウ

■解説

　プログラミング言語の Python に関する詳細な知識を問う問題である。

　　ア：不適切な記述である。Python は，バージョン 2 とバージョン 3 でソースコードの文法が大きく変わっているため，一部の Python2.x のプログラムは Python3.x では動作しない。

　　イ：不適切な記述である。Python は，オブジェクト指向と関数型プログラミングのいずれもサポートしている。

　　ウ：適切な記述である。

　　エ：不適切な記述である。データの操作や定義を行う問合せ言語は，SQLである。

　　オ：不適切な記述である。Python は手続き型のプログラミング言語である。

　よって，ウが正解である。

プログラム言語と 言語プロセッサ	ランク	1回目	2回目	3回目
	A	／	／	／

■平成27年度　第3問

　コンピュータによる業務支援が様々な場面で求められるが，小規模なプログラム作成で対応可能な場合でも，ソースプログラムの記述から，最終的に実行可能なプログラム（実行プログラム）を作成することが必要な場合がある。

　以下にソースプログラムから実行プログラムに変換する手順を図示した。図中の①～④に当てはまる用語の組み合わせとして，最も適切なものを下記の解答群から選べ。

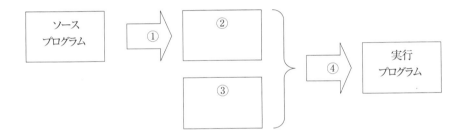

〔解答群〕

　ア　①：インタプリタ　　　　②：タスク
　　　③：カーネル　　　　　　④：コンパイラ

　イ　①：コンパイラ　　　　　②：オブジェクトファイル
　　　③：ライブラリファイル　④：リンカ

　ウ　①：コンパイラ　　　　　②：カーネル
　　　③：ジョブ　　　　　　　④：ジェネレータ

　エ　①：コンパイラ　　　　　②：ジョブ
　　　③：オブジェクトファイル　④：リンカ

解答	イ

■解説

　ソースプログラムから実行プログラムを作成する際のプロセスに関する知識を問う問題である。

　プログラム，コンパイラ，リンカについては平成 24 年第 3 問で類似の問題が出題されているため，確実に正解したい問題である。

①，②：C 言語や Java などで書かれたソースプログラムを，コンパイラがオブジェクトファイル（コンピュータが実行可能な機械語）に翻訳する。

③，④：オブジェクトファイルやライブラリ（汎用的に使用されるソースプログラムを部品化したもの）を，リンカがリンクさせることにより実行プログラムが作成される。

　よって，イが正解である。

プログラム言語と言語プロセッサ	ランク	1回目	2回目	3回目
	A	／	／	／

■令和 3 年度　第 4 問

　中小企業診断士は，アプリケーションソフトウェア（アプリケーション）の動作に必要な他のソフトウェアの役割・機能についても理解しておく必要がある。ソフトウェアの役割・機能に関する記述として，最も適切なものはどれか。

　ア　OS に先立って起動し，ディスプレイやキーボードを利用可能にするソフトウェアを BIOS という。

　イ　PC に接続したマウスやプリンタなどの周辺機器をアプリケーションから利用可能にするソフトウェアをパッチという。

　ウ　多くのアプリケーションが共通利用する基本処理機能を，標準化されたインタフェースでアプリケーションから利用可能にするソフトウェアをカーネルという。

　エ　高級言語で書かれたプログラムをコンピュータが実行可能な機械語に翻訳するソフトウェアをリンカという。

　オ　ハードウェアとソフトウェアの中間的な存在としてハードウェアの基本的な制御を行うために機器に組み込まれたソフトウェアをミドルウェアという。

解答	ア

■解説

アプリケーション以外のソフトウェアに関する知識を問う問題である。

ア：適切な記述である。

イ：不適切な記述である。選択肢の記述はパッチではなくデバイスドライバに関する記述である。パッチとは，出荷済みのソフトウェアの不具合を修正・更新するために該当部分だけを書き換えるソフトウェアである。

ウ：不適切な記述である。選択肢の記述はカーネルではなくミドルウェアに関する記述である。

エ：不適切な記述である。選択肢の記述はリンカではなく，コンパイラに関する記述である。リンカとは，コンパイラにより機械語に翻訳されたプログラムに，必要なプログラムの部品を付け加えて実行可能な形式に変換するプログラムである。

オ：不適切な記述である。ミドルウェアではなく，ファームウェアに関する記述である。

よって，アが正解である。

プログラム言語と言語プロセッサ	ランク	1回目		2回目		3回目	
	A	／		／		／	

■平成 30 年度　第 2 問

　PC ではさまざまな種類のソフトウェアが利用されている。PC のソフトウェアに
関する以下の①〜④の記述と，それらに対応する用語の組み合わせとして，最も適切
なものを下記の解答群から選べ。

① PC の電源投入時に最初に実行され，PC と周辺機器との間の入出力を制御
する　ソフトウェア。

② 出荷済みのソフトウェアの不具合を修正・更新するために該当部分だけを書
き換えるソフトウェア。

③ 著作権は放棄されていないが，誰もが無償で入手・利用でき，ライセンスの
範囲であれば，再配布や内容の改良をすることが許可されているソフトウェ
ア。

④ 単独では機能せず，Web ブラウザなどのアプリケーションに組み込むこと
で，そのアプリケーションの特定の機能を拡張するソフトウェア。

〔解答群〕

ア　①：BIOS　②：カーネル　③：ファームウェア　④：ミドルウェア

イ　①：BIOS　②：パッチ　③：フリーウェア　④：プラグインソフト

ウ　①：OS　②：シェル　③：ファームウェア　④：プラグインソフト

エ　①：OS　②：パッチ　③：フリーウェア　④：ミドルウェア

解答	イ

■解説

　PC で利用されているさまざまなソフトウェアに関する知識を問う問題である。

① : BIOS に関する記述である。BIOS とは Basic Input/Output System の略で，PC の電源投入時，BIOS が最初に実行され，その後に OS が起動する。①の記述のとおり，PC と周辺機器との入出力を BIOS が制御する。また，PC と周辺機器との入出力の管理を OS が行う。

② : パッチに関する記述である。カーネルとは，OS の中核となっているソフトウェアで，OS が CPU，メモリ，ハードディスクなどのハードウェアの制御を行う。

③ : フリーウェアに関する記述である。ファームウェアとは，周辺機器の基本的な制御を行うためにコンピュータと周辺機器の通信を司るソフトウェアである。

④ : プラグインソフトに関する記述である。ミドルウェアは，OS とアプリケーションソフトウェアの間で動作するソフトウェアで，アプリケーションソフトウェアに，共通したインタフェースの利用方法や統一的なコンピュータの利用を提供する。

　よって，イが正解である。

	ランク	1回目	2回目	3回目
表計算ソフトウェア	B	／	／	／

■令和元年度　第4問

　次の表は，ユーロを円に換算するために表計算ソフトウェアによって作成されたものである。A2～C2のセルには円に換算したい「ユーロの金額（€1，€5，€10)」が入力されている。また，A3～A5のセルにはユーロ／円の「為替レート（¥125，¥126，¥127）」が入っている。ユーロの円への換算は，「為替レート」×「ユーロの金額」の式を用いることにした。

　このとき，はじめにB3のセルに積の式を入力し，それを空欄のセルに複写して表を完成したい。B3のセルに入力した式として，最も適切なものを下記の解答群から選べ。

　なお，セル番地指定における$記号は絶対セル参照を表すものとする。また，*記号は積を求める演算子である。

行 \ 列	A	B	C
1	ユーロを円に換算する表		
2	€1	€5	€10
3	¥125	¥625	
4	¥126		
5	¥127		

〔解答群〕

　ア　＝$A3 ＊ $B2

　イ　＝$A3 ＊ B$2

　ウ　＝A$3 ＊ $B2

　エ　＝A$3 ＊ B$2

解答	イ

■解説

　表計算ソフトウェアの計算式の使用方法に関する知識を問う問題である。

　　ア：不適切である。選択肢アの数式をコピーした場合，たとえば C3 セルの計算
　　　　結果は $A3 * $B2 = 625 となる。

　　イ：適切である。選択肢イの数式をコピーした場合，たとえば C3 セルの計算結
　　　　果は $A3 * C$2 = 1250 となる。

　　ウ：不適切である。選択肢ウの数式をコピーした場合，たとえば C3 セルの計算
　　　　結果は B$3 * $B2 = 3125 となる。

　　エ：不適切である。選択肢エの数式をコピーした場合，たとえば C3 セルの計算
　　　　結果は B$3 * C$2 = 6250 となる。

　よって，イが正解である。

3. プログラム設計

▶▶ 出題項目のポイント

　この出題領域では，データ型について複数回問われている。データ型とは，コンピュータプログラムなどにおいて，処理を行うデータの扱いに関する形式のことである。たとえば，整数型は整数の，実数型は実数の，文字列型は文字データの記憶や処理を行う。

▶▶ 出題の傾向と勉強の方向性

　複数の年度にわたり，本試験で共通的に出題されている事項が少ないため，全体的に頻出度ランクが低い出題領域である。ランク A および B の問題はない出題領域であるため，経営情報システムの科目で他に苦手分野がある場合や他の科目で合格レベルに達していない科目がある受験生は，そちらを優先して学習することが効率的な 1 次試験突破につながる。

■取組状況チェックリスト

3. プログラム設計						
アルゴリズム						
問題番号	ランク	1 回目		2 回目		3 回目
令和 5 年度　第 2 問	C *	／		／		／
令和 3 年度　第 9 問	C *	／		／		／
平成 26 年度　第 5 問	C *	／		／		／
データ構造						
問題番号	ランク	1 回目		2 回目		3 回目
令和 4 年度　第 2 問	C *	／		／		／
平成 29 年度　第 6 問	C *	／		／		／

＊ランク C の問題と解説は，「過去問完全マスター」の HP（URL：https://jissen-c.jp/）よりダウンロードできます。

第 2 章

情報処理の形態と関連技術

1. バッチ処理，クライアント・サーバシステム，マルチメディア処理

▶▶ 出題項目のポイント

　この出題領域では，コンピュータが情報処理を行う際の処理形態について問われる。具体的には，下記の事項が繰り返し出題されている。

・**バッチ処理**…大量のまとまったデータを一定時間ごと（あるいは一定のデータ量ごと）に処理する処理形態である。

・**リアルタイム制御処理**…バッチ処理と対照的に，比較的簡易な処理を定常的かつ即時的に処理する際に用いられる処理形態である。

▶▶ 出題の傾向と勉強の方向性

　複数の年度にわたり，本試験で共通的に出題されている事項が少ないため，全体的に頻出度が低い出題領域である。ランク A の問題について，問われている知識を習得することを心がけていただきたい。

■取組状況チェックリスト

1. バッチ処理，クライアント・サーバシステム，マルチメディア処理							
バッチ処理							
問題番号	ランク	1回目		2回目		3回目	
令和元年度　第6問	A	/		/		/	
令和2年度　第7問	A	/		/		/	
マルチメディア処理							
問題番号	ランク	1回目		2回目		3回目	
令和5年度　第7問	A	/		/		/	
令和元年度　第10問	A	/		/		/	
令和2年度　第8問	B	/		/		/	
平成26年度　第8問	A	/		/		/	

バッチ処理	ランク	1回目	2回目	3回目
	A	／	／	／

■**令和元年度　第6問**

　給与計算や出荷数あるいは月次決算などの処理をコンピュータで，毎月バッチ処理する場合がある。

　このような情報処理と同じ特徴を有する処理方式に関する記述として，最も適切なものはどれか。

　　ア　金融機関などが入出金・送金などの処理を，一定期間や一定量ごとにまとめて実行する処理方式。

　　イ　入金と出金のように複数処理を連結した処理単位にまとめて管理することで，入金処理だけが終了して出金処理は失敗したというような，一部の処理だけが終了している状態を回避することができる処理方式。

　　ウ　ポイントカードのポイント残高を精算直後に確認できるように，精算処理の要求が発生したときに即座に処理を実行し，その結果を返す処理方式。

　　エ　利用者とコンピュータがディスプレイなどを介して，あたかも対話するように処理を進める処理方式。

解答	ア

■**解説**

　バッチ処理およびバッチ処理に関連する処理方式に関する知識を問う問題である。

　ア：適切である。バッチ処理は，一定期間や一定量ごとにまとめて処理を行う。CPU性能などの制約で処理の負荷を分散する必要がある場合に，たとえば日中にリアルタイムに処理をする必要があるものをオンライン処理で計算し，その他の処理を夜間などの負荷が低い時間帯にバッチ処理で計算するなどの処理方式が採用される。

　イ：トランザクションに関する記述である。トランザクションでは，処理単位にまとめて実行状態を管理する。選択肢の記述のような，入金処理だけが終了して出金処理は失敗した場合は，入金処理を取り消して再度入金処理と出金処理を行いどちらも正常終了するまで繰り返す（あるいはどちらも未処理のままにする）。これにより，出金元と入金先の状態に矛盾が発生しないように制御する。

　ウ：オンライン処理に関する記述である。上述のように，バッチ処理と対になる用語である。

　エ：対話型処理に関する記述である。

　よって，アが正解である。

バッチ処理	ランク	1回目		2回目		3回目	
	A	/		/		/	

■令和 2 年度　第 7 問

　データベースのデータ処理では，アプリケーションにおけるひとまとまりの処理単位を「トランザクション」と呼ぶ。たとえば，ある消費者の口座からある小売店の口座に振込送金する場合，(1)消費者の口座残高から振込金額を引き，それを新しい口座残高にすることと，(2)小売店の口座残高に振込金額を足し，それを新たな口座残高にすること，という 2 つの更新処理が必要になる。このような出金処理と入金処理をまとめて扱う必要がある場合が「トランザクション」の例である。

　トランザクションの処理には，一般に ACID 特性（Atomicity，Consistency，Isolation，Durability）と呼ばれる技術的に満たすべき要件がある。

　ACID 特性に関する記述として，最も適切なものはどれか。

　ア　システムに異常が発生したときに，ログなどを用いて異常発生前の状態にまで復旧できることを保証しなければならない。このような特性を「独立性（Isolation）」という。

　イ　データの物理的格納場所を意識することなくトランザクションの処理が実行される必要がある。このような特性を「耐久性（Durability）」という。

　ウ　トランザクションを構成する全ての処理が正常に終了したときだけ，処理結果をデータベースに反映する必要がある。このような特性を「原子性（Atomicity）」という。

　エ　複数のトランザクションを処理する際には，各トランザクションを逐次的に実行する場合と同時に実行する場合で，処理結果が同じである必要がある。このような特性を「一貫性（Consistency）」という。

解答	ウ

■解説

　データベースのトランザクションにおける ACID 特性に関する知識を問う問題である。

　ア：不適切である。独立性ではなく，ロールバックなどのデータ復旧に関する記述である。

　イ：不適切である。Durability は，永続性という意味で，トランザクションによるデータ更新などの意図的な操作なしに，データがなくなったりせず，永続的に存在し続けることを指す。

　ウ：適切である。

　エ：不適切である。一貫性とは，問題文の例であれば，トランザクション完了後に，(1)の出金の処理と(2)の入金の片方だけが実行されるような状態にならないことを指す。

　よって，ウが正解である。

マルチメディア処理	ランク	1回目	2回目	3回目
	A	/	/	/

■令和5年度 第7問

Webサイトを構築する場合などにおいては，音・画像・動画データを利用することが多い。これらの保存にはさまざまなファイル形式が利用される。これらのファイル形式に関する記述として，最も適切なものはどれか。

　ア　AVIは，ストリーミング配信向けの動画データのファイル形式であり，動画データの再生や複製，変更を制限することができる。

　イ　BMPとJPEGは，可逆圧縮方式による画像データのファイル形式であり，フルカラーで画像データを保存できる。

　ウ　GIFとPNGは，非可逆圧縮方式による画像データのファイル形式であり，フルカラーで画像データを保存できる。

　エ　MP3は，可逆圧縮方式による音データのファイル形式であり，音楽CD並みの音質を保ちながら音データを保存できる。

　オ　MP4は，音・画像・動画などの複数データをまとめて格納することができるファイル形式である。

解答	オ

■解説

音声や動画データに用いられるファイル形式に関する知識を問う問題である。

ア：不適切である。AVI は Audio Video Interleave の略で，マイクロソフト社により開発された動画ファイルのフォーマットである。比較的古い形式であるため，複製・変更の制御や，効率的なストリーミング配信を行う際には，AVI ではない，より優れたフォーマットが用いられる。

イ：不適切である。可逆圧縮方式とは，表示する際の画像の見栄えの品質を落とすことなく，ファイルサイズを縮小して保存することが可能なファイルの保存形式である。JPEG は非可逆圧縮方式である。BMP はそもそも圧縮をしない形式である。

ウ：不適切である。GIF と PNG ともに，可逆圧縮方式である。選択肢の記述は，JPEG に関するものである。

エ：不適切である。MP3 は非可逆圧縮方式の音データのファイル形式である。

オ：適切である。MP4 は音声だけでなく動画（画像）などの複数のデータをまとめて1つのファイルに格納することができる。

よって，オが正解である。

マルチメディア処理	ランク	1回目	2回目	3回目
	A	／	／	／

■令和元年度　第10問

　中小企業においても，Webサイトを構築する場合など，静止画像データを利用することが多い。静止画像データの保存にはさまざまなファイル形式が利用されるので，それぞれの形式の特徴を理解する必要がある。

　静止画像データのファイル形式に関する記述として，最も適切なものの組み合わせを下記の解答群から選べ。

　　a　BMP形式は，可逆圧縮方式の画像フォーマットであり，256色（8ビット）以下で静止画像を保存できる。

　　b　JPEG形式は，非可逆圧縮方式の画像フォーマットであり，フルカラーで静止画像を保存できる。

　　c　GIF形式は，圧縮しない画像フォーマットであり，ドットの集まりとして静止画像を保存できる。

　　d　PNG形式は，可逆圧縮方式の画像フォーマットであり，フルカラーで静止画像を保存できる。

〔解答群〕

　ア　aとb

　イ　aとc

　ウ　bとd

　エ　cとd

解答	ウ

■解説

　さまざまな画像データのファイル形式について，それぞれの形式の特徴に関する知識を問う問題である。

　　a：不適切である。BMP 形式は，圧縮をしていないため，可逆圧縮方式という記述があてはまらない。また，BMP 形式に 256 色以下という制限はない。

　　b：適切である。なお，非可逆圧縮方式とは，画像の精度を落としてデータのサイズを圧縮したあとで，元の画像の精度に戻すことができない方式のことである。

　　c：不適切である。GIF 形式は，可逆圧縮方式の画像フォーマットであるため，圧縮しない画像フォーマットという記述が不適切である。ドットの集まりとして静止画像を保存するのは，BMP 形式である。

　　d：適切である。

　よって，ウが正解である。

マルチメディア処理	ランク	1回目		2回目		3回目	
	B	／		／		／	

■令和2年度　第8問

　PCを用いる業務処理では多様なソフトウェアが使われていることから，異なるソフトウェア間でデータを交換する場合がよくある。

　データ交換に利用するデータ形式としてのCSVに関する記述として，最も適切なものはどれか。

　　ア　文字データや数値データだけではなく，データ間の区切り位置にタグを挿入することで画像やプログラムも記録できる。

　　イ　文字データや数値データだけではなく，データ間の区切り位置にタブを挿入することで計算式や書式情報も記録できる。

　　ウ　文字データや数値データのデータ間の区切りとしてカンマを，レコード間の区切りとして改行を使用する。

　　エ　文字データや数値データのデータ間の区切りとして空白，コロンあるいはセミコロンを使用する。

解答	ウ

■解説

　比較的汎用性の高い形式としてよくデータ交換で利用される，CSV 形式に関する知識を問う問題である。

　　ア：不適切である。画像やプログラムの記録には利用されない。

　　イ：不適切である。データの区切り位置にタブを挿入するのは，TSV（Tab-Separated Values）である。

　　ウ：適切である。CSV は，Comma-Separated Values の略称である。

　　エ：不適切である。CSV の区切り文字はカンマを使用する。

　よって，ウが正解である。

マルチメディア処理	ランク	1回目	2回目	3回目
	A	／	／	／

■平成26年度　第8問

　近年のコンピュータは，多様なマルチメディアデータを取り扱うことができるように
なり，データ形式も増加している。

　コンピュータ内の補助記憶装置内のあるディレクトリを，ファイル管理ツールで見
ると，以下の①～④の拡張子のついたファイルがあった。これらの拡張子とファイル
の種類の組み合わせとして，最も適切なものを下記の解答群から選べ。

　　① png

　　② csv

　　③ mp4

　　④ htm

〔解答群〕

　ア　①：静止画ファイル　　②：テキストファイル
　　　③：静止画ファイル　　④：音楽ファイル

　イ　①：静止画ファイル　　②：テキストファイル
　　　③：動画ファイル　　　④：テキストファイル

　ウ　①：動画ファイル　　　②：音楽ファイル
　　　③：静止画ファイル　　④：テキストファイル

　エ　①：動画ファイル　　　②：静止画ファイル
　　　③：テキストファイル　④：音楽ファイル

解答	イ

■**解説**

マルチメディアデータの拡張子に関する知識を問う問題である。

拡張子①：拡張子が png のファイルは，静止画像を扱う PNG 形式のデータである。また，PNG はデータの圧縮を行って保存する際に，元のデータが完全に再現できる可逆圧縮方式を採用しているので，圧縮したデータを元に戻した場合，画像の劣化が起こらないという特性を持つ。上記の特性については，平成 21 年度第 9 問でも問われていることから，静止画ファイルであることを判断できた受験生は多かったと考えられる。

拡張子②：拡張子が csv のファイルは，複数のデータをテキストファイルに保存する帯に，項目ごとにカンマ区切りで表現する CSV（Comma Separated Values の略）という形式で作成されたファイルである。

拡張子③：拡張子が mp4 のファイルは，mpeg4 という動画圧縮形式で作成されたファイルである。

拡張子④：拡張子が htm のファイルは，テキストファイルである。ファイルには，ウェブ上の文章を記述する言語である html のルールに沿ったハイパーテキストが記述されている。

よって，イが正解である。

2.　Web コンピューティング

▶▶ 出題項目のポイント

　この項目では，下記のアウトソーシングに関連する知識を問われる問題の出題頻度が高い。

アウトソーシング関連

（1）クラウドコンピューティング

　クラウドコンピューティングとは，ブラウザなどを通じて，インターネットなどのネットワーク上に存在するサーバで提供されているサービスを利用する処理形態である。

　通常，コンピュータで何らかの処理を行う際は，各種（ハードウェア，OS，ミドルウェア，アプリケーション）の開発・維持管理等が必要である。これらの一部または全部の構築や管理を，クラウドコンピューティングを利用することで外部委託できるため，経営資源の限られた中小企業における活用が期待されている。

　また，クラウドコンピューティングは，以下のような複数の分類がある。

①　外部の組織に委託する範囲に基づくクラウドコンピューティングの分類
【凡例　略称［正式名称］：外部委託する範囲】
・HaaS［Hardware as a Service］：
　ハードウェア＋ネットワーク
・IaaS［Infrastructure as a Service］：
　ハードウェア＋ネットワーク（＋OS）
・PaaS［Platform as a Service］：
　ハードウェア＋ネットワーク＋OS＋ミドルウェア
・SaaS［Software as a Service］：
　ハードウェア＋ネットワーク＋OS＋ミドルウェア＋アプリケーション
　※丸括弧内は，サービス事業者ごとに含まれる場合と含まれない場合がある。
②　対象ユーザに基づくクラウドコンピューティングの分類
　・プライベートクラウド
　　　　企業内のシステムのように，利用者が限定されたネットワークで，社員な

ど限られた範囲のユーザに提供されるクラウドコンピューティングサービス
を指す。
・パブリッククラウド
　プライベートクラウドと対照的に，不特定多数にインターネットを介して
サービスを提供するもの。

(2) ハウジングサービス

ハウジングサービスとは，ハウジングサービスの事業者（通信事業者やインターネットサービスプロバイダなど）が，高速回線や電源・空調設備などが整備された自社スペースを，利用者のサーバを設置させるなどの目的で貸し出す外部委託のサービス形態である。

▶▶ 出題の傾向と勉強の方向性

従来から，情報システムに関連する業務をアウトソースするサービスは，経営資源の限られる中小企業における活用が期待されていたため，コンスタントに出題されている。近年，クラウドコンピューティングという名称が一般的に使われるようになるなど，さらに注目度が高まっているため，今後も引き続き出題頻度の高い領域となると考えられる。

なお，出題時期によって同様のサービスが新たな用語で表現されることがあるため，学習時に混乱しないよう注意が必要であるが，概念自体は新しいものではない。各種のサービス事業者に対して，どのようなサービスをアウトソースできるか，関連する過去問に集中的に取り組み多面的に理解することで，効率的に知識の定着を図ることが重要である。

HTML については，出題頻度は高いが，繰り返して問われている特定の論点は少ない。しかし，今までの出題頻度を考慮すると今後も出題される可能性が高いため，過去に出題された内容については十分理解しておくべきである。

■取組状況チェックリスト

2. Web コンピューティング					

Web コンピューティング（アウトソーシング関連）

問題番号	ランク	1回目	2回目	3回目
令和元年度　第23問	A	／	／	／
平成29年度　第23問	A	／	／	／
令和3年度　第7問	A	／	／	／
平成28年度　第22問	A	／	／	／
令和2年度　第16問	B	／	／	／
令和3年度　第17問	A	／	／	／
令和元年度　第15問	A	／	／	／
令和2年度　第22問	B	／	／	／
平成27年度　第13問	A	／	／	／
令和3年度　第3問	A	／	／	／
令和2年度　第13問	A	／	／	／
令和4年度　第12問	A	／	／	／
平成27年度　第15問	B	／	／	／
令和4年度　第22問	A	／	／	／
令和元年度　第22問	B	／	／	／

Web コンピューティング（HTML 関連）

問題番号	ランク	1回目	2回目	3回目
平成27年度　第2問	A	／	／	／
平成28年度　第7問	A	／	／	／
平成29年度　第8問	B	／	／	／
令和2年度　第25問	B	／	／	／
平成26年度　第4問	B	／	／	／
令和2年度　第5問	A	／	／	／
令和元年度　第3問	A	／	／	／
平成30年度　第6問	A	／	／	／

Web コンピューティング（その他）							
問題番号	ランク	1回目		2回目		3回目	
平成 29 年度　第 7 問	B	╱		╱		╱	
令和 5 年度　第 25 問	B	╱		╱		╱	
平成 30 年度　第 13 問	B	╱		╱		╱	

Web コンピューティング（アウトソーシング関連）	ランク	1回目		2回目		3回目	
	A	／		／		／	

■令和元年度　第23問

　クラウドコンピューティングは，インターネットを通じて提供されるさまざまなサービスを利用してデータ処理を行う利用形態であり，広く利用されるようになってきている。

　クラウドコンピューティングのサービスはさまざまな形態で提供されるが，アプリケーション，ミドルウェア，OS，ハードウェアの全ての機能を提供し，複数の顧客が利用するサービスの名称として，最も適切なものはどれか。

　　ア　IaaS（Infrastructure as a Service）

　　イ　MaaS（Mobility as a Service）

　　ウ　PaaS（Platform as a Service）

　　エ　SaaS（Software as a Service）

解答	エ

■解説

クラウドコンピューティングの分類に関する知識を問う問題である。

ア：不適切である。IaaS の提供範囲は，ハードウェア，ネットワーク（定義によっては OS）までなので，ミドルウェアとアプリケーションは利用者が用意する必要がある。

イ：不適切である。MaaS は Mobility as a Service の略であり，移動手段をサービスとして提供するという概念であるため，クラウドコンピューティングの分類とは特に関係ない。

ウ：不適切である。PaaS の提供範囲は，ハードウェア，ネットワーク，OS（定義によってはミドルウェアも）までなので，アプリケーションは利用者が用意する必要がある。

エ：適切である。

よって，エが正解である。

Web コンピューティング（アウトソーシング関連）	ランク	1 回目	2 回目	3 回目
	A	／	／	／

■平成 29 年度　第 23 問

　中小企業 A 社は，現在クライアント・サーバ方式で財務・会計システムを保有している が，クラウド・コンピューティングへの移行を検討している。

　クラウド・コンピューティングに関する記述として，最も適切なものはどれか。

　ア　PaaS を利用する場合，ミドルウェア部分のサービスのみが提供されるため，現行のクライアント・サーバシステムを保有し続ける必要がある。

　イ　SaaS 利用ではアプリケーション，PaaS 利用ではミドルウェアというように，それぞれサービスを提供する業者が異なるため，それらをうまく組み合わせてシステムを再構築する必要がある。

　ウ　SaaS を利用する場合，課金体系は月額固定制であることが法的に義務付けられているため，システムの利用頻度が高いほど業務単位当たりの実質的コストが軽減できる。

　エ　SaaS を利用する場合，業者の提供するアプリケーションを活用することになるため，自社業務への適合性などをよく検討する必要がある。

解答	エ

■解説

クラウド・コンピューティングの方式に関する知識を問う問題である。

ア：不適切である。PaaS（Platform as a Service）では，事業者から，ミドルウェアだけでなく，OS，ネットワーク，ハードウェアも提供される。したがって，現行のクライアント・サーバシステムを保有する必要はない。

イ：不適切である。選択肢アの解説で述べたとおり，PaaS（Platform as a Service）では，事業者から，ミドルウェア，OS，ネットワーク，ハードウェアが提供される。SaaS（Software as a Service）の場合，上記にアプリケーションを加えた一式がSaaS事業者から提供される。

ウ：不適切である。SaaSの課金体系が月額固定であることの法的義務はない。システムの利用頻度と課金額にもとづいて，月額固定制と従量課金制を比較検討するべきである。

エ：適切である。財務・会計システムなど，アプリケーションごとの特性を見極めて，自社業務への適合性に合わせたSaaSを利用するべきである。

よって，エが正解である。

Webコンピューティング（アウトソーシング関連）	ランク	1回目	2回目	3回目
	A	／	／	／

■令和3年度　第7問

　ネットワーク技術の進展により，情報システムは2000年代より，それまでのクライアント・サーバ型の情報処理からクラウドコンピューティングへと進化した。また，2010年代半ば以降は，エッジコンピューティングを活用する動きも見られるようになった。

　これらの動きに関する記述として，最も適切な組み合わせを下記の解答群から選べ。

　　a　クラウドコンピューティングは，インターネットなどを介してコンピュータの資源をサービスの形で利用者に提供するコンピューティングの形態である。

　　b　パブリッククラウドと違いプライベートクラウドの場合には，自社の建物内でサーバや回線などの設備を構築・運用する必要がある。

　　c　エッジコンピューティングは，デバイスの近くにコンピュータを配置することによって，回線への負荷を低減させ，リアルタイム性を向上させることができる。

　　d　エッジコンピューティングを導入することによってIaaSの環境を実現できる。

　　e　クラウドコンピューティングとエッジコンピューティングは，併存させることはできない。

〔解答群〕

　ア　aとc

　イ　aとd

　ウ　bとd

　エ　bとe

　オ　cとe

解答	ア

■解説

　クラウドコンピューティングとエッジコンピューティングの概要や違いについて問う問題である。

　　a：適切な記述である。

　　b：不適切な記述である。プライベートクラウドとは，企業内のシステムのように，利用者が限定されたネットワークで，社員など限られた範囲のユーザに提供されるクラウドコンピューティングサービスを指す。必ずしも設置場所が自社の建物である必要はない。

　　c：適切な記述である。

　　d：不適切な記述である。IaaS とは Infrastructure as a Service の略で，　ハードウェア，ネットワーク，OS をサービスとして提供するクラウドコンピューティングの形態である。エッジコンピューティングは，クライアントとクラウドの中間地点にデータを配置したり処理を実行させることで，すべてをクラウド側で処理するクラウドコンピューティングより遅延やセキュリティを向上させる処理方式である。したがって，エッジコンピューティングを導入しても IaaS の環境を実現することにはならない。

　　e：不適切な記述である。クラウドコンピューティングとエッジコンピューティングは，処理やデータをそれぞれに適切に分散させるために併用することがある。

　よって，アが正解である。

Webコンピューティング（アウトソーシング関連）	ランク	1回目	2回目	3回目
	A	／	／	／

■平成28年度　第22問

　近年，クラウドサービスが台頭し，自社システムからクラウドサービスに移行する動きが活発になりつつある。クラウドサービスは中小事業者にとっても有益であるが，その利用のためには様々な課題について検討しなくてはならない。

　クラウドサービスやその利用に関する記述として最も適切なものはどれか。

ア　クラウドサービスにおいては，情報セキュリティの確保が重要になるが，独立行政法人情報処理推進機構ではクラウドサービスの安全利用に関する手引きを出している。

イ　クラウドサービスの利用料金の多くはサービス内容に応じて異なるが，使用したデータ容量では異ならないので，コストの視点から大企業の多くがクラウドサービスを利用し始めている。

ウ　パブリッククラウドの形態には，SaaS，PaaS，IaaS，DaaSなどがあり，いずれもアプリケーション，ミドルウェア，OS，ハードウェアが一体化されたサービスとしてエンドユーザに提供される。

エ　オンプレミス型クラウドサービスとは自社でインフラを持たずクラウド事業者からサービスの提供を受ける形態をいい，ホステッド型クラウドサービスとは自社でインフラを持つ企業内クラウドの形態をいう。

解答	ア

■解説

クラウドサービスの利用に関する知識を問う問題である。

ア：適切である。独立行政法人情報処理推進機構では「中小企業のためのクラウドサービス安全利用の手引き」を公開している。その中で，OS 等のパッチ適用頻度，ウイルス感染に対する対策，データセンターの防犯設備など，クラウドサービスが安全に利用できるか確認するためのチェックポイント等を記載している。

イ：不適切である。クラウドサービスの中には，ハードディスクの使用量やデータ転送量に応じた料金設定をしているものがある。

ウ：不適切である。アプリケーション，ミドルウェア，OS，ハードウェアが一体化されたサービスにあたるのは，SaaS のみである。（SaaS, PaaS, IaaS, HaaS の定義については，出題項目のポイントを参照）

エ：不適切である。オンプレミス型クラウドサービスは，自社でインフラを持つ企業内クラウドの形態である。ホステッド型クラウドサービスは，自社でインフラを持たずクラウド事業者から機器やサービスの提供を受ける形態である。

よって，アが正解である。

Webコンピューティング（アウトソーシング関連）	ランク	1回目		2回目		3回目	
	B	／		／		／	

■令和2年度　第16問

　既存の情報システムから新しい情報システムに移行することは，しばしば困難を伴う。

　システム移行に関する記述として，最も適切なものはどれか。

　　ア　移行規模が大きいほど，移行の時間を少なくするために一斉移行方式をとった方が良い。

　　イ　オンプレミスの情報システムからクラウドサービスを利用した情報システムに移行する際には，全面的に移行するために，IaaSが提供するアプリケーションの機能だけを検討すれば良い。

　　ウ　既存のシステムが当面，問題なく稼働している場合には，コストの面から見て，機能追加や手直しをしたりせず，システム移行はできるだけ遅らせた方が良い。

　　エ　スクラッチ開発した情報システムを刷新するためにパッケージソフトウェアの導入を図る際には，カスタマイズのコストを検討して，現状の業務プロセスの見直しを考慮する必要がある。

解答	エ

■解説

　既存のシステムから新しいシステムに移行する際の留意点に関する知識を問う問題である。

　ア：不適切である。一斉以降は移行時間を短くすることで、サービスの停止時間を短くできるなどのメリットがあるが、トラブル発生時に全サービスの停止が長期化するリスクが発生するデメリットがある。そのため、移行規模が大きいほど、一斉移行方式の適用に慎重になることが望ましい。

　イ：不適切である。自社で必要な機能のすべてを、IaaS が提供するアプリケーションの機能が提供しているとは限らない。したがって、検討対象は IaaS が提供するアプリケーションの機能だけでは不適切である。

　ウ：不適切である。コスト面だけでなく、売上面など多面的に評価する必要がある。たとえば、新システムに早期に移行することで、繁忙期のシステム処理性能が向上して売上拡大に寄与するといったケースもあるため、遅らせればよいというものではない。

　エ：適切である。

　よって、エが正解である。

Web コンピューティング（アウトソーシング関連）	ランク	1回目	2回目	3回目
	A	/	/	/

■令和 3 年度　第 17 問

　情報システムを開発する際には，基本的な考え方（アーキテクチャ）に基づいてなされることが多い。このような考え方の 1 つに SOA がある。

　SOA に関する記述として，最も適切なものはどれか。

　ア　順次・選択・繰返しの 3 つの論理構造の組み合わせで，コンポーネントレベルで設計を行うというアーキテクチャである。

　イ　生産・販売・物流・会計・人事などの基幹業務を統合し管理することで，全体最適を図るというアーキテクチャである。

　ウ　ソフトウェアの機能をサービスという部品とみなして，サービスのモジュールを組み合わせてシステムを構築するというアーキテクチャである。

　エ　ビジネスアーキテクチャ，データアーキテクチャ，アプリケーションアーキテクチャ，テクノロジーアーキテクチャの 4 つの体系で分析して，全体最適の観点からシステム構築を検討するというアーキテクチャである。

　オ　利用部門が要求するシステム開発に対して，データの構造や関係に合わせてシステムを開発するというアーキテクチャである。

解答	ウ

■解説

SOA を含む各種アーキテクチャに関する知識を問う問題である。

ア：不適切である。構造化プログラミングに関する記述である。

イ：不適切である。ERP（Enterprise Resource Planning）に関する記述である。

ウ：適切である。SOA ではサービスのモジュールを組み合わせてシステムを構築することで，開発の生産性の向上を実現する。

エ：不適切である。EA（Enterprise Architecture）に関する記述である。

オ：不適切である。DOA（Data Oriented Architecture）に関する記述である。アプリケーションに求められることが頻繁に変化するのと比べて，データの構造やデータ間の関係は比較的変化が少ないことが多いため，DOA にもとづく開発は変化に柔軟になるメリットがある。

よって，ウが正解である。

Web コンピューティング（アウトソーシング関連）	ランク	1 回目		2 回目		3 回目	
	A	／		／		／	

■令和元年度　第 15 問

「ERP（Enterprise Resource Planning）システム」に関する記述として，最も適切なものはどれか。

ア　基幹業務プロセスの実行を，統合業務パッケージを利用して，必要な機能を相互に関係付けながら支援する総合情報システムである。

イ　基幹業務プロセスをクラウド上で処理する統合情報システムである。

ウ　企業経営に必要な諸資源を統合的に管理するシステムである。

エ　企業経営の持つ諸資源の戦略的な活用を計画するためのシステムである。

解答	ア

■解説

ERP に関する知識を問う問題である。

ア：適切である。ERP とは Enterprise Resource Planning の略で，統合基幹業務システムと呼ばれる。財務会計，販売管理，生産管理，購買管理，在庫管理などの企業の基幹業務の情報を統合管理するシステムである。

イ：不適切である。ERP システムの処理をクラウド上で処理することは，特に必須ではない。

ウ：不適切である。ERP の定義に近い記述であるが，「ERP システム」と括弧で括られていることを考慮すると，選択肢アの記述が期待効果を含めて記載されており，ウより適切である。

エ：不適切である。英名が Planning であるため適切な記述に見えるが，ERP システムは，計画（Plan）だけでなく，管理全体（Plan Do Check Action）に対して支援するシステムである。

よって，アが正解である。

Web コンピューティング（アウトソーシング関連）	ランク	1回目		2回目		3回目	
	B	/		/		/	

■**令和 2 年度　第 22 問**

　ソフトウェアやサービスを提供する場合の課金方式として，「サブスクリプション」が近年注目されている。

　サブスクリプションに関する記述として，最も適切なものはどれか。

　　ア　ソフトウェアやサービスの基本部分の利用は無料とし，より高度な機能などの付加的部分の利用に課金する方式。

　　イ　ソフトウェアやサービスの試用期間は無料で提供し，試用期間後にも継続利用する場合には課金する方式。

　　ウ　複数のソフトウェアやサービスをまとめて，各ソフトウェアやサービスを個別に利用する場合よりも割安になるように課金する方式。

　　エ　利用するソフトウェアやサービスの範囲や利用する期間に応じて課金する方式。

解答	エ

■解説

　業務のアウトソーシングにおける，各種のサービス利用形態に関する知識を問う問題である。

　　ア：不適切である。選択肢の記述は，フリーミアムと呼ばれる課金方式で，高機能なプレミアム向けの機能は課金しなければ使用できない方式である。

　　イ：不適切である。選択肢の記述は，フリーミアム以前からある無料モデルである。

　　ウ：不適切である。サブスクリプションでは，利用したソフトウェアやサービスの利用期間や範囲に応じて課金する。

　　エ：適切である。サブスクリプションでは，利用するソフトウェアやサービスの範囲や利用する期間に応じて課金額を決定する。

　よって，エが正解である。

Web コンピューティング（アウトソーシング関連）	ランク	1回目	2回目	3回目
	A	／	／	／

■平成 27 年度　第 13 問

　企業経営における情報技術の利用が進み，その重要性が増す中で，情報技術を利用するシステムやシステム化指針を省略語もしくはカタカナ語として言い表すことが多くなった。それらに関する記述として最も適切なものはどれか。

ア　PERT/CPM で用いられるクリティカルパス法と情報技術を組み合わせて，顧客と企業との間の業務フローの最適化を行うためのシステムを CRM と呼ぶ。

イ　企業を構成する様々な部門・業務で扱う資源を統一的・一元的に管理することを可能にするシステムを ERP と呼ぶ。

ウ　クラウドコンピューティングの多様なサービスが展開されているが，その中から最適なサービスを選択するシステム化指針をクラウドソーシングと呼ぶ。

エ　クラウドコンピューティングの利用に際して，社内にサーバを設置して情報の漏えいを防ぐシステム化指針をインソーシングと呼ぶ。

解答	イ

■解説

　情報技術を利用するシステムやシステム化指針に関する用語の知識を問う問題である。

　ア：不適切である。CRM とは，Customer Relationship Management の略で，顧客との接触履歴や顧客の属性を管理することで，企業と顧客の関係強化を行うシステムを指す。したがって，顧客と企業間の業務フローを最適化するものではない。

　イ：適切である。ERP とは Enterprise Resource Planning の略で，統合基幹業務システムと呼ばれる。財務会計，販売管理，生産管理，購買管理，在庫管理などの企業の基幹業務の情報を統合管理するシステムである。

　ウ：不適切である。クラウドソーシングとは，インターネットを介して不特定多数の人に依頼したい業務を公開し，発注先を決めていくプロセスを指す。

　エ：不適切である。自社のコア事業でない分野のリソースを社内から切り離し，社外から調達するアウトソーシングに対して，社内で必要なリソースを調達する流れが近年見られる。このような流れをインソーシングと呼ぶ。システム化指針を指す用語ではない。

　よって，イが正解である。

Web コンピューティング（アウトソーシング関連）	ランク	1回目		2回目		3回目	
	A	/		/		/	

■令和 3 年度　第 3 問

　クラウドを支える仮想化技術の 1 つにコンテナ技術がある。コンテナ技術に関する記述として，最も適切なものはどれか。

　ア　コンテナ技術を使えば，ゲスト OS のカーネルを共有してハードウェア資源を節約し，効率的に利用することができる。

　イ　コンテナ技術を使えば，ホスト OS のカーネルを共有してハードウェア資源を節約し，効率的に利用することができる。

　ウ　コンテナ上のアプリケーションを動作させるには，ハイパーバイザが必要となる。

　エ　コンテナとは，サーバ上のハードウェア資源をシンクライアント側に移行する単位をいう。

　オ　コンテナとは，データとメソッドを 1 つのオブジェクトとしてまとめて，カプセル化する単位をいう。

解答	イ

■解説

クラウド基盤などに使用される，コンテナ技術に関する知識を問う問題である。

ア：不適切な記述である。コンテナ技術では，ゲストOSではなく，ホストOS
　　のカーネルを共有することでハードウェア資源を節約する。

イ：適切な記述である。

ウ：不適切な記述である。ハイパーバイザが必要な方式は，下図のとおりコンテ
　　ナ型の仮想化ではなくサーバ仮想化である。

仮想マシン		コンテナ	コンテナ
アプリ	アプリ	アプリ	アプリ
ライブラリなど	ライブラリなど	ライブラリなど	ライブラリなど
ゲストOS	ゲストOS		
ハイパーバイザ		コンテナエンジン	
ホストOS		ホストOS	
ハードウェアやネットワークなどインフラ		ハードウェアやネットワークなどインフラ	
サーバ仮想化		コンテナ型仮想化	

エ：不適切な記述である。コンテナは，アプリを実行するためのライブラリや実
　　行ファイルをまとめた単位である。

オ：不適切な記述である。データとメソッドを1つのオブジェクトとしてまとめ
　　るのは，オブジェクト指向言語におけるプログラミングで行われるカプセル
　　化に関する記述である。

よって，イが正解である。

Webコンピューティング（アウトソーシング関連）	ランク	1回目		2回目		3回目	
	A	/		/		/	

■**令和 2 年度　第 13 問**

　クラウドコンピューティングが一般化しつつあるが，このクラウドコンピューティングを支える技術の一つに仮想化がある。

　仮想化に関する記述として，最も適切なものはどれか。

ア　仮想化技術を使うことによって，物理的には 1 台のコンピュータ上に，何台ものコンピュータがあるかのように見える使い方をしたり，逆に，複数のコンピュータをあたかも 1 台のコンピュータのように利用したりすることが可能となる。

イ　仮想化の実装方法の一つであるハイパーバイザー型実装方法は，仮想化ソフトウェアをサーバに直接インストールする方式であるが，サーバの OS のインストールは必要である。

ウ　クラウドサービスを管理するためにはクラウドコントローラが必要であるが，このクラウドコントローラは仮想マシンの管理に限定したソフトウェアである。

エ　サーバの仮想化とは，サーバ上で複数の OS とソフトウェアを利用できるようにすることであるが，物理的なサーバは 1 台に限られる。

解答	ア

■解説

　クラウドコンピューティングの基盤技術である仮想化に関する知識を問う問題である。

ア：適切な記述である。仮想化技術により，サーバの物理的な設置状態にかかわらず，利用者に見えるサーバの台数を需要に合わせて柔軟に変更することが可能である。

イ：不適切な記述である。この記述は，ハイパーバイザー型ではなくホスト型の記述である。

ウ：不適切な記述である。クラウドコントローラは，複数のクラウドサービスを一元的に管理するためのソフトウェアであるため，仮想マシンの管理に限らない。

エ：不適切な記述である。物理的なサーバは2台以上という構成も可能である。

よって，アが正解である。

Webコンピューティング（アウトソーシング関連）	ランク	1回目	2回目	3回目
	A	／	／	／

■令和 4 年度　第 12 問

　企業は環境変化に対応するために，コンピュータシステムの処理能力を弾力的に増減させたり，より処理能力の高いシステムに移行させたりする必要がある。

　以下の記述のうち，最も適切な組み合わせを下記の解答群から選べ。

a　システムを構成するサーバの台数を増やすことでシステム全体の処理能力を高めることを，スケールアウトという。

b　システムを構成するサーバを高性能なものに取り替えることでシステム全体の処理能力を高めることを，スケールアップという。

c　既存のハードウェアやソフトウェアを同等のシステム基盤へと移すことを，リファクタリングという。

d　パッケージソフトウェアを新しいバージョンに移行する時などに行われ，データやファイルを別の形式に変換することを，リフト＆シフトという。

e　情報システムをクラウドに移行する手法の 1 つで，既存のシステムをそのままクラウドに移し，漸進的にクラウド環境に最適化していく方法を，コンバージョンという。

〔解答群〕

　ア　a と b

　イ　a と e

　ウ　b と c

　エ　c と d

　オ　d と e

解答	ア

■解説

　コンピュータシステムの処理能力を増減するための手法に関する知識を問う問題である。

　　a：適切な記述である。スケールアウトとスケールアップの定義については，平成27年度などたびたび出題されているため，正確に記憶されたい。

　　b：適切な記述である。

　　c：不適切な記述である。リプレイスに関する記述である。リファクタリングとは，ソフトウェアを開発する際などに，開発効率を高めるために外部から見た振る舞いを変更せず内部構造を変更する手法である。なお，リプレイスと同様にシステムをなるべく変更なく新しい動作環境に移行する手法として，マイグレーションがある。リプレイスはハードウェアも含めてなるべく同等の基盤を用いるのに対して，マイグレーションは別のハードウェアに移行したり，OSやミドルウェアの変更を伴う場合を含む。

　　d：不適切な記述である。コンバージョンに関する記述である。マイグレーションのうち，OSやミドルウェアのバージョン変更に伴う変更（コンバージョン）を要するものを，コンバージョンと呼ぶ。

　　e：不適切な記述である。リフト＆シフトに関する記述である。

　よって，アが正解である。

Web コンピューティング（アウトソーシング関連）	ランク	1回目		2回目		3回目	
	B	/		/		/	

■平成 27 年度　第 15 問

　クラウドコンピューティングの実現にも使われる仮想化技術に関する記述として，最も適切なものはどれか。

　　ア　仮想サーバの規模に比例してサーバの管理オーバヘッドが次第に大きくなることを，スケールアップという。

　　イ　複数の物理サーバを負荷分散装置に追加して 1 台の仮想サーバとする方式は，顧客データの更新処理が多量に発生する場合に効率的である。

　　ウ　物理サーバを追加することで仮想サーバの処理能力を増やすことを，スケールアウトという。

　　エ　ブレード PC 方式のデスクトップ仮想化では，ブレード PC の処理余力をデスクトップで相互に有効利用することができる。

解答	ウ

■解説

仮想化技術に関する知識を問う問題である。

ア：不適切である。スケールアップとは，システムの処理能力の向上を，物理サーバの処理能力向上（例：CPU やメモリの強化）により実現する方式を指す。

イ：不適切である。たとえば，1 つのデータベースを複数のサーバから更新するようなシステムにおいてデータベースの更新処理がボトルネックであった場合，複数の物理サーバを負荷分散装置に追加して 1 つの仮想サーバとしても，更新処理が多量に発生する場合を効率的な処理につながらない。

ウ：適切である。物理サーバのサーバ台数を追加することなどにより処理能力を向上する方式を，スケールアウトと呼ぶ。スケールアップと合わせて記憶したい用語である。

エ：不適切である。ブレード PC 方式のデスクトップ仮想化では，一人のユーザがブレード PC1 台の CPU やメモリを独占できるが，ブレード PC の処理余力をデスクトップで相互に利用することができない。

よって，ウが正解である。

Web コンピューティング（アウトソーシング関連）	ランク	1回目		2回目		3回目	
	A	／		／		／	

■**令和 4 年度　第 22 問**

　情報システムを利用するには，ハードウェアやソフトウェアを何らかの形で準備する必要がある。

　コンピュータ資源の利用の仕方に関する記述として，最も適切な組み合わせを下記の解答群から選べ。

　　a　クラウドコンピューティングとは，データやアプリケーションなどのコンピュータ資源をネットワーク経由で利用する仕組みのことである。

　　b　CaaS（Cloud as a Service）とは，クラウドサービスの類型の 1 つで，クラウド上で他のクラウドサービスを提供するハイブリッド型を指す。

　　c　ホスティングとは，データセンターが提供するサービスの 1 つで，ユーザはサーバなどの必要な機器を用意して設置し，遠隔から利用する。

　　d　ハウジングとは，データセンターが提供するサービスの 1 つで，事業者が提供するサーバを借りて遠隔から利用する。

　　e　コロケーションとは，サーバを意識せずにシステムを構築・運用するという考え方に基づいており，システムの実行時間に応じて課金される。

〔解答群〕
　　ア　a と b
　　イ　a と e
　　ウ　b と c
　　エ　c と d
　　オ　d と e

解答	ア

■解説

　社外の環境も含めたコンピュータ資源の活用方法に関する知識を問う問題である。

　　a：適切な記述である。クラウドコンピューティングとは，データやアプリケー
　　　　ションやストレージやデータベースなどをインターネット経由で利用する仕
　　　　組みのことである。「クラウド」と省略して呼ばれることもある。

　　b：適切な記述である。

　　c：不適切な記述である。ホスティングではなく，ハウジングに関する記述であ
　　　　る。

　　d：不適切な記述である。ハウジングではなく，ホスティングに関する記述であ
　　　　る。

　　e：不適切な記述である。eの記述はサーバレスに関する記述であるが，コロケー
　　　　ションはサーバレスの考え方に基づくものではない。なお，コロケーショ
　　　　ンはハウジングと類似するコンピュータ資源の活用方法で，データセンター
　　　　の一部を借用してユーザが用意したサーバなどの機器を設置する点は共通し
　　　　ている。相違点は，ハウジングがサーバを格納するラック程度のサイズの場
　　　　所を借用するのに対して，コロケーションはスペースやフロアの区画など，
　　　　より大きな範囲を借用する点である。

　よって，アが正解である。

Web コンピューティング（アウトソーシング関連）	ランク	1回目	2回目	3回目
	B	／	／	／

■**令和元年度　第 22 問**

　情報通信ネットワークを介して，外部の事業者が提供するさまざまな種類のサービスを，中小企業も利用できるようになってきている。

　そのようなサービスに関する記述として，最も適切なものの組み合わせを下記の解答群から選べ。

　　a　所有する高速回線や耐震設備などが整った施設を提供することで，顧客が用意するサーバなどの設置を可能にするサービスをハウジングサービスという。

　　b　所有するサーバの一部を顧客に貸し出し，顧客が自社のサーバとして利用するサービスをホスティングサービスという。

　　c　電子メール，グループウェア，顧客管理システム，財務会計システムなどの機能をネットワーク経由で提供するサービスを，ソーシャルネットワークサービスという。

　　d　業務用のアプリケーションの機能をネットワーク経由で複数に提供するサービスを ISP サービスという。

〔解答群〕

　ア　a と b

　イ　a と d

　ウ　b と c

　エ　c と d

解答	ア

■解説

　業務のアウトソーシングにおける，各種のサービス利用形態に関する知識を問う問題である。

　　a：適切である。選択肢bで述べられているホスティングと近い概念であり，平成22年第21問でもそれぞれの違いを問う問題が出題されたことがあるため，正確に記憶されたい。

　　b：適切である。

　　c：不適切である。SaaSまたはASPに関する記述である。SNSとも呼ばれるソーシャルネットワークサービスとは，人間同士の社会的なつながりをインターネット上で支援するサービスである。

　　d：不適切である。マイクロサービスに関する記述である。マイクロサービスでは，たとえば認証などのアプリケーションの個々の機能をネットワーク経由で連携させて，1つのサービスを提供する。

　よって，アが正解である。

Web コンピューティング（HTML 関連）	ランク	1回目	2回目	3回目
	A	／	／	／

■平成 27 年度　第 2 問

　自社の Web サイトの開発にあたっては，利用可能な様々な言語や仕組みがあり，Web コンテンツごとに必要な機能や表現に合ったものを使用する必要がある。

　これらの言語や仕組みの特徴に関する以下の①～④の記述と，その名称の組み合わせとして，最も適切なものを下記の解答群から選べ。

① Web ページに記述された文書・データの表示位置の指示や表の定義，および，文字修飾指示等の表示方法に関する事項を記述するもの。

② Web ページ内で HTML とともに記述することができるスクリプト言語で，サーバ側においてスクリプトを処理し，その結果を端末側で表示することが可能であり，データベースとの連携も容易である。

③ Web ページの中に実行可能なコマンドを埋め込み，それをサーバ側で実行させ，実行結果を端末側で表示させる仕組み。

④ コンピュータグラフィックスに関する図形，画像データを扱うベクターイメージデータを XML の規格に従って記述するもの。

〔解答群〕

ア　①：CSS　　②：ASP　　　　　　　③：PHP　　④：SGML

イ　①：CSS　　②：PHP　　　　　　　③：SSI　　④：SVG

ウ　①：SMIL　②：Java アプレット　③：ASP　　④：SSI

エ　①：SVG　　②：SMIL　　　　　　　③：PHP　　④：SGML

解答	イ

■**解説**

Webサイト開発で使用する言語や仕組みに関する知識を問う問題である。

①〜④の記述に対応する用語は下記のとおりである。

①：CSS（Cascading Style Sheets）に関する記述である。

②：PHPに関する記述である。PHPはオープンソースのスクリプト言語である。過去の診断士1次試験でも，平成26年度にデータベースと連携するWebページの作成に用いられるという特徴を問われているため，確実に押さえたい用語である。なお，ASPもデータベース連携を行うが，スクリプト言語ではないため不適切である。

③：SSI（Server Side Include）に関する記述である。SSIにより，Webページの更新日付を自動的にHTMLに表示させることができるなど，Webページの作成を効率化できるメリットがあるが，悪意あるユーザにより問題のあるコマンドが実行される場合があるため，サーバ側に適切なSSIの設定を行う必要がある。

④：SVG（Scalable Vector Graphics）に関する記述である。ベクターイメージデータとは，ラスターイメージデータと対になる言葉で，ラスターイメージデータが画像データを小さな色の点で表現するのに対し，ベクターイメージデータは画像データを座標と線とその線の起点・終点で表現する。SVGはベクターイメージをXMLで記述する標準である。

その他の用語については下記のとおりである。

SMIL（Synchronized Multimedia Integration Language）とは，XMLをベースとしたマルチメディア記述用のマークアップ言語である。

SGMLとは，standard generated markup languageの略で，文章のレイアウトや装飾，論理的な構造を表現するためのプログラム言語である。SGMLの考え方をもとに，Webページを作るために開発されたプログラム言語がHTMLである。

よって，イが正解である。

Web コンピューティング（HTML 関連）	ランク	1回目	2回目	3回目
	A	／	／	／

■平成 28 年度　第 7 問

　近年，最新の Web 技術を有効に利用して，広告活動や各種の公示活動を魅力あるものにしようという動きが活発になりつつある。Web コンテンツの作成技術に関する記述として最も適切なものはどれか。

　ア　Web ページに画像を掲載する場合，SVG，JPEG，GIF などのラスタ形式の画像フォーマットを使うよりも，TIF，PNG などのベクタ形式のものを使った方が拡大した場合などに画像が劣化しない。

　イ　Web ページの記述言語である HTML5 は，PC あるいはスマートフォン向けのすべてのブラウザに対応していることから，Web ページの記述は今後HTML5 で行う方が良い。

　ウ　繰り返し自社の Web ページを閲覧してもらうようにするためには UI/UXが重要である。

　エ　現実世界をコンピュータ技術で拡張して Web ページに表示する技術を総称して AI と呼ぶ。

解答	ウ

■解説

Webコンテンツの作成技術に関する知識を問う問題である。

ア：不適切である。TIF，PNGはラスタ形式の画像フォーマットであるため，「TIF，PNGなどのベクタ形式」との記述が不適切である。ベクタ形式は，ラスタ形式と対になる言葉である。画像データを表現する際に，ラスタ形式は画像データを小さな色の点で表現するのに対し，ベクタ形式は画像データを座標と座標を結ぶ起点・終点等で表現する。そのため，画像データを拡大した場合，ベクタ形式の画像データは座標と線のデータを用いて拡大したサイズに合わせて表示を再描画するため画像が劣化せず，ラスタ形式の画像データは拡大前の解像度のまま表示サイズを大きくするため画像が劣化する。

イ：不適切である。PCあるいはスマートフォン向けのすべてのブラウザがHTML5に対応しているわけではない。

ウ：適切である。UI（User Interface）とは，ユーザと装置またはサービスのインターフェース部分を指す。UX（User Experience）とは，ユーザがサービス利用時のユーザの経験や満足度などを指す。ユーザに繰り返しWebページを閲覧してもらうようにするために，UIおよびUXを改善することが重要である。

エ：不適切である。AR（拡張現実。Augmented Reality）に関する記述である。AIはArtificial Intelligenceの略で，人工知能を指す。

よって，ウが正解である。

Web コンピューティング（HTML 関連）	ランク	1回目		2回目		3回目	
	A	／		／		／	

■平成 29 年度　第 8 問

自社の Web サイトを近年の開発技術や新しい考え方を用いて魅力的にすることができれば，さまざまな恩恵がもたらされる。

それに関する記述として，最も適切なものはどれか。

　ア　AR（拡張現実）とは人工知能技術を指し，これを Web サイトに組み込むことができれば，顧客が Web サイトを通じて商品を購入する場合などの入力支援が可能となる。

　イ　IoT とはモノのインターネットと呼ばれ，今後，インターネットは全てこの方式に変更されるので，既存の自社の Web サイトを変更しなくても顧客が自社商品をどのように使っているかをリアルタイムに把握できるようになる。

　ウ　MCN（マルチチャンネルネットワーク）とは，自社の Web サイトを介して外部の Web サイトにアクセスできる仕組みを指し，自社の Web サイトにゲートウェイの機能を持たせることができる。

　エ　ウェアラブルデバイスとは身につけられるデバイスを指し，それを介して顧客の日々の生活，健康，スポーツなどに関わるデータを自社の Web サイトを経由してデータベースに蓄積できれば，顧客の行動分析をより緻密かつリアルタイムにできるようになる。

解答	エ

■解説

Web サイトの新たな開発技術に関する知識を問う問題である。

ア：不適切である。人工知能技術は AI（Artificial Intelligence）である。たとえば，タブレット端末の画面上に商品を表示する際に AR を用いると，タブレット端末の角度に応じて商品を違う向きから見た表示に切り換えることができる。AR と AI の理解を問う問題は，平成 28 年度第 7 問でも出題されているため，正確に記憶されたい。

イ：不適切である。IoT はヒトだけでなくモノもインターネットに接続されることを指し，特定のインターネットの接続方式ではない。また，自社商品の使用状況をリアルタイムに把握するには，商品にセンサーやネットワーク接続するタグ等を付けて，自社の Web サイトがデータを収集できるように変更する必要がある。

ウ：不適切である。MCN は，動画配信サイトにコンテンツを提供するクリエイターに対して，ツールの提供，視聴者の開拓，著作権管理などのサービスを提供する事業者を指す。

エ：適切である。たとえば，建設現場の作業員の服をウェアラブルデバイス化することで，心拍・体温・発汗・移動距離などのデータを取り，熱中症の分析をするなどの行動分析が可能になる。

よって，エが正解である。

Web コンピューティング（HTML 関連）	ランク	1回目		2回目		3回目	
	B	／		／		／	

■令和2年度　第25問

IoT（Internet of Things），AI，RPA（Robotic Process Automation）などの新しい情報通信技術や考え方などが現れ，現場への適用が試みられつつある。

以下に示す情報化の取り組みについての記述の中で，RPA に関する事例として，最も適切なものはどれか。

ア　ある回転寿司店では，皿に IC タグを取り付けて，レーンを流れている皿の売上状況を把握し，これらのデータを蓄積することで，より正確な需要を予測することが可能となり，レーンに流すネタや量をコントロールできるようになった。

イ　ある食品メーカーでは，卸売企業から POS データの提供を受けていた。このため，卸売企業が設置したダウンロードのための Web サイトにアクセスして，条件を設定した上で POS データを収集する業務があった。これは定型的な業務であるが，かなりの時間を要していた。この作業を自動化するソフトウェアを導入することで所要時間を大幅に削減することができた。

ウ　あるパン屋では，レジの横にパンを自動判別するスキャナーを設置し，顧客が精算する際に自動的に判別したデータをネットワークにアップし，店舗と離れた場所からでも販売状況をリアルタイムで把握できるシステムを導入した。

エ　あるラーメン店では，人型をしたロボットを導入した。顧客が顔パスアプリに写真とニックネームを事前に登録しておくと，ロボットが常連客の顔を認識し，購入履歴や来店頻度に合わせてサービスを提供することが可能となった。

解答	イ

■解説

IoT および RPA を用いた情報化の取組みに関する知識を問う問題である。

ア：不適切である。RPA は，需要の予測のような判断ではなく，条件と処理が
　　シンプルに整理できるケースに適用すべき技術である。

イ：適切である。RPA はこのような定型的な処理に適する。

ウ：不適切である。画像認識のような処理を行うため，RPA でなく AI を用い
　　た画像認識を必要とする処理である。

エ：不適切である。選択肢ウと同様に，顔認識のような高度な処理は AI を用い
　　るべきケースである。

よって，イが正解である。

Webコンピューティング（HTML関連）	ランク	1回目		2回目		3回目	
	B	／		／		／	

■平成26年度　第4問

　様々なコンピュータの発達やインターネットの普及にともなって，Webにかかわる技術は急速に進展している。Webにかかわるソフトウェア開発に関する以下の①〜④の記述と，それらに対応する言語の組み合わせとして，最も適切なものを下記の解答群から選べ。

① 電子商取引サイトやWebサービスなどのシステム構築に用いられる。

② データベースと連携するWebページを作成するのに利用される。

③ コンピュータ間で柔軟かつ自動的に変換される文書の標準化などのために用いられる。

④ スマートフォン向けブラウザに対応したホームページの記述によく利用される。

〔解答群〕

　ア　①：DHTML　②：PHP　③：Ruby　④：HTML5

　イ　①：DHTML　②：XSL　③：XHTML　④：PHP

　ウ　①：Java　②：Perl　③：XML　④：XBRL

　エ　①：Java　②：PHP　③：XML　④：HTML5

解答	エ

■解説

　Web コンピューティングで使用される，プログラム言語およびデータ形式の仕様に関する知識を問う問題である。

　① : 電子商取引サイトや Web サービスなどのシステム構築に用いられるのは，選択肢の中では Java である。DHTML は HTML の仕様を拡張したもので，Web ページに動きや対話性を持たせる際にブラウザ側で使用されるプログラム言語であり，システム構築には用いられない。

　② : PHP に関する記述である。なお，Perl についても，データベースと連携する Web ページの作成は可能であるが，データベース連携については PHP のほうが開発が容易であることから，PHP が最も適切である。また，XSL とは，XML 文書の画面表示や印刷する際に，見た目の表示を整えるための仕様であるため，②の説明に対する組み合わせとしては不適切である。

　③ : XML に関する記述である。XML では任意でタグを定義することが可能であるため，XML データの授受を行うコンピュータ間でタグについて取り決めておく際に用いられる。

　④ : HTML5 に関する記述である。HTML5 とは現在主流の HTML4.01 の後継にあたり，ユーザの操作に応じた動作について機能拡張された HTML 文書の仕様である。スマートフォンで多くのシェアを占める Apple 社が HTML5 を積極的に支持したこともあり，スマートフォン向けブラウザでの普及が進んでいる。

　よって，エが正解である。

Web コンピューティング（HTML 関連）	ランク	1回目		2回目		3回目	
	A	/		/		/	

■令和2年度　第5問

　中小企業診断士であるあなたは，Web アプリケーションで利用する Cookie とは何かについて顧客から質問を受けた。

　この質問に答えるための Cookie に関する説明として，最も適切なものの組み合わせを下記の解答群から選べ。

　　a　Web ページなどに埋め込まれた小さな画像であり，利用者のアクセス動向などの情報を収集する仕組みである。

　　b　いつ，どの Web サイトを見たかといった履歴や，パスワードなどのログイン情報などを利用者の PC やスマートフォンで使うブラウザごとに保存する仕組みである。

　　c　いつ，どの Web サイトを見たかといった履歴や，パスワードなどのログイン情報などをサーバ側に保存する仕組みである。

　　d　個人を特定する情報が Cookie に含まれなくても，使う側の企業が他の名簿データなどと組み合わせれば，個人を特定できる可能性がある。

〔解答群〕

　ア　a と b

　イ　a と c

　ウ　b と d

　エ　c と d

解答	ウ

■解説

Web アプリケーションにおいて，ユーザの識別などに利用される Cookie に関する知識を問う問題である。

a：不適切な記述である。選択肢の記述のように，Web ページに埋め込んだ小さな画像などから，利用者のアクセス動向などを収集するのは，アクセス解析で使用される手法である。

b：適切な記述である。ログイン履歴や，利用者の識別情報をブラウザに保存する仕組みである。

c：不適切な記述である。Cookie の保存先は，サーバ側でなくブラウザ側である。

d：適切な記述である。たとえばログイン ID にメールアドレスを使用する場合，メールアドレスから氏名を特定できる名簿データと組み合わせれば，個人を特定できる場合がある。

よって，ウが正解である。

Webコンピューティング（HTML関連）	ランク	1回目	2回目	3回目
	A	／	／	／

■令和元年度　第3問

Webアプリケーションを開発するに当たっては，さまざまな開発言語や仕組みが必要になる。

Webアプリケーションの開発に利用する言語や仕組みに関する記述として，最も適切なものはどれか。

　ア　Ajaxは，WebブラウザのJavaScriptのHTTP通信機能を利用して，対話型のWebアプリケーションを構築する仕組みである。

　イ　Cookieは，Webサーバに対するアクセスがどの端末からのものであるかを識別するために，Webサーバの指示によってWebサーバにユーザ情報などを保存する仕組みである。

　ウ　CSSは，タグによってWebページの構造を記述するマーク付け言語であり，利用者独自のタグを使って文書の属性情報や論理構造を定義できる。

　エ　Javaは，C言語にクラスやインヘリタンスといったオブジェクト指向の概念を取り入れた言語であり，C言語に対して上位互換性を持つ。

解答	ア

■**解説**

Web アプリケーションで使用する開発言語に関する知識を問う問題である。

ア：適切な記述である。Ajax とは，Asynchronous JavaScript＋XML の略である。JavaScript を用いた HTTP 通信を行うことで，ユーザの操作に応じて画面の一部を動的に更新する，対話型の Web アプリケーションを構築できる。

イ：Cookie はクライアントの Web ブラウザにユーザ情報を保存するため，「Web サーバにユーザ情報などを保存する」という記述が不適切である。

ウ：CSS はマーク付け言語でないため，不適切な記述である。Web ページの構造を記述するマーク付け言語は，HTML である。また，利用者独自のタグを使って文書の属性情報や論理構造を定義できるマーク付け言語は，XML である。

エ：C 言語にクラスやインヘリタンスといったオブジェクト指向の概念を取り入れた言語は，C＋＋である。

よって，アが正解である。

Web コンピューティング（HTML 関連）	ランク	1回目		2回目		3回目	
	A	／		／		／	

■平成 30 年度　第 6 問

　Web 環境におけるソフトウェア開発においては，開発目的に応じて利用可能なさまざまなプログラミング言語などを組み合わせて実現していくことが必要になる。以下の①～④の記述と，それらに対応するプログラミング言語などの組み合わせとして，最も適切なものを下記の解答群から選べ。

① HTML ファイルの中で記述され，動的な Web ページを作成することができる。

② データベースと連携した Web ページを作成することができる。

③ Web サーバと非同期通信を行うことで，Web ページの一部分のみのデータ内容を動的に更新することができる技術である。

④ Web ページのフォントや文字の大きさ，行間，表示位置の指示など，表示方法に関する事項を定義するために利用する。

〔解答群〕

ア　①：Java　　　　②：jQuery　　③：Perl　　④：CSS

イ　①：Java　　　　②：PHP　　　③：Perl　　④：XSL

ウ　①：JavaScript　②：jQuery　　③：Ajax　　④：XSL

エ　①：JavaScript　②：PHP　　　③：Ajax　　④：CSS

解答	エ

■**解説**

　Web 環境におけるソフトウェア開発で利用するプログラミング言語に関する知識を問う問題である。

　①：JavaScript が適切である。JavaScript は，HTML 文書の中に記述することで動的な Web ページを作成することができる。Java は JavaScript とは別個のオブジェクト指向のプログラミング言語で，HTML を表示する PC やスマートフォンといったクライアント側で動的な Web ページを作成する用途ではなく，サーバ側のアプリケーションで使用する場合が多いため，不適切である。

　②：PHP が適切である。PHP とは，オープンソースのスクリプト言語である。PHP を用いることでデータベースと連携した Web ページを作成できることは，診断士 1 次試験の頻出論点（平成 26 年度第 4 問，平成 27 年度第 2 問，平成 20 年度第 6 問）であるため，確実に押さえたい論点である。jQuery とは，JavaScript の記述を簡素にするためのプログラムの部品である。そのため実行可能な処理は JavaScript と同様であり，データベースと連携した Web ページの作成には適さない。

　③：Ajax が適切である。Ajax とは，Asynchronous　JavaScript＋XML の略である。JavaScript と，JavaScript に含まれる XMLHttpRequest というオブジェクトを利用してサーバと非同期通信を行うことで，Web ページの一部分のみのデータ内容を動的に更新することができる。Perl とは UNIX 用のテキスト処理用言語として開発されたインタプリタ型言語である。Perl を用いて Web ページを生成する場合は，Web ページの全体を更新する必要があるので，③の記述に該当しない。

　④：CSS が適切である。CSS は，Web ページのフォントや文字の大きさ，行間，表示位置の指示など，表示方法に関する事項を定義するために利用する。XSL とは，XML 文書の画面表示や印刷する際に，見た目の表示を整えるための仕様であるため，不適切である。

　よって，エが正解である。

Web コンピューティング（その他）	ランク	1回目	2回目	3回目
	B	／	／	／

■平成 29 年度　第 7 問

　Web コンテンツを多くのネット利用者に閲覧してもらうためには，検索サイトの仕組みを理解して利用することが重要である。

　それに関する以下の文章の空欄 A〜D に入る語句の組み合わせとして，最も適切なものを下記の解答群から選べ。

　検索サイトは，インターネット上にある Web サイト内の情報を　A　と呼ばれる仕組みで収集し，検索用のデータベースに登録する。

　検索サイトに対して利用者からあるキーワードで検索要求が出された場合，検索サイトは，独自の　B　によって求めた優先度をもとに，その上位から検索結果を表示している。

　Web サイト運営者は，Web コンテンツの内容が検索結果の上位に表示されるような施策を行う必要があり，　C　対策と呼ばれる。これにはブラックハット対策と　D　対策がある。

〔解答群〕

　ア　A：ガーベージ　B：アルゴリズム　C：SERP　D：ホワイトハット

　イ　A：クローラ　　B：アルゴリズム　C：SEO　D：ホワイトハット

　ウ　A：クローラ　　B：ハッシュ　　　C：KGI　D：ブルーハット

　エ　A：スパイダー　B：メトリクス　　C：SEM　D：グレーハット

解答	イ

■**解説**

Web コンテンツの検索サイトの仕組みに関する知識を問う問題である。

空欄 A：クローラに関する記述である。クローラは Web 上に公開されている HTML 文書などを収集するプログラムである。

空欄 B：アルゴリズムが適切である。アルゴリズムはコンピュータで処理を行う 際の処理方法のことである。検索サイトで使用するアルゴリズムでは, Web コンテンツが他の Web コンテンツから参照されている数が多いほ ど検索結果に表示する優先度を上げるなどの処理を行う。

空欄 C：SEO が適切である。Search Engine Optimization の略で, 空欄 B のよ うな検索エンジンのアルゴリズムで優先度が上がるように Web コンテ ンツの内容を改善することを SEO 対策と呼ぶ。

空欄 D：ホワイトハットが適切である。ホワイトハットは, 検索エンジンの開発 元が公開しているガイドライン等に沿って SEO 対策を行うことを指し, ブラックハットは検索エンジンの裏をかいて SEO 対策を行う。たとえ ば, コンテンツの読者に有益な情報をまとめたり, サイトの構造を理解 しやすいように整理することはホワイトハットにあたる。コンテンツに 関係ない単語を詰め込んで, 優先度を上げる行為はブラックハットにあ たる。

よって, イが正解である。

Web コンピューティング（その他）	ランク	1回目		2回目		3回目	
	B	／		／		／	

■**令和 5 年度　第 25 問**

　インターネット上での情報流通の特徴に関する以下の文章の空欄 A〜D に入る用語の組み合わせとして，最も適切なものを下記の解答群から選べ。

　人間は集団になると，個人でいるときよりも極端な方向に走りやすくなるという心理的傾向は　A　と呼ばれている。キャス・サンスティーンは，インターネットでも　A　を引き起こしやすくなる　B　という現象が見られると指摘した。こうした人間の心理的傾向とネットメディアの特性の相互作用による現象に，次のようなものが挙げられる。

　1つは，SNS などを利用する際，人間は自分と似た興味や関心を持つユーザをフォローする傾向があるので，自分と似た意見が返ってくる　C　と呼ばれる現象である。もう1つは，アルゴリズムが利用者の検索履歴などを学習することで利用者にとって好ましい情報が表示されるようになり，その結果，利用者が見たい情報しか見えなくなるという　D　と呼ばれる現象である。これら2つの現象は，インターネット上で偽情報が顕在化する背景の1つであると考えられている。

〔解答群〕

　ア　A：集団極性化　　　　　　　B：サイバーカスケード
　　　C：エコーチェンバー　　　　D：フィルターバブル

　イ　A：集団極性化　　　　　　　B：サイバーカスケード
　　　C：バックファイア効果　　　D：エゴサーチ

　ウ　A：ハロー効果　　　　　　　B：サイバーカスケード
　　　C：バックファイア効果　　　D：エゴサーチ

　エ　A：ハロー効果　　　　　　　B：ナッジ
　　　C：エコーチェンバー　　　　D：フィルターバブル

　オ　A：ハロー効果　　　　　　　B：ナッジ
　　　C：バックファイア効果　　　D：フィルターバブル

解答	ア

■**解説**

インターネット上の情報流通の特徴に関連する用語について知識を問う問題である。

A：集団極性化に関する記述である。オンラインでの情報交換では，同じ意見を持つ人々が集まって批判を受けにくい環境になることから，個人でいるときよりも極端な意見に偏る現象を集団極性化と呼ぶ。

B：サイバーカスケードに関する記述である。SNSなどにより，誤った情報も含めて情報が多くの人々に急速に広まる様子を表現する用語である。

C：エコーチェンバーに関する記述である。エコーチェンバーは，オンライン上で類似の意見や情報を繰り返し目にする状態を指す。エコーチェンバーにより，多様な意見に触れる機会が減ったことが，社会の分断を加速させているという見解もある。

D：フィルターバブルに関する記述である。フィルターバブルとは，Webの検索やSNSは，利用者の過去の検索履歴などに応じた情報を優先的に提示する傾向があるために，利用者の目に触れる情報に偏りが生じることを指す用語である。

よって，アが正解である。

Web コンピューティング（その他）	ランク	1回目	2回目	3回目
	B	/	/	/

■平成 30 年度　第 13 問

　検索エンジンによる情報収集では，「フィルターバブル」と呼ばれる弊害も指摘されている。フィルターバブルに関する記述として，最も適切なものはどれか。

　　ア　虚偽の情報から作られたニュースがまん延することで，利用者の正しい判断を阻害することが懸念されている。

　　イ　検索結果の記事に広告を自然に溶け込ませて提示するために，利用者の情報収集が妨げられることが懸念されている。

　　ウ　不自然な外部リンクを増やすなどして検索結果の表示順序を意図的に操作できるために，必要な情報にたどり着くことが困難になることが懸念されている。

　　エ　利用者の過去の検索履歴などに応じた情報を優先的に提示する傾向があるために，利用者の目に触れる情報に偏りの生じることが懸念されている。

解答	エ

■解説

　インターネットの検索エンジンにおける各種の懸念事項に関する知識を問う問題である。

　ア：不適切である。フェイクニュースに関する記述である。主にインターネット上で，特定の政治的主張を流布させたり，閲覧者数を増やして広告収入を得るなどの目的で，意図的に虚偽時のニュースを発信することが近年問題視されている．

　イ：不適切である。本肢の記述は，リスティング広告やネイティブ広告に関する記述である。リスティング広告とは，検索結果の記事に広告を並べて表示する広告の方式である。ネイティブ広告とは，通常の記事などのコンテンツと見分けがつかないように広告を表示する方式である。

　ウ：不適切である。ブラックハットに関する記述である。ブラックハットとは，インターネットの検索結果で自社サイトの検索順位を上げるために，無関係なリンクを増やすなどして検索エンジンの裏をかく手法である。ブラックハットが蔓延することで，検索エンジンの利用者にとって必要な情報にたどり着くことが困難になることが懸念されている。

　エ：適切である。検索エンジンは，利用者が指定した検索キーワードだけでなく，利用者のパソコンやスマートフォンに保存されている過去の検索履歴なども参照して，利用者の嗜好に合わせた検索結果の表示優先度を変更する。そのため，利用者の目に触れる情報に偏りが生じる可能性がある。

　よって，エが正解である。

第 3 章

データベースとファイル

1. データベースの構造・種類，データベースの管理システム

▶▶ 出題項目のポイント

　この出題領域において出題頻度の高い用語は，データベース管理システムに関連する下記の事項である。

・3層スキーマ

　　3層スキーマとは，データベースで管理するデータについて，データ内容，データ構造などをスキーマと呼ばれる階層ごとに3つに分けて，それぞれ定義したものである。各スキーマの定義は下記のとおりである。

　1．概念スキーマとは，データの論理構造をデータモデルに従って定義したものである。リレーショナルデータベースにおける，テーブルおよび関係表の定義に相当する。

　2．外部スキーマとは，概念スキーマから，データベース利用者に必要なデータを抜き出したものである。リレーショナルデータベースにおけるビューに相当し，アプリケーションからのデータ入出力など，データベースの外部からみた仕様を定義している。

　3．内部スキーマとは，物理レコードサイズや物理格納位置など，データの物理的な格納方法を定義したものである。リレーショナルデータベースにおけるインデックスやデータファイル配置などに相当する。

・主キー

　　主キーとは，リレーショナルデータベースであるレコードを特定する際に，その項目が定まれば，対象のレコードが一意に特定できる項目のことである。

・正規化

　　正規化とは，リレーショナルデータベースにおいて，データの冗長性を排除し，更新時の整合性を維持しやすくする手順である。正規化には，以下の第1から第3の正規化をはじめ，複数の段階がある。

　　第1正規化：キーを設定し，テーブルを分離して繰り返して出現するデータを排除する。

第 2 正規化：キーの一部から非キーへの関数従属性※を排除する。

第 3 正規化：非キーから非キーへの関数従属性※を排除する。

※ 2 つの属性 A と B について，A が決まるとき，B が一意に決まることを意味する。

　　ただし，これらの正規化の定義は，理解が難しい。詳細な理解は優先度を落とした対応をすることで，効率的に 1 次試験を突破していただきたい。

▶▶ 出題の傾向と勉強の方向性

　この出題領域では，現在最も一般的に使用されているリレーショナルデータベースに関連する知識を問われる。

　出題頻度が高い事項は，大きく 2 つあり，上記の出題項目のポイントに記載されているデータベース管理システムに関するものと，平成 19 年度から 23 年度まで毎年出題されていた SELECT 文に関するものである。

　SELECT 文については，日常業務で SQL 文を書くことのない受験生は苦手意識を持ちやすい論点と思われるが，基本を理解すれば難しいものではない。比較的易しく，かつ出題頻度が高いため，学習が得点アップにつながりやすい出題領域であることから，本書で集中的に取り組むことで基本を理解し，本試験で出題された際に得点できるように学習していただきたい。

■取組状況チェックリスト

1. データベースの構造・種類，データベースの管理システム						
データベースの構造・種類						
問題番号	ランク	1回目		2回目		3回目
令和5年度 第5問	A	／		／		／
令和4年度 第14問	A	／		／		／
平成29年度 第9問	A	／		／		／
令和元年度 第9問	A	／		／		／
平成28年度 第8問	B	／		／		／
平成28年度 第9問	B	／		／		／
令和2年度 第6問	A	／		／		／
平成27年度 第7問	B	／		／		／
令和5年度 第8問	B	／		／		／
平成30年度 第8問	B	／		／		／
平成27年度 第6問	B	／		／		／
データベースの構造・種類（SELECT文）						
問題番号	ランク	1回目		2回目		3回目
平成30年度 第4問	A	／		／		／
平成29年度 第10問	A	／		／		／
令和5年度 第9問	A	／		／		／
平成27年度 第8問	A	／		／		／
令和3年度 第10問	A	／		／		／
令和4年度 第5問	A	／		／		／
平成26年度 第9問	B	／		／		／

データベースの構造・種類	ランク	1回目		2回目		3回目	
	A	／		／		／	

■令和5年度　第5問

データベース管理システム（DBMS）に関する記述として，最も適切なものはどれか。

ア　インデックス法とは，プログラムがDBMSへアクセスする際に，一度確立したコネクションを維持して再利用するための仕組みをいう。

イ　ストアドプロシージャとは，表やビューに対する一連の処理を1つのプログラムとしてまとめ，DBMSに格納したものをいう。

ウ　トリガとは，SQLの問い合わせによって得られた結果セットのレコードを1つずつ読み込んで行う処理をいう。

エ　レプリケーションとは，IoT機器などから連続的に発生するデータをリアルタイムに収集，分析，検出，加工する処理をいう。

オ　ロールフォワードとは，表のフィールド値を更新すると，関連づけられている他の表のフィールド値も同時に更新させるための仕組みをいう。

解答	イ

■解説

　データベース管理システムが提供する各種の機能について，具体的な知識を問う問題である。

　　ア：不適切である。インデックス法とは，プログラムがデータベースを参照する際の処理速度を向上させるために，データにインデックス（索引）を付ける方式を指す。選択肢の記述は，データベースへのコネクションを効率的に行うためのコネクションプーリングに関する記述である。

　　イ：適切である。ストアドプロシージャを用いて表やビューに対するSQLの処理を1つのプログラムとしてまとめておくと，通常のSQL実行の場合は処理の実行直前に行われる準備処理（構文チェックや最適化などの解析処理）の実行結果があらかじめデータベースに保存される。そのため，繰り返し実行される処理をストアドプロシージャにすることで，高速化することができる。

　　ウ：不適切である。トリガとは，データベースで特定のイベントが発生したときに実行される処理を指す。選択肢の記述は，カーソルに関する記述である。

　　エ：不適切である。レプリケーションとは，災害時のバックアップや負荷分散などのために，データベースのデータを複製する機能を指す。選択肢の記述はストリーム処理と呼ばれ，多数のIoT機器などから連続的に大量なデータの受信と処理が求められるデータベースにおいて利用される機能である。

　　オ：不適切である。ロールフォワードとは，データベースの障害が発生した場合の復旧方法で，バックアップファイルを利用してデータを復旧したあとに，バックアップファイル作成以降で障害が発生するより前に実行された更新を再度実行することで，データベースを復旧する。

　よって，イが正解である。

データベースの構造・種類	ランク	1回目	2回目	3回目
	A	／	／	／

■**令和4年度　第14問**

　情報システムにおいてデータベースは要となるものである。データベースに関する記述として，最も適切な組み合わせを下記の解答群から選べ。

a　リポジトリとは，データベース全体の構造や仕様を定義したものであり，外部・概念・内部の三層構造で捉える。

b　NoSQLとは，DBMSが管理するデータ・利用者・プログラムに関する情報やこれらの間の関係を保存したデータベースである。

c　ロールフォワードとは，データベースシステムなどに障害が発生した時に，更新前のトランザクションログを使ってトランザクション実行前の状態に復元する処理である。

d　カラムナー（列指向）データベースは，列方向のデータの高速な取得に向けて最適化されているので，大量の行に対する少数の列方向の集計を効率化できる。

e　インメモリデータベースは，データを全てメインメモリ上に格納する方式で構築されたデータベースであり，ディスクにアクセスする必要がないので，応答時間を最小限にすることが可能になる。

〔解答群〕
　ア　aとb
　イ　aとe
　ウ　bとc
　エ　cとd
　オ　dとe

解答	オ

■解説

さまざまなデータベースの方式と特徴に関する知識を問う問題である。

a：不適切である。データベースの3層スキーマに関する記述である。リポジトリとは、データだけではなくソフトウェア開発および保守における情報、たとえば、プログラム間の関連、各種図表なども一元的に管理するためのものである。

b：不適切である。NoSQL とは、リレーショナルデータベース（RDB）ではないデータベースの総称である。代表的な形式としてキーバリューデータベースがあり、データを参照・更新する場所を示すキーとデータの値を示すバリューというデータ構造を取り扱う。

c：不適切である。データベースシステムなどに障害が発生したときに、更新前のトランザクションログを使ってトランザクション実行前の状態に復元する処理は、ロールフォワードではなく、ロールバックである。

d：適切である。列指向データベースでは、データ取得時に必要な列に絞ったデータにアクセスするため、大量の行に対する少数の列方向の集計を効率化できる。

e：適切である。インメモリデータベースでは、データの応答時間がディスクよりも速いメインメモリ上にデータを格納する。

よって、オが正解である。

データベースの構造・種類	ランク	1回目		2回目		3回目	
	A	/		/		/	

■平成 29 年度　第 9 問

業務処理のためには，多くの場合，データベース（DB）が利用される。DB をネットワーク環境下で利用する場合，さまざまな端末からトランザクション処理要求を受け付けるため，多くの負荷が集中することもある。このような状態の中での DB の効率的な運用や障害対策などのための仕組みが用意されている。

そのような仕組みに関する記述として，最も適切なものはどれか。

　ア　DB 運用中に表のデータ項目の追加・削除や新たな表追加が必要となり，DB の論理構造の再構築を行う場合は，SQL 文の REBUILD 命令において必要なパラメータを指示して実行する。

　イ　DB の更新処理を行う場合は，ロックと呼ばれる排他制御が行われる。このロックをかける範囲をロック粒度と呼び，ロック粒度が大きいと排他制御のための処理のオーバヘッドが大きくなる。

　ウ　DB の障害回復には，バックアップファイルを利用するロールフォワードとデータ更新状況を記録したものを利用するロールバックの仕組みがある。

　エ　クライアント端末から Web サーバを経由して DB サーバに対して更新作業を行う際，まず DB サーバに対して更新作業が可能かどうかを問い合わせることを 2 相のコミットメントと呼ぶ。

解答	ウ

■解説

　DB の効率的な運用や障害対策などのための仕組みに関する知識を問う問題である。

　ア：不適切である。DB に表のデータ項目の追加・削除や新たな表追加などの論理構造の変更を行う場合は，DDL と呼ばれるデータ定義言語に必要なパラメータを指示して実行する。REBUILD 文を使用するのは，レコードを大量に追加削除し，インデックス（検索を高速にするための索引）を更新する場合である。

　イ：不適切である。ロック粒度とは，ロックする範囲を表す。ロック粒度はレコードなどの小さい単位や，テーブルや DB 全体などの大きな単位に設定することができる。ロック粒度が大きいほど，同時実行可能なトランザクションが少なくなるため，排他制御のための処理のオーバヘッドは小さくなる。

　ウ：適切である。DB に障害が発生した際にデータを復旧する方式には２つの方式がある。バックアップファイルのデータにバックアップ取得後の更新内容を反映するロールフォワードと，データ更新状況を記録したもの（ジャーナルファイル）にもとづいてトランザクション開始前の DB に戻すロールバックである。

　エ：不適切である。２相のコミットメント（２フェーズコミット，２層コミットとも呼ばれる）は，複数の DB の整合性を保って更新するための処理方式である。２フェーズコミットでは，まず更新対象の DB に対して更新作業が可能かどうかを問い合わせ，すべての DB が更新可能である場合に，DB の更新を確定（コミット）する。

　よって，ウが正解である。

データベースの構造・種類	ランク	1回目	2回目	3回目
	A	／	／	／

■**令和元年度　第9問**

　企業の情報システム開発においては多様なデータベース（DB）が用いられる。それらを適切に利用するためには，各 DB の特徴を把握しておく必要がある。

　DB に関する記述として，最も適切なものの組み合わせを下記の解答群から選べ。

　　a　レコード間の相互関係をポインタを用いて記述した木構造で表現できる DB を階層型 DB という。

　　b　データを複数の表に整理して，表と表の間はそれぞれの表の中の値を用いて関連付ける DB をネットワーク型 DB という。

　　c　データを識別するためのキーとデータの値をペアにして多様なデータを格納・管理する DB をキー・バリュー型 DB という。

　　d　レコード間の相互関係をリンクを用いて記述した木構造や網構造も表現できる DB を関係データベースという。

〔解答群〕

　ア　a と b

　イ　a と c

　ウ　b と d

　エ　c と d

解答	イ

■解説

さまざまなデータベース方式ごとの特徴に関する知識を問う問題である。

a：適切である。階層型 DB は木構造（1 個の親レコードに対して，N 個の子レコードが存在しうる）に関する記述である。

b：不適切である。リレーショナルデータベースに関する記述である。

c：適切である。キー・バリュー型 DB では，データを参照・更新する場所を示すキーと，データの値を示すバリューが対になったものを 1 つの単位にしてデータを取り扱う。

d：不適切である。関係データベースは，網構造を表現できない。木構造も網構造も表現できる DB はネットワーク型 DB である。

よって，イが正解である。

データベースの構造・種類	ランク	1回目	2回目	3回目
	B	/	/	/

■平成28年度　第8問

リレーショナルデータベース（RDB）では定義された複数の表に様々なデータを格納して処理を行う。下記のようなA表とB表がある場合，参照の完全性（参照整合性ともいう）を保つために必要な事柄として，最も適切なものを下記の解答群から選べ。

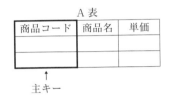

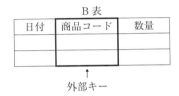

〔解答群〕

ア　B表の外部キーの値には重複や空の値があってはならない。

イ　B表の外部キーの値はA表の主キーに存在しなければならない。

ウ　B表の行は削除できるが，A表の行は削除できない。

エ　商品に関するデータが未登録であった場合，B表にデータ入力を行う。

解答	イ

■解説

　RDB の参照整合性に関する知識を問う問題である。参照整合性が保たれている場合，外部キーの列に格納されている値を用いて，参照先のテーブルの主キーと一致するレコードを必ず1件特定できる。(ただし外部キーの列に格納されている値が空の場合を除く。)

　　ア：不適切である。B表の外部キーの値には重複や空の値があってよい。

　　イ：適切である。

　　ウ：不適切である。A表の削除対象行の主キーがB表で使用されている場合は，該当行を行削除できないが，B表で使用されていない場合は，行削除できる。

　　エ：不適切である。商品に関するデータが未登録であった場合は，A表にデータ入力を行う。

　よって，イが正解である。

データベースの 構造・種類	ランク	1回目		2回目		3回目	
	B	／		／		／	

■平成28年度　第9問

　多様な入力機器の発達，コンピュータ処理の多方面への進展により，ビッグデータと呼ばれる多様で大量のデータを扱うことが多くなった。そのような時代の要請に対応するデータベース技術に関する記述として最も適切なものはどれか。

　　ア　RDBでは，ひとつのデータベースを複数のコンピュータで分散して管理する機能はないので，ビッグデータのような多様で大量のデータは扱えない。

　　イ　XMLデータベースとは，XMLの階層構造をRDBの階層構造にマッピングして利用するデータベースである。

　　ウ　キーバリューデータベースは，データの構造や属性を決めるスキーマ設計をしなくても使える。

　　エ　ビッグデータに適したNoSQLデータベースと呼ばれるものは，RDBと区別するためにその呼び名を用いているが，データ検索にはRDBと同じようにSQLを使う。

解答	ウ

■**解説**

　ビッグデータ解析で使用するデータベース技術に関する知識を問う問題である。

　ア：不適切である。ビッグデータの解析で用いられるデータベースの方式には，キーバリューデータベースと呼ばれる RDB よりもデータベースの分散管理が容易な方式が存在する。しかし，RDB であっても，データベースの分散管理や大量かつ多様なデータを取り扱えるデータベースは存在する。

　イ：不適切である。XML データベースはネイティブ方式とハイブリッド方式が存在する。ネイティブ方式とは，XML が持つ階層構造を扱うための機能を持つデータベースである。ハイブリッド方式とは，RDB に XML データを扱う機能を加え，これら 2 種類のデータを区別なく扱えるように設計されたデータベースである。ネイティブ方式の場合，XML の階層構造を RDB の階層構造にマッピングしない。

　ウ：適切である。スキーマとは，RDB 上のデータ内容，データ構造などを記述したものを指す。キーバリューデータベースは，データ（表）の構造や表に含まれるフィールドの属性を決めるスキーマ設計が不要である。

　エ：不適切である。従来，データベースからデータを抽出するには，RDB に格納したデータを SQL を用いて検索する方式が一般的であった。しかし，ビッグデータと呼ばれる大量データの解析需要が近年高まっていることを背景に，キーバリュー型のデータベースから SQL を用いない方法でデータを抽出する NoSQL という方式が注目されている。したがって，データ検索には RDB と同じように SQL を使うという記述が不適切である。

　よって，ウが正解である。

データベースの構造・種類	ランク	1回目	2回目	3回目
	A	／	／	／

■令和2年度　第6問

　A社は，リレーショナルデータベースによって管理するために，販売業務に関する取引データを正規化する必要があるかどうかを検討している。現状では，A社は以下のような「売上表」を用いて取引データを管理している。

　現状の「売上表」に関する記述として，最も適切なものを下記の解答群から選べ。

売上表

売上番号	顧客番号	顧客名	売上日	商品名	単価	数量	小計	売上合計
S001	C005	山田太郎	5月1日	商品A	100	1	100	
				商品C	300	2	600	700
S002	C006	田中一郎	5月2日	商品A	100	2	200	
				商品B	200	1	200	
				商品C	300	1	300	700
S003	C005	山田太郎	5月10日	商品A	100	2	200	200

〔解答群〕

　ア　顧客名の欄に山田太郎が2回出てくるのはデータの重複であることから，非正規形である。

　イ　すでに第二正規形であるので，依存関係がある顧客番号と顧客名を別表に移せば第三正規形になる。

　ウ　すでに第三正規形であるので，これ以上正規化する必要はない。

　エ　一つの売上番号に対して，商品名，単価，数量および小計の項目が複数あるので，非正規形である。

解答	エ

■解説

リレーショナルデータベースの正規化に関する具体的な知識を問う問題である。

ア：山田太郎が2回出てくることが理由で非正規形であるわけではないため，不適切である。

イ：非正規形であるため，不適切である。

ウ：非正規形であるため，不適切である。

エ：適切である。

よって，エが正解である。

なお，第三正規形まで変換した場合は，下記のようになる。

第一正規形
主キー（売上番号と商品名）が決まれば，他の列が一意になるよう変形。
計算で算出できる列を削除（小計と売上合計）。

売上番号	顧客番号	顧客名	売上日	商品名	単価	数量
S001	C005	山田太郎	5月1日	商品A	100	1
S001	C005	山田太郎	5月1日	商品C	300	2
S002	C006	田中一郎	5月2日	商品A	100	2
S002	C006	田中一郎	5月2日	商品B	200	1
S002	C006	田中一郎	5月2日	商品C	300	1
S003	C005	山田太郎	5月10日	商品A	100	2

第二正規形
主キーに部分従属する（主キーの一つが決まれば他のカラムが一意になる）項目を別の表に分ける。

売上番号	商品名	数量
S001	商品A	1
S001	商品C	2
S002	商品A	2
S002	商品B	1
S002	商品C	1
S003	商品A	2

売上番号	顧客番号	顧客名	売上日
S001	C005	山田太郎	5月1日
S002	C006	田中一郎	5月2日
S003	C005	山田太郎	5月10日

商品名	単価
商品A	100
商品B	200
商品C	300

第三正規形　主キー以外の項目に従属するカラム（ここでは顧客名）を別の表にして重複を排除する。

売上番号	商品名	数量
S001	商品A	1
S001	商品C	2
S002	商品A	2
S002	商品B	1
S002	商品C	1
S003	商品A	2

売上番号	顧客番号	売上日
S001	C005	5月1日
S002	C006	5月2日
S003	C005	5月10日

商品名	単価
商品A	100
商品B	200
商品C	300

顧客番号	顧客名
C005	山田太郎
C006	田中一郎

データベースの 構造・種類	ランク	1回目		2回目		3回目	
	B	／		／		／	

■平成 27 年度　第 7 問

　RDB の設計においては，利用するマスタファイルやトランザクションファイルのテーブル定義が行われる。

　ある業務で利用している RDB では，以下のようなマスタテーブルやトランザクションテーブルが定義されている。各テーブルが正規化されている場合，以下の空欄 A ～ C に入る項目の組み合わせとして，最も適切なものを下記の解答群から選べ。

顧客マスタ

顧客コード	A	項目 3	項目 4	…

商品マスタ

商品コード	B	項目 3	項目 4	…

仕入先マスタ

項目 1	項目 2	項目 3	項目 4	…

受注トランザクション

顧客コード	商品コード	C	項目 4	…

〔解答群〕

　ア　A：顧客住所　　　B：仕入先コード　　C：受注日付

　イ　A：顧客電話番号　B：仕入先住所　　　C：販売金額

　ウ　A：顧客電話番号　B：在庫量　　　　　C：値引率

　エ　A：自社担当者名　B：仕入単価　　　　C：仕入先住所

解答	ア

■解説

RDB 設計におけるマスタファイルやトランザクションファイルのテーブル定義に関する知識を問う問題である。

設問文の「各テーブルが正規化されている」との記述から，各テーブルにおいて，以下を満たす項目であるかという観点で選択肢の項目の妥当性を評価することにより，適切な項目か判断できる問題であった。

・他テーブルを参照して取得すべき項目はキー項目のみ保持すること
・キー項目が決定されれば，テーブル内のその他の項目が一意に決定されること

正規化のイメージができていなければ判断に迷う選択肢が含まれており，多くの受験生には正解を導くことが難しい問題であったと考えられる。

空欄 A：顧客マスタには，顧客コードが決定すれば一意に決まるマスタ情報を格納する。顧客住所，顧客電話番号は顧客コードに対して一意に設定されると考えられるため，適切である。また，自社担当者名は，顧客コードに対して自社担当者名が 2 名以上割り当てられる場合は不適切であるが，特にそのような記述は設問文にないため，不適切とはいえない。

空欄 B：商品マスタには，商品コードが決定すれば一意に決まるマスタ情報を格納する。仕入先コードと仕入単価は，商品ごとに仕入先や仕入単価が 2 つ以上存在するという設問文の記述はないため，不適切とはいえない。仕入先住所は，仕入先マスタに格納すべき項目で，仕入先マスタのキー項目（仕入先コードであると考えられる）が決定すれば一意に決定される項目であると考えられるため，不適切である。在庫量は商品コードが決定すれば一意に決まる項目であるが，更新頻度が高い項目であるため商品マスタの項目としては適切とはいえない。

空欄 C：受注トランザクションには，受注に関する事項が格納される。受注日付は顧客コード，商品コードと組み合わせて受注トランザクションのキー項目になると考えられるため，適切である。販売金額，値引率は顧客コード，商品コード，受注日付ごとに設定されると考えれば不適切とはいえない。仕入先住所は，仕入先マスタに定義されるべき項目であるため不適切である。

以上より，空欄 A（顧客住所），B（仕入先コード），C（受注日付）ともに適切である選択肢はアのみである。

よって，アが正解である。

データベースの構造・種類	ランク	1回目	2回目	3回目
	B	／	／	／

■令和 5 年度　第 8 問

　以下に示す表は，ある小売店が利用している受注管理表の一部である。この表に関する正規化の観点からの記述として，最も適切なものを下記の解答群から選べ。ただし，枝番は 1 回の受注で商品コード別に連番で発行される番号であるとし，単価は商品コードによって一意に定まるものとする。

受注番号	枝番	受注日	得意先コード	商品コード	販売数量	単価
10001	1	2023-04-01	9876	P101	1	30,000
10001	2	2023-04-01	9876	P201	2	15,000
10001	3	2023-04-01	9876	P301	5	10,000
10002	1	2023-04-02	5555	P201	1	15,000
10002	2	2023-04-02	5555	P401	3	20,000

〔解答群〕

　ア　第 1 正規形であるが，第 2 正規形ではない。

　イ　第 1 正規形ではない。

　ウ　第 2 正規形であるが，第 1 正規形ではない。

　エ　第 2 正規形であるが，第 3 正規形ではない。

　オ　第 3 正規形である。

解答	ア

■**解説**

データベースの正規化について，具体的な表についてどこまでの正規化が行われているかを判断させる問題である。

まず，第1正規形になっているかについては，第1正規化（キーを設定し，テーブルを分離して繰り返して出現するデータを排除する）がなされているかを確認する。本設問のテーブルにおいては，繰り返して出現する項目がないため，第1正規形になっていると判断できる。なお，理解のために本設問の表を第1正規形でなくなるように変更した表は下記のようなものになり，枝番より右の項目が1行あたり複数回繰り返して出現する。

受注番号	受注日	枝番	得意先コード	商品コード	販売数量	単価
10001	2023-04-01	1	9876	P101	1	30,000
		2	9876	P201	2	15,000
		3	9876	P301	5	10,000
10002	2023-04-02	1	5555	P201	1	15,000
		2	5555	P401	3	20,000

次に第2正規形を満たしているかについては，キーの一部から非キーへの関数従属性が排除されているかどうかで判断する。この表でキーと考えられる項目は，受注番号および商品コードであるが，この2つのうち受注番号だけが決まれば得意先コードが一意に決まるため，関数従属性が残っている。したがって第2正規形ではない。

よって，アが正解である。

データベースの構造・種類	ランク	1回目	2回目	3回目
	B	／	／	／

■平成30年度　第8問

ある中小企業では，売上記録のリレーショナルデータベース化を検討している。

次の表を第3正規形まで正規化を行った場合，いくつの表に分割されるか。最も適切なものを下記の解答群から選べ。

受注番号	月日	得意先コード	得意先名	商品コード	商品名	販売数量	単価
0001	0613	020382	A	0458023	おにぎりA	100	250
0002	0613	020382	A	0458039	おにぎりC	25	100
0003	0614	020383	B	0457033	おにぎりB	15	300
0004	0614	020384	C	0458023	おにぎりA	30	250
0005	0614	020384	C	0458021	惣菜B	50	100
0006	0614	020382	A	0457033	おにぎりB	20	300
0007	0614	020351	D	0458023	おにぎりA	100	250

〔解答群〕

　　ア　3

　　イ　4

　　ウ　5

　　エ　6

■解説

　正規化に関する具体的な知識を問う問題である。正規化とは，リレーショナルデータベースにおいて，データの冗長性を排除し，更新時の整合性を維持しやすくする手順である。正規化には，以下の第1から第3の正規化をはじめ，複数の段階がある。

　第1正規化：キーを設定し，テーブルを分離して繰り返して出現するデータを排除する。

　第2正規化：キーの一部から非キーへの関数従属性※を排除する。

　第3正規化：非キーから非キーへの関数従属性※を排除する。

　※2つの属性AとBについて，Aが決まるとき，Bが一意に決まること。

　問題文に記載されている表は，受注番号が定まれば対象のレコードが一意に特定できるため，すでに第1正規化されている。また，キーが1つ（受注番号）であるため，第2正規化は不要である。

　第3正規化を行うと，下記のような3つの表に分割される。

得意先コード	得意先名
20382	A
20383	B
20384	C
20351	D

商品コード	商品名	単価
458023	おにぎりA	250
457033	おにぎりB	300
458039	おにぎりC	100
458021	惣菜B	100

受注番号	月日	得意先コード	商品コード	販売数量
1	613	20382	458023	100
2	613	20382	458039	25
3	614	20383	457033	15
4	614	20384	458023	30
5	614	20384	458021	50
6	614	20382	457033	20
7	614	20351	458023	100

　よって，アが正解である。

データベースの構造・種類	ランク	1回目	2回目	3回目
	B	／	／	／

■**平成 27 年度　第 6 問**

　業務処理用システムの入出力画面の設計を行う場合に，作業者の利用しやすさやリレーショナルデータベース（RDB）の管理上の特性を考慮する必要がある。

　以下の文章の空欄 A ～ D に入る語句の組み合わせとして，最も適切なものを下記の解答群から選べ。

　商品の受注業務を行う端末画面において，新規顧客からの受注データを入力する際に，　A　，顧客住所（都道府県）などをキーボードから直接入力するのではなく，あらかじめ用意したデータ一覧から選択し入力する方法を採用するのは RDB 内のデータの　B　するためである。

　この一覧から選択して入力する作業のための画面設計において，項目が比較的少数の場合は　C　を，項目数が多く画面に収まらない場合などはスクロールバー付の　D　を用いる。

〔解答群〕

　ア　A：顧客年齢　　B：保守性を確保　　C：テキストボックス
　　　D：プルダウンメニュー

　イ　A：顧客名　　　B：可用性を確保　　C：プルダウンメニュー
　　　D：テキストボックス

　ウ　A：商品コード　B：可用性を確保　　C：テキストボックス
　　　D：チェックボックス

　エ　A：商品名　　　B：冗長性を排除　　C：ラジオボタン
　　　D：リストボックス

解答	エ

■解説

　リレーショナルデータベースの特性を考慮して業務処理用システムの入出力画面の設計を行う際の留意点に関する知識を問う問題である。

　空欄 A，B：商品名，顧客住所など，項目数が一定の事項については，予め用意したデータ一覧（マスタデータと呼ばれる RDB 内の別領域）に保存しておき，入力画面では，キーボードから直接入力する画面とせず，マスタデータから選択して入力する方法を採用することが多い。これは，たとえば都道府県であれば 47 種類のデータが複数の受注データで繰り返し用いられるが，RDB 内では新規顧客からの受注データごとに都道府県名を保存するのではなく，受注データとマスタデータ上の都道府県名が紐付けられていることを示す情報を保存することにより，データの冗長性を排除するためである。商品名についても都道府県名と同様に冗長性を排除できるため，空欄 A は商品名が適切である。

　空欄 C，D：項目が比較的少数の場合は，ラジオボタン，項目数が多い場合はスクロールバー付きのリストボックスを用いる。

　よって，エが正解である。

データベースの構造・種類（SELECT 文）	ランク	1 回目	2 回目	3 回目
	A	／	／	／

■平成 30 年度　第 4 問

　下表は，ある中小企業の "アルバイト" 表と "店舗" 表である。この 2 つの表に対して，次の SQL 文を実行した場合に得る結果として，最も適切なものを下記の解答群から選べ。

SELECT　氏名，年間給与支給額，店長名　FROM　アルバイト，店舗
WHERE　アルバイト. 店舗コード＝店舗. 店舗コード
AND　店舗所在地＝' 新宿 '　AND　年間給与支給額　＜ 800000；

アルバイト

氏名	住所	年間給与支給額	店舗コード
青田　太郎	新宿	800000	103
伊田　五郎	新宿	800000	102
東田　史郎	市ヶ谷	500000	103
生田　花子	市ヶ谷	700000	101
西田　哲郎	御茶ノ水	600000	103
北田　圭太	新宿	650000	102
南田　健太	新宿	600000	102

店舗

店舗コード	店舗名	店舗所在地	店長名
101	御茶ノ水店	御茶ノ水	高橋　翔太
102	市ヶ谷店	市ヶ谷	小林　慎吾
103	新宿店	新宿	中村　恵子

〔解答群〕

ア

氏名	年間給与支給額	店長名
東田　史郎	500000	中村　恵子
西田　哲郎	600000	中村　恵子

イ

氏名	年間給与支給額	店長名
青田　太郎	800000	中村　恵子
東田　史郎	500000	中村　恵子
西田　哲郎	600000	中村　恵子

ウ

氏名	年間給与支給額	店長名
青田　太郎	800000	中村　恵子
伊田　五郎	800000	小林　慎吾
北田　圭太	650000	小林　慎吾
南田　健太	600000	小林　慎吾

エ

氏名	年間給与支給額	店長名
北田　圭太	650000	小林　慎吾
南田　健太	600000	小林　慎吾

解答	ア

■解説

　リレーショナルデータベースにおいて使用される SQL 言語の構文に関する知識を問う問題である。

　　ア：適切である。問題文に記載されている SELECT 文の先頭 2 行で，"アルバイト"表の店舗コードと同じ店舗コードを持つ"店舗テーブル"表の行の値を取得し，氏名と年間給与支給額と店長名のカラムを持つ実行結果を得る。また，SELECT 文の 3 行目より，店舗所在地が新宿で，かつ，年間給与支給額が 800000 未満の行に絞り込まれる。

　　イ：不適切である。SELECT 文の 2 行目は店舗コードが一致する行を結合する処理であるが，イの選択肢に記載されている取得結果は，アルバイト表の住所と，店舗表の店舗所在地が一致する行を結合した結果となっているため不適切である。また，取得結果の 1 行目は，SELECT 文の 3 行目で指定している年間給与支給額が 800000 未満の条件を満たさない。

　　ウ：不適切である。取得結果の 1，2 行目は，SELECT 文の 3 行目で指定している年間給与支給額が 800000 未満の条件を満たさない。また，取得結果の 1 行目は店舗所在地が新宿でないため，SELECT 文の 3 行目の店舗所在地 = '新宿'で指定している条件を満たさない。

　　エ：不適切である。SELECT 文の 3 行目の店舗所在地 = '新宿'は，店舗所在地が新宿である行を取得する検索条件である。本選択肢の結果は，住所が新宿である行を取得した結果であるため誤り。

　よって，アが正解である。

データベースの構造・種類（SELECT文）	ランク	1回目	2回目	3回目
	A	／	／	／

　下表は，ある日の東京，大阪，名古屋，九州の各支店の菓子AからEの売上表である。この表に適用したSQL文とその結果を示したものの組み合わせとして，最も適切なものを下記の解答群から選べ。

菓子売上

商品番号	商品名	東京支店	大阪支店	名古屋支店	九州支店
P 0001	菓子 A	3,000	4,000	2,000	4,000
P 0002	菓子 B	5,000	2,500	6,000	1,500
P 0003	菓子 C	2,900	3,000	4,000	4,000
P 0004	菓子 D	3,500	4,100	2,900	3,500
P 0005	菓子 E	2,000	2,500	3,500	5,000

〔解答群〕

ア　【SQL文】SELECT 商品名 FROM 菓子売上
　　　　　　　WHERE 東京支店＞＝3500 and 大阪支店＞＝3500
　　　　　　　or 名古屋支店＞＝3500 and 九州支店＞＝3500
　　【結果】菓子C，菓子D，菓子E

イ　【SQL文】SELECT 商品名 FROM 菓子売上
　　　　　　　WHERE 東京支店＞2500 and 大阪支店＞2500
　　　　　　　and 名古屋支店＞＝2500 and 九州支店＞2500
　　【結果】菓子D

ウ　【SQL文】SELECT 商品名 FROM 菓子売上
　　　　　　　WHERE 東京支店＞3500 and（大阪支店＞3500
　　　　　　　or 名古屋支店＞＝3500）and 九州支店＞3500
　　【結果】菓子A，菓子B，菓子E

エ　【SQL文】SELECT 商品名 FROM 菓子売上
　　　　　　　WHERE 東京支店＋大阪支店＋名古屋支店＋九州支店＞＝14000
　　【結果】菓子D

解答	ア

■解説

副問合せを用いる SQL 文と実行結果に関する知識を問う問題である。

ア：適切である。東京支店および大阪支店で 3500 以上，または，名古屋支店および九州支店で 3500 以上を満たす商品名を選択する SQL 文であるため，菓子 C，菓子 D，菓子 E が選択される。

イ：不適切である。東京支店および大阪支店および九州支店で 2500 より大きい売上，かつ，名古屋支店で 2500 以上の売上を満たす商品名を選択する SQL 文であるため，菓子 C，菓子 D が選択される。

ウ：不適切である。東京支店で 3500 より大きい，かつ，大阪支店で 3500 より大きいまたは名古屋支店で 3500 以上，かつ，九州支店で 3500 以上を満たす商品名を選択する SQL 文であるため，どの菓子も選択されない。

エ：不適切である。東京支店，大阪支店，名古屋支店，九州支店の合計が 14000 以上を満たす商品名を選択する SQL 文であるため，菓子 B，菓子 D が選択される。

よって，アが正解である。

データベースの構造・種類（SELECT 文）	ランク	1回目	2回目	3回目
	A	／	／	／

■令和5年度　第9問

　以下に示す，ある小売店における販売データ「取引記録」から併売分析を行いたい。異なる2つの商品の組み合わせに対して，それらが同時に取引された件数を求める「集計結果」を得るためのSQL文を考える。

取引記録

管理番号	取引ID	商品ID	数量
1	T001	P002	1
2	T001	P010	1
3	T002	P002	3
4	T002	P007	2
5	T003	P005	1
6	T003	P010	1
7	T003	P007	2
⋮	⋮	⋮	⋮

集計結果

商品1	商品2	件数
P003	P004	10
P004	P010	9
P001	P008	7
P004	P007	7
P001	P010	6
P002	P004	6
P005	P008	6
⋮	⋮	⋮

　以下のSQL文の空欄①～③に入る記述の組み合わせとして，最も適切なものを下記の解答群から選べ。

【SQL 文】

SELECT　A. 商品 ID as 商品 1，B. 商品 ID as 商品 2，COUNT（＊）as 件数

FROM　取引記録 as A，取引記録 as B

WHERE　┃ ① ┃ and ┃ ② ┃

GROUP BY　A. 商品 ID，　B. 商品 ID

ORDER BY　件数　┃ ③ ┃；

〔解答群〕

ア　①：A. 取引 ID＝B. 取引 ID　　②：A. 商品 ID＜B. 商品 ID　　③：DESC

イ　①：A. 取引 ID＝B. 取引 ID　　②：A. 商品 ID＜B. 商品 ID　　③：ASC

ウ　①：A. 取引 ID＝B. 取引 ID　　②：A. 商品 ID＜＞B. 商品 ID　　③：ASC

エ　①：A. 取引 ID＜B. 取引 ID　　②：A. 商品 ID＝B. 商品 ID　　③：DESC

オ　①：A. 取引 ID＜B. 取引 ID　　②：A. 商品 ID＜＞B. 商品 ID　　③：ASC

解答	ア

■解説

　販売データを用いた併売分析を実施するという具体的な事例を通じて，SQL の SELECT 文における抽出条件の記述方法に関する知識を問う問題である。

　まず，判断が比較的容易な③から検討する。ORDER BY は検索結果の並べ替えを行う SQL 文であり，その後の記述で並び順を指定する。ASC の場合は昇順（ASCENDING）に並べ替え，DESC の場合はその逆に降順に並べ替える。設問にある集計結果の表を見ると，件数が降順に並んでいるため，DESC が適切であると判断できる。

　次に，①については，取引記録のテーブルから，併売のレコード，つまり取引 ID が等しいレコードを抽出するための句であるため，A. 取引 ID ＝ B. 取引 ID が適切である。

　ここまでで，アが正解と絞り込むことができた受験生は，効率的に正解にたどり着ける問題であった。

　なお，②については，集計結果で商品 1 と商品 2 で右側の商品 ID が大きな値であることから，A. 商品 ID ＜ B. 商品 ID が適切である。また，これにより商品 ID の組み合わせについて，たとえば P003 と P004 の併売と，P004 と P003 の併売がそれぞれ 1 件として重複してカウントされないという効果がある。

　よって，アが正解である。

データベースの構造・種類（SELECT文）	ランク	1回目	2回目	3回目
	A	/	/	/

■平成27年度　第8問

　今週の商品の販売実績は下表のとおりであった。下表から売上金額を評価基準としたパレート図を作成して，来週の販売方策を検討したいと考えた。パレート図作成のため，まず売上金額の大きい順に商品を並べたデータを得るためのSQL文として，最も適切なものを下記の解答群から選べ。

販売実績表

商品番号	商品名	仕入価格	売価	販売数
100	aaa	10,000	12,000	10
101	bbb	9,000	13,000	20
102	ccc	10,000	12,000	15
103	ddd	8,000	10,000	5
104	eee	11,000	13,000	10
105	fff	9,000	9,000	5
106	ggg	10,000	12,000	3
107	hhh	15,000	16,000	12
108	iii	12,000	15,000	20
109	jjj	10,000	12,000	10
110	kkk	8,000	10,000	10

〔解答群〕

　ア　SELECT　商品番号，商品名，販売数＊（売価－仕入価格）
　　　FROM　販売実績表　ORDER　BY　販売数＊売価　ASC

　イ　SELECT　商品番号，売価－仕入価格，販売数＊売価
　　　FROM　販売実績表　ORDER　BY　売価－仕入価格

　ウ　SELECT　商品名，販売数＊（売価－仕入価格）
　　　FROM　販売実績表　ORDER　BY　5　ASC

　エ　SELECT　商品名，販売数＊（売価－仕入価格），販売数＊売価
　　　FROM　販売実績表　ORDER　BY　販売数＊売価　DESC

解答	エ

■解説

SQL の SELECT 文に関する具体的な知識を問う問題である。

ア：不適切である。取得項目に，売上金額にあたる項目（販売数＊売価）が含まれていない。

イ：不適切である。ORDER BY 句で指定している並べ替えが，売上金額にあたる項目（販売数＊売価）で行われていない。

ウ：不適切である。取得項目に，売上金額にあたる項目（販売数＊売価）が含まれていない。なお，ORDER BY 5 ASC は，SELECT 文の取得項目の 5 番目の項目で小さい順に並べ替えることを表すが，本肢の SELECT 文は 2 項目しか取得していないため，いずれにせよ意図する処理結果とならない。

エ：適切である。商品名，販売数＊（売価－仕入価格），売上金額にあたる項目（販売数＊売価）を取得し，ORDER BY 句で売上金額が大きい順に並べ替えた（DESC）処理結果となる。

よって，エが正解である。

データベースの 構造・種類 （SELECT 文）	ランク	1回目	2回目	3回目
	A	／	／	／

■令和3年度　第10問

　ある中小企業における今週の A 部門と B 部門の販売実績は，販売実績表 A，販売実績表 B のとおりであった。UNION 句を用いて2つの表を1つにまとめたい。そのための SQL 文として，最も適切なものを下記の解答群から選べ。

販売実績表 A

取引 ID	商品番号	商品名	販売単価	販売数量
A001	100	バナナ	100	1
A002	101	リンゴ	120	1
A003	103	メロン	300	1
A004	・・・	・・・	・・・	・・・

販売実績表 B

取引 ID	商品番号	商品名	販売単価	販売数量
B001	100	バナナ	100	1
B002	101	リンゴ	130	2
B003	105	ブドウ	140	2
B004	・・・	・・・	・・・	・・・

〔解答群〕

  ア　SELECT　取引 ID，商品番号，商品名，販売単価＊販売数量 AS 売上高
　　　FROM　販売実績表 A
　　　UNION
　　　FROM　販売実績表 B；

  イ　SELECT　取引 ID，商品番号，商品名，販売単価＊販売数量 AS 売上高
　　　FROM　販売実績表 A
　　　UNION
　　　SELECT　取引 ID，商品番号，商品名，販売単価＊販売数量 AS 売上高
　　　FROM　販売実績表 B；

  ウ　SELECT　取引 ID，商品番号，商品名，販売単価＊販売数量 AS 売上高
　　　FROM　販売実績表 A，販売実績表 B
　　　UNION
　　　SELECT　取引 ID，商品番号，商品名，販売単価＊販売数量 AS 売上高；

エ　SELECT　取引 ID, 商品番号, 商品名, 販売単価＊販売数量 AS 売上高
　　UNION
　　FROM　販売実績表 A, 販売実績表 B；

オ　SELECT　取引 ID, 商品番号, 商品名, 販売単価＊販売数量 AS 売上高
　　UNION
　　SELECT　取引 ID, 商品番号, 商品名, 販売単価＊販売数量 AS 売上高
　　FROM　販売実績表 A, 販売実績表 B；

解答	イ

■解説

　UNION 句を用いて，SQL の SELECT 文をまとめる際の構文に関する具体的な知識を問う問題である。

　UNION 句の基本構文は下記である。

　　SELECT　列名　FROM　表名 1
　　UNION
　　SELECT　列名　FROM　表名 2

　　ア：販売実績表 B の列名が指定されていないため，不適切である。

　　イ：適切である。

　　ウ：FROM 句の販売実績表 B の記載位置が不適切である。

　　エ：FROM 句の記述が不適切である。

　　オ：FROM 句の販売実績表 A の記載位置が不適切である。

　よって，イが正解である。

データベースの構造・種類（SELECT 文）	ランク	1回目		2回目		3回目	
	A	／		／		／	

■令和4年度　第5問

　「アルバイト担当者」表から電話番号が「03-3」から始まる担当者を探すために
SQL 文を用いる。以下の SQL 文の空欄に指定する文字列として，最も適切なものを
下記の解答群から選べ。なお，電話番号は「アルバイト担当者」表の「電話番号」列
に格納されているものとする。

　　SELECT ＊ FROM アルバイト担当者 WHERE ［　　　　　］；

〔解答群〕

　　ア　LIKE　電話番号 ' ＝ 03-3%'

　　イ　LIKE　電話番号 ＝ '03-3%'

　　ウ　電話番号　＝ 'LIKE03-3%'

　　エ　電話番号　'LIKE03-3%'

　　オ　電話番号　LIKE '03-3%'

解答	オ

■解説

　SQL 言語の演算子の１つである LIKE について，具体的な使用方法を問う問題である。

　LIKE は，SELECT 文で行を抽出する際に，特定の列が特定の文字列を含むものに絞る際に使用し，下記の文法で記述する。

　カラム名 LIKE ' 文字列'

　選択肢のうち，この文法に合致するのはオである。

　よって，オが正解である。

データベースの構造・種類（SELECT文）	ランク	1回目	2回目	3回目
	B	／	／	／

■平成26年度　第9問

　様々な業務において利用されるリレーショナルデータベースでは，各種の処理要求がSQL言語によって指示される。SQL言語の要素は以下の①～④のように区分できる。これら区分とSQL言語の要素の組み合わせとして最も適切なものを下記の解答群から選べ。

　　①　データ定義言語

　　②　データ操作言語

　　③　演算子

　　④　関数

〔解答群〕
　　ア　①：CREATE　　②：INSERT　　③：UPDATE　　④：UNION

　　イ　①：CREATE　　②：SELECT　　③：LIKE　　④：COUNT

　　ウ　①：DELETE　　②：CREATE　　③：BETWEEN　　④：AVG

　　エ　①：SELECT　　②：DROP　　③：INSERT　　④：ALL

解答	イ

■解説

リレーショナルデータベースにおける，SQL 言語の要素に関する知識を問う問題である。

① ：データ定義言語とは，データベースで管理するデータを定義する言語である。たとえば，CREATE 文を使用すれば，データベースで使用するテーブルと呼ばれる，データを格納する表を作成することができる。また，Drop 文を使用すれば，テーブルを削除することができる。

② ：データ操作言語とは，上述のテーブル内に格納されているデータを操作するための言語である。SELECT（選択），INSERT（挿入），DELETE（削除），UPDATE（更新）などが相当する。

③ ：演算子とは，複数のデータ項目について比較などの操作を行い，結果を返すものである。選択肢の中では，LIKE（特定の文字列を含むなど，パターンに合致するかどうかを判定する），BETWEEN（ある下限値から上限値の間に含まれるかどうかを判定する），ALL（指定したすべての条件を満たすかどうかを判定する），UNION（SELECT 文の結果の和集合を取得する）が，演算子に相当する。

④ ：関数とは，取得したデータに対して，加減乗除など処理を行い，結果を返すものである。選択肢では，AVG（平均値を求める），COUNT（レコードの件数を集計する）が相当する。

よって，イが正解である。

2. ファイルの概念，ファイルの編成

▶▶ 出題項目のポイント

　この出題領域では，データを保存する形式としてはRDBと並んで一般的なファイルの編成や，ファイルの概念に関する理解を問われる。繰り返し出題されている事項は少ないが，HTMLやXMLなど，他の出題領域で問われている技術については，この出題領域の学習を通じて知識を補充していただきたい。

▶▶ 出題の傾向と勉強の方向性

　複数の年度にわたり，本試験で共通的に出題されている事項が少ないため，全体的に頻出度ランクが低い出題領域である。ランクAの問題はないため，ランクがBの問題について，問われている知識を習得することを心がけていただきたい。具体的には，コンピュータで扱われるファイルの特性（平成19年度第8問）である。

■取組状況チェックリスト

2. ファイルの概念，ファイルの編成						
ファイルの編成						
問題番号	ランク	1回目		2回目		3回目
―	―	／		／		／

第4章

通信ネットワーク

1. LAN・VAN

▶▶ 出題項目のポイント

　プロトコルに関する知識の出題頻度が高い。プロトコルとは，ネットワーク通信を行う際の取り決めのことである。省略する前の名前の記憶は不要だが，一部のプロトコルは略称よりも省略する前の名前を覚えることで，役割を理解しやすいものがあるため，一部のものは，下記に正式名称を併記した。

・TCP/IP

　TCP/IP とは，LAN 上でインターネットを利用する際に用いられる標準のプロトコルである。

・HTTP

　HTTP とは，Web でデータをやり取りするためのプロトコルである。Web サイトで使用されている文章や画像は，HTTP によりデータを転送される。

・FTP

　FTP とは File Transfer Protocol の略称で，ファイルのダウンロードやアップロードを行うためのプロトコルである。HTML ファイルや画像ファイルを Web サーバへアップロードする際などに利用される。

・SMTP

　SMTP とは，Simple Mail Transfer Protocol の略称で，電子メールの送信と転送に用いられるプロトコルである。

・POP3

　POP3 とは，Post Office Protocol version 3 の略称で，電子メールの受信に用いられるプロトコルである。

　また，オフィスで使用する下記の各種サーバに関する知識の出題頻度が高い。

・DNS

　DNS とは，Domain Name System の略称で，ドメイン名・ホスト名と IP アドレスを対応付ける機能を持ち，Web クライアントからのアドレス指定の際の問い合わせなどに答える。

・NAPT（IP マスカレード）

　　NAPT（IP マスカレード）とは，グローバル IP アドレスをローカル IP アドレスとポート番号の組み合わせに変換する技術である。これにより，1 つのグローバル IP アドレスを，複数の PC やスマートフォンなどで共有することが可能になる。

・NAT

　　NAT とは，グローバル IP アドレスをローカル IP アドレスに変換する技術である。NAPT（IP マスカレード）との違いは，1 つのグローバル IP アドレスは同時に 1 台の PC（あるいはスマートフォンなど）でしか使用できない点である。

・DHCP

　　DHCP とは，事業所内の LAN に PC が接続された時，当該 PC が使用する IP アドレスを割り当てる。PC 側の設定が単純化されるメリットがある。

・VPN

　　VPN とは Virtual Private Network の略で，複数のユーザが使用するネットワーク上に，ユーザごとの専用回線を仮想的に構築するサービスである。

▶▶ 出題の傾向と勉強の方向性

　オフィスで使用される通信ネットワーク関連の知識について問う出題領域であり，出題頻度が高い領域であるため，ランクの高い問題については，確実に理解したい。具体的には，出題項目のポイントに記載している，通信プロトコルと，DNS などオフィスで使用する各種サーバに関する出題頻度が特に高いため，ランクを A にしている。それらについて，細かい知識は不要だが，名前と役割を回答できるようにすることで，効率的に合格レベルの知識を身につけることができる。

　なお，LAN・VAN の出題領域については，オフィス内のネットワークの機器の構成図を示すなどして，実際のオフィス内ネットワーク構築に関する適切な記述を解答させる問題の出題頻度が高い。

■取組状況チェックリスト

1. LAN・VAN, インターネット・イントラネット・エクストラネット

LAN・VAN

問題番号	ランク	1回目		2回目		3回目	
令和3年度 第12問	B	／		／		／	
令和4年度 第8問	A	／		／		／	
令和元年度 第11問	A	／		／		／	
平成29年度 第11問	A	／		／		／	
令和5年度 第12問	B	／		／		／	
令和元年度 第12問	B	／		／		／	
令和4年度 第1問	B	／		／		／	
令和2年度 第9問	A	／		／		／	
平成26年度 第11問	A	／		／		／	
平成28年度 第11問	C*	／		／		／	

インターネット・イントラネット・エクストラネット

問題番号	ランク	1回目		2回目		3回目	
令和3年度 第5問	B	／		／		／	
平成30年度 第5問	A	／		／		／	
令和元年度 第8問	B	／		／		／	
平成28年度 第10問	B	／		／		／	
令和5年度 第11問	B	／		／		／	
平成26年度 第12問	B	／		／		／	
平成27年度 第9問	B	／		／		／	
平成28年度 第12問	B	／		／		／	
令和4年度 第7問	A	／		／		／	
平成30年度 第9問	A	／		／		／	
平成26年度 第10問	A	／		／		／	
平成29年度 第12問	C*	／		／		／	
平成30年度 第7問	A	／		／		／	

令和 5 年度　第 22 問	A	／		／		／	
令和 2 年度　第 10 問	A	／		／		／	
平成 30 年度　第 10 問	A	／		／		／	
平成 27 年度　第 10 問	A	／		／		／	
令和 5 年度　第 21 問	B	／		／		／	
平成 26 年度　第 19 問	A	／		／		／	
平成 28 年度　第 6 問	B	／		／		／	
令和 3 年度　第 21 問	B	／		／		／	
令和 3 年度　第 25 問	B	／		／		／	

＊ランク C の問題と解説は，「過去問完全マスター」の HP（URL：https://jissen-c.jp/）よりダウンロードできます。

	ランク	1回目		2回目		3回目	
LAN・VAN	B	/		/		/	

■令和3年度　第12問

　情報通信技術には類似した用語が多くある。それらを識別して意味を正しく理解することが肝要である。

　以下の記述のうち，最も適切な組み合わせを下記の解答群から選べ。

a　ポッドとは，プログラミングにおいて，変数の型を別の型に変換することである。

b　チャットボットとは，自動的に対話を行うプログラムのことであり，例えば企業においては顧客からの問い合わせに自動応答するために用いられる。

c　タッチパッドとは，平板上のセンサーを指でなぞることでマウスポインタの操作をするポインティングデバイスの1つである。

d　マルチキャストとは，インターネット上で音声や動画のファイルを公開配信する方法の1つである。

e　ブロードキャストとは，通信ネットワーク上で，特定の複数の相手に同じデータを一斉に送信することである。

〔解答群〕

ア　aとc

イ　bとc

ウ　bとe

エ　cとe

オ　dとe

解答	イ

■**解説**

　プログラミングやネットワークに関する情報通信技術の用語に関する知識を問う問題である。

　　a：不適切な記述である。プログラミングにおいて変数の型を別の型に変換する（たとえば数値型の変数を文字列型に変換するなど）のは，キャストである。

　　b：適切な記述である。

　　c：適切な記述である。

　　d：不適切な記述である。選択肢中にあるインターネット上で音声や動画のファイルを公開配信する方法という記述は，ストリーミングに関する記述である。

　　e：不適切な記述である。マルチキャストに関する記述である。ブロードキャストとは，ある閉域のネットワークに接続している全装置にデータを送信する方式のことである。

　よって，イが正解である。

	ランク	1回目	2回目	3回目
LAN・VAN	A	／	／	／

■令和4年度　第8問

IP アドレスやドメインに関する記述として，最も適切なものはどれか。

ア　DHCP は，ネットワークに接続するノードへの IP アドレスの割り当てを自動的に行うプロトコルであり，サブネットマスクやデフォルトゲートウェイのアドレスは自動設定できない。

イ　IPv4 と IPv6 の間には互換性があるので，IPv4 アドレスを割り当てられた機器と IPv6 アドレスを割り当てられた機器は直接通信できる。

ウ　NAT は，ドメイン名と IP アドレスを動的に対応づけるシステムである。

エ　トップレベルドメインは，分野別トップレベルドメイン（gTLD）と国別トップレベルドメイン（ccTLD）に大別される。

オ　ルータの持つ DNS 機能によって，LAN 内の機器に割り当てられたプライベート IP アドレスをグローバル IP アドレスに変換し，インターネットへのアクセスが可能になる。

解答	エ

■解説

　IP アドレスやドメインに関連する用語の特性について問う問題である。

　　ア：不適切である。DHCP は，LAN に接続する PC に，通信に必要な設定情報
　　　　（IP アドレス，サブネットマスク，デフォルトゲートウェイ，ホスト名，
　　　　DNS サーバの情報など）を応答するプロトコルである。

　　イ：不適切である。IPv4 には，今後ネットワークに接続する機器の増加した際
　　　　に IP アドレスが不足するという問題がある。IPv6 は，これを解決するため
　　　　により広いアドレス空間をもつなど IPv4 の仕様と異なる点が多いため，互
　　　　換性がない。

　　ウ：不適切である。この選択肢の記述は，DNS に関する記述である。NAT とは，
　　　　グローバル IP アドレスをローカル IP アドレスに変換する技術である。

　　エ：適切である。gTLD とは，ドメイン名の末尾が .com，.net，.org，.biz，.info
　　　　のものなどが相当する。ccTLD とは，ドメイン名が .jp といった国名の略称
　　　　であるドメインである。

　　オ：不適切である。この選択肢の記述は，NAT に関する記述である。DNS につ
　　　　いては選択肢ウの解説を参照。

　よって，エが正解である。

LAN・VAN	ランク	1回目	2回目	3回目
	A	／	／	／

■令和元年度 第11問

パーソナルコンピュータ（PC）を会社内の LAN に接続し，インターネットを利用して業務を行う場面が増え，インターネットの管理・運用に関する理解が必要になっている。

インターネットの管理・運用に関する記述として，最も適切なものはどれか。

ア DHCP は，会社内のプライベート IP アドレスをグローバル IP アドレスに変換し，インターネットへのアクセスを可能にする。

イ MAC アドレスは，PC に割り振る識別番号であり，ネットワークのグループを示すネットワークアドレス部と，そのネットワークに属する個々の PC を識別するホストアドレス部に分かれる。

ウ NAT は，LAN に接続する PC に対して IP アドレスを始めとして，ホスト名や経路情報，DNS サーバの情報など，通信に必要な設定情報を自動的に割り当てるプロトコルである。

エ ポート番号は，TCP や UDP 通信において通信相手のアプリケーションを識別するために利用される番号であり，送信元ポート番号と宛先ポート番号の両方を指定する必要がある。

解答	エ

■解説

インターネットの管理・運用に関するプロトコルなどの技術用語に関する知識を問う問題である。

ア：不適切である。選択肢の記述は，NATに関する記述である。DHCPは，LANに接続するPCに対してIPアドレスをはじめとして，ホスト名や経路情報，DNSサーバの情報など，通信に必要な設定情報を自動的に割り当てるプロトコルである。

イ：不適切である。選択肢の記述は，IPアドレスに関する記述である。MACアドレスとは，接続する端末や周辺機器一台一台を識別するための番号である。

ウ：不適切である。選択肢の記述は，DHCPに関する記述である。NATは，事業所においてインターネット接続を行い，グローバルIPアドレスをプライベートIPアドレスに変換する際に使用する。

エ：適切である。ポート番号はTCPやUDP通信において通信相手のアプリケーションを識別するために利用される。

よって，エが正解である。

LAN・VAN	ランク	1回目	2回目	3回目
	A	/	/	/

■平成 29 年度　第 11 問

　インターネットを利用している事業所で，ネットワークに接続された端末や周辺機器の設置場所変更や増設を行おうとする場合，そのために使用するネットワーク機器の選定や各種設定作業が必要となる。

　このような場合のネットワーク管理に関する以下の文章の空欄 A～D に入る語句の組み合わせとして，最も適切なものを下記の解答群から選べ。

　事業所においてインターネット接続を行い，グローバル IP アドレスをプライベート IP アドレスに変換して運用する場合は，IP アドレスと　A　を用いて変換する　B　機能を持つルータを設置すればよい。

　PC 設置場所の変更への対応やタブレットなどの利用を考慮する場合，それらの機器が自社の LAN に接続された時のみ，空いているプライベート IP アドレスを使用する　C　機能を利用するようにルータを設定することで，IP アドレスの使用数の節約が図れる。

　事業所内の有線 LAN に接続する端末や周辺機器を増やしたい場合，　D　を使用して通信相手を識別するスイッチングハブをカスケード接続すれば通信トラフィックを軽減できる。

〔解答群〕

　ア　A：MAC アドレス　　B：NAPT　C：DMZ　D：ルーティングテーブル

　イ　A：サブネットマスク　B：DNS　　C：DMZ　D：ポート番号

　ウ　A：ポート番号　　　　B：NAPT　C：DHCP　D：MAC アドレス

　エ　A：ポート番号　　　　B：PPPoE　C：IP ルーティング
　　　D：ルーティングテーブル

解答	ウ

■解説

　ネットワーク機器の選定や各種設定作業に関する知識を問う問題である。特に DNS，NAT（または NAPT，IP マスカレード）については，平成 30 年度第 5 問，平成 23 年度第 12 問，平成 24 年度第 11 問と過去に多数出題されており，正確に記憶されたい。

　　　空欄 A，B：ポート番号と NAPT が適切である。グローバル IP アドレスをプライベート IP アドレスに変換する機能は，NAPT（IP マスカレード）と呼ばれる。NAPT の機能を持つルータを用いて，事業所内で使用するプライベート IP アドレスとポート番号の組み合わせを，グローバル IP アドレスに変換することが可能である。

　　　空欄 C：DHCP が適切である。ルータの DHCP 機能を有効にすることで，自社の LAN にタブレットや PC が接続された時，ルータは空いているプライベート IP アドレスを当該のタブレットや PC に割り当てる。

　　　空欄 D：MAC アドレスが適切である。MAC アドレスとは，接続する端末や周辺機器一台一台を識別するための番号である。ハブには，スイッチングハブとリピータハブが存在する。スイッチングハブは，スイッチングハブのどの差込口にどの機器が接続されているかを MAC アドレスで識別することができ，通信相手の差込口にのみデータを転送する。リピータハブは，MAC アドレスを用いずにすべての差込口にデータを転送するため，通信トラフィック（通信データの量）がスイッチングハブと比較して多くなる。カスケード接続とは，スイッチングハブ同士を接続することで，スイッチングハブに接続可能な機器を増やすことができる接続構成のことである。

　よって，ウが正解である。

LAN・VAN	ランク	1回目	2回目	3回目
	B	／	／	／

■令和5年度　第12問

LAN を構成するために必要な装置に関する以下の a〜e の記述とその装置名の組み合わせとして，最も適切なものを下記の解答群から選べ。

a　OSI 基本参照モデルの物理層で電気信号を中継する装置。

b　OSI 基本参照モデルのデータリンク層の宛先情報を参照してデータフレームを中継する装置。

c　OSI 基本参照モデルのネットワーク層のプロトコルに基づいてデータパケットを中継する装置。

d　OSI 基本参照モデルのトランスポート層以上で使用されるプロトコルが異なる LAN 同士を接続する装置。

e　無線 LAN を構成する機器の1つで，コンピュータなどの端末からの接続要求を受け付けてネットワークに中継する装置。

〔解答群〕

ア　a：ブリッジ　　　　b：リピータ　　　　c：ルータ
　　d：ゲートウェイ　　e：アクセスポイント

イ　a：リピータ　　　　b：アクセスポイント　c：ゲートウェイ
　　d：ルータ　　　　　e：ブリッジ

ウ　a：リピータ　　　　b：ブリッジ　　　　c：ルータ
　　d：ゲートウェイ　　e：アクセスポイント

エ　a：リピータ　　　　b：ルータ　　　　　c：ゲートウェイ
　　d：ブリッジ　　　　e：アクセスポイント

オ　a：ルータ　　　　　b：ブリッジ　　　　c：アクセスポイント
　　d：ゲートウェイ　　e：リピータ

解答	ウ

■解説

　ネットワーク通信のモデル化で用いられる OSI 基本参照モデルの層などの記述と該当する装置名について問う問題である。

　OSI 基本参照モデルとは，異機種間のデータ通信を実現するために，通信サービスを 7 つの階層に分割し，各層ごとに標準的なプロトコルや通信サービスの仕様を定めたものである。

　a：物理層に関する記述で，該当する装置はリピータである。通信で使用する信号はケーブルや電波を介して送信されるが，送信先との距離が離れるほど減衰する。リピータでは信号を中継する際に，信号の増幅やノイズの除去を行う。

　b：データリンク層に関する記述で，該当する装置はブリッジである。ブリッジでは，MAC アドレスなどのデータリンク層の宛先情報を参照して，データフレームを中継する。

　c：ネットワーク層に関する記述で，該当する装置はルータである。ルータでは，データパケットの送信元と宛先を識別して，データの適切な転送を行う。

　d：ゲートウェイに該当する記述である。ゲートウェイでは，異なるプロトコルのネットワーク（たとえば，TCP/IP と AppleTalk など）を接続する。

　e：アクセスポイントに該当する記述である。アクセスポイントはオフィスや住宅等に設置され，ノートパソコンやスマートフォンが無線 LAN に接続する際に利用される。

　よって，ウが正解である。

LAN・VAN	ランク	1回目		2回目		3回目	
	B	／		／		／	

■令和元年度　第12問

中小企業においても，ネットワーク環境を理解することは重要である。ネットワーク機器と，それに対応する通信ネットワークにおける OSI 基本参照モデルの階層の組み合わせとして，最も適切なものを下記の解答群から選べ。

【ネットワーク機器】

　　a　LAN ケーブルのように，電気的な信号を送受信する装置

　　b　リピーターハブのように，ケーブルを流れる電気信号を増幅して LAN の総延長距離を伸長する装置

　　c　ルータのように，異なる LAN 同士の中継役を担う装置

【OSI 基本参照モデルの階層の第1層～第5層】

　　①第1層（物理層）

　　②第2層（データリンク層）

　　③第3層（ネットワーク層）

　　④第4層（トランスポート層）

　　⑤第5層（セッション層）

〔解答群〕

　　ア　aと①bと②cと③

　　イ　aと①bと③cと④

　　ウ　aと②bと③cと④

　　エ　aと②bと④cと⑤

解答	ア

■解説

ネットワークにおける OSI 基本参照モデルに関する知識を問う問題である。

　　a ：物理層に関する記述である。物理層では，電気信号を送受信するケーブルな
　　　　ど，ネットワークを構成する装置の物理的な仕様を規定している。

　　b ：データリンク層に関する記述である。データリンク層では，同一 LAN
　　　　（Local Area Network）内の通信仕様を規定している。

　　c ：ネットワーク層に関する記述である。ネットワーク層では，異なる LAN 内
　　　　における通信仕様を規定している。

よって，アが正解である。

LAN・VAN	ランク	1回目		2回目		3回目	
	B	/		/		/	

■令和4年度　第1問

　インターネットへの接続やデジタル機器同士のデータ交換の際に用いる無線通信技術にはさまざまな種類があり，それぞれの特徴を理解する必要がある。

　無線通信技術に関する記述として，最も適切な組み合わせを下記の解答群から選べ。

- a　無線 LAN 規格 IEEE802.11n に対応する機器は，IEEE802.11ac に対応する機器と通信が可能である。

- b　無線 LAN 規格 IEEE802.11g に対応する機器は，5GHz 帯を利用するので電子レンジなどの家電製品から電波干渉を受ける。

- c　Bluetooth に対応する機器は，周波数ホッピング機能により電子レンジなどの家電製品からの電波干渉を軽減できる。

- d　Bluetooth に対応する機器は，5GHz 帯を利用するので電子レンジなどの家電製品から電波干渉を受ける。

- e　Bluetooth に対応する機器は，2.4GHz 帯と 5GHz 帯を切り替えて通信を行うことができるので，電子レンジなどの家電製品からの電波干渉を軽減できる。

〔解答群〕

- ア　a と c
- イ　a と e
- ウ　b と c
- エ　b と d
- オ　b と e

解答	ア

■解説

　デジタル機器の無線通信に使用される IEEE802.11 および Bluetooth に関する知識を問う問題である。

　IEEE802.11 とは，一般に Wi-Fi と呼ばれる無線 LAN の規格である。IEEE802.11には，本文で問われている IEEE802.11n や IEEE802.11ac，IEEE802.11g など，末尾のアルファベットが異なる複数の規格がある（下図）。これらは使用する周波数等が異なるために，互換性や家電製品からの電波干渉の点で違いがある。

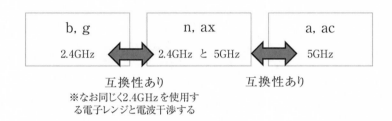

　a：適切である。IEEE802.11ac は 5GHz の周波数帯域を使用し，IEEE802.11n は 5GHz の周波数帯域にも対応しているため，通信が可能である。

　b：不適切である。IEEE802.11g が使用する周波数帯域は，5GHz ではなく，2.4GHz である。なお，電子レンジなどの家電製品の多くは 2.4GHz の周波数帯域を使用するため，電波干渉を受けるという記述は適切である。

　c：適切である。Bluetooth に対応する機器は，同じ 2.4GHz の周波数帯域を使用する電子レンジなどの家電製品からの電波干渉を軽減するために，周波数ホッピングと呼ばれる周波数を短時間にランダムに切り替える処理を行う。

　d：不適切である。上記 c の解説のとおり，2.4GHz 帯を使用し，家電製品から電波干渉を受けない機能を有している。

　e：不適切である。Bluetooth に対応する機器は，2.4GHz 帯を使用する。また，周波数ホッピングでは，2.4GHz 帯の広帯域（2402～2480MHz）の範囲内で周波数を切り替えるため，5GHz 帯は使用しない。

　よって，アが正解である。

LAN・VAN	ランク	1回目	2回目	3回目
	A	／	／	／

■令和2年度　第9問

　ケーブルを必要とせずに電波などを利用して通信を行う無線 LAN は，信号が届く範囲であれば，その範囲内でコンピュータを自由に設置できるために，中小企業でも有用である。したがって，その特性を理解しておく必要がある。

　無線 LAN に関する記述として，最も適切なものはどれか。

　ア　SSID は無線 LAN におけるアクセスポイントの識別名であるが，複数のアクセスポイントに同一の SSID を設定できる無線 LAN 装置の機能をマルチSSID という。

　イ　無線 LAN におけるアクセス制御方式の一つである CSMA/CA 方式では，データ送信中にコリジョンを検出した場合には，しばらく時間をおいてから送信を開始することで，コリジョンを回避する。

　ウ　無線 LAN におけるアクセス制御方式の一つである CSMA/CD 方式では，利用する周波数帯を有効に利用するために，それをタイムスロットと呼ばれる単位に分割することで，複数ユーザの同時通信を提供することができる。

　エ　無線 LAN の暗号化の規格である LTE は，アルゴリズムの脆弱性が指摘された WEP を改良したことから，より強固な暗号化を施すことができる。

解答	イ

■解説

無線 LAN のアクセスポイントと制御方式に関する知識を問う問題である。

ア：不適切である。マルチ SSID とは，1 台の WiFi 親機で，複数の SSID が使用できる機能である。

イ：適切である。

ウ：不適切である。CSMA/CD 方式は，送信時に外の発信元が同時に情報を発信した場合，ランダムな時間だけ待って再度データ送信を試みる。そのため同時通信はできない。

エ：不適切である。WEP を改良した方式は，WPA である。

よって，イが正解である。

	ランク	1回目		2回目		3回目	
LAN・VAN	A	／		／		／	

■平成 26 年度　第 11 問

　情報ネットワークの構築において，通信技術や通信プロトコルは重要な役割を演じる。それらに関する記述として，最も適切なものはどれか。

　ア　CSMA/CD 方式で通信を行う場合，複数の発信元が同時に情報を送信してパケット衝突が発生すると，それ以降，それらの発信元は情報を発信できなくなる。

　イ　TCP/IP は，MAC アドレスと呼ばれる情報機器固有の番号を用いて通信する方式である。

　ウ　電話回線によるシリアル通信で使われていたプロトコルを発展させたものが，インターネットのプロトコルである。

　エ　トークンリングは，トークンと呼ばれる信号を高速で周回させ，それを利用して通信を行う方式である。

解答	エ

■解説

通信技術と通信プロトコルに関する知識を問う問題である。

ア：不適切である。CSMA/CD 方式で複数の発信元が同時に情報を送信してパケット衝突が発生した場合，それぞれの発信元は衝突が発生したことを認識し，ランダムな時間だけ待ってから，再度データ送信を試みる。

イ：不適切である。TCP/IP では，IP アドレスを用いて通信する。MAC アドレスを用いて通信する方式に該当するものは TCP/IP ではなく，イーサネットである。

ウ：不適切である。選択肢に記載されている，「電話回線によるシリアル通信で使われていたプロトコル」とは，回線交換方式と呼ばれる方式である。回線交換方式は，通信を行う際に論理的な通信路を確立する方式であるため，通信路に存在する機器のいずれかが遮断された場合，通信が行えなくなる。軍事で行われる通信は，通信路に存在する機器が頻繁に遮断される状況下であっても通信が途切れないことが求められる。そこで，回線交換方式に代わり，送信データをパケットと呼ばれる細切れの単位に分割しパケットごとに随時経路を選択する通信方式の研究が軍事目的で行われた。その方式がインターネットで用いるプロトコルのもととなった。

エ：適切である。トークンリングは，リング状に接続したネットワーク機器内でトークンと呼ばれる信号を高速で周回させ，トークンを利用して現在どの装置が送信権を保持しているかを調整しながら通信を行うことで，データ送信の衝突を回避する方式である。

よって，エが正解である。

インターネット・イントラネット・エクストラネット	ランク	1回目		2回目		3回目	
	B	／		／		／	

■令和3年度　第5問

　ソフトウェアには，ソースコードが無償で公開されているものがある。中小企業でも，このようなソフトウェアを用いることが少なくない。以下の文章の空欄A～Cに入る用語の組み合わせとして，最も適切なものを下記の解答群から選べ。

　ソースコードが無償で公開されている　A　を用いることでコストの削減が期待できる。このようなソフトウェアの代表的なライセンス条件に，BSD License や　B　がある。

　MySQL は　B　で利用可能なデータベース管理システムの1つである。また，　A　である統合開発環境の　C　を用いれば，Web アプリケーションを構築することができる。

〔解答群〕

　ア　A：Freeware　B：GNU General Public License　C：Apache

　イ　A：Freeware　B：MIT License　　　　　　　　　C：Apache

　ウ　A：OSS　　　　B：GNU General Public License　C：Eclipse

　エ　A：OSS　　　　B：MIT License　　　　　　　　　C：Apache

　オ　A：OSS　　　　B：MIT License　　　　　　　　　C：Eclipse

解答	ウ

■解説

　ソースコードが無償で公開されているソフトウェアのライセンスに関する知識を問う問題である。

　　A：Cの選択肢に記載されているソフトウェアがいずれも OSS であるため，OSS（Open Source Software）が適切である。なお，OSS はソースコードを公開しているソフトウェアである。Freeware は無償で使用できるソフトウェアである（なお，ソースコードが公開されているソフトウェアとは限らず，公開されていない場合が多い）。

　　B：MySQL は GNU General Public License であるため，GNU General Public License が適切である。

　　C：選択肢のうち，統合開発環境である OSS は Eclipse である。Apache は Web サーバである。

　よって，ウが正解である。

インターネット・ イントラネット・ エクストラネット	ランク	1回目	2回目	3回目
	A	／	／	／

　近年，ソースコードが無償で公開されているソフトウェアを用いることで，中小企業においても Web サーバシステムの構築を安価に行えるようになっている。

　以下の記述の空欄 A ～ D に入る用語の組み合わせとして，最も適切なものを下記の解答群から選べ。

・ソースコードが無償で公開されているソフトウェアのことを　A　という。このようなソフトウェアを用いることでコストの削減が期待できる。
・ドメイン名と IP アドレスの対応づけのためのシステムを　B　というが，これには　A　である　C　が用いられることが多い。
・Web サーバ用ソフトウェアである　D　は　A　である。

〔解答群〕

　ア　A：OSS　　B：DNS　　C：BIND　　　D：Apache

　イ　A：OSS　　B：NAT　　C：BIND　　　D：Postfix

　ウ　A：PDS　　B：DNS　　C：Ubuntu　　D：Apache

　エ　A：PDS　　B：NAT　　C：Ubuntu　　D：Postfix

解答	ア

■解説

　インターネットの管理・運用に関する機能や機器名について問う問題である。特に DNS，NAT（または NAPT，IP マスカレード）については，平成 29 年度第 11 問，平成 23 年度第 12 問，平成 24 年度第 11 問と過去に多数出題されており，正確に記憶されたい。

　　空欄 A：OSS が適切である。OSS とは Open Source Software の略で，ソフトウェアのソースコードが無償で公開されていて，ソースコードの変更や再配布が可能なソフトウェアのことである。PDS は，Public Domain（公共財）Software の略で，著作権を放棄した状態で配布されるソフトウェアである。PDS は必ずしもソースコードを公開しているわけではないため，空欄 A には不適切である。

　　空欄 B：DNS が適切である。DNS とは，ドメイン名（ホスト名）と IP アドレスを対応付けるシステムであり，Web クライアントからのアドレス指定の際の問い合わせに答える際などに使用される。NAT とは，グローバル IP アドレスと，ローカル IP アドレスを変換する機能であるため，不適切である。

　　空欄 C：BIND が適切である。Ubuntu は，オープンソースの OS である Linux の一種である。

　　空欄 D：Apache が適切である。Web サーバとは，PC やスマートフォン等にインストールされているウェブブラウザの要求を受け付け，画像やホームページの表示を提供するソフトウェアである。Postfix はメールサーバ（電子メールを転送するアプリケーション）であるため不適切である。

　よって，アが正解である。

インターネット・イントラネット・エクストラネット	ランク	1回目		2回目		3回目	
	B	/		/		/	

■令和元年度　第 8 問

中小企業診断士のあなたは，あるメールを開封したところ，次のような URL に接続するように指示が出てきた。

https://News.Fishing.jp/test

この URL から分かることとして，最も適切なものはどれか。

　　ア　SSL を用いて暗号化されたデータ通信であることが確認できる。

　　イ　大文字と小文字を入れ替えた偽サイトであることが確認できる。

　　ウ　参照先ホストのサーバが日本国内に設置されていることが確認できる。

　　エ　ホスト名の WWW が省略されていることが確認できる。

解答	ア

■解説

インターネットの URL に関する知識を問う問題である。

ア：適切である。https で始まる URL の場合，SSL を用いて暗号化されたデータ通信が行われる。

イ：不適切である。偽サイトかどうか，URL だけでは判別できない。

ウ：不適切である。jp という文字が含まれるが，サーバの設置場所が日本国内とは限らない。

エ：不適切である。News がホスト名であるため，www を省略しているわけではない。

よって，アが正解である。

インターネット・イントラネット・エクストラネット	ランク	1回目	2回目	3回目
	B	/	/	/

■**平成 28 年度　第 10 問**

　コンピュータやスマートフォン，あるいは通信機能を備えた周辺機器を LAN 環境で利用するために，それらの機器にマシン名やアドレスを割り振るなどの管理が必要である。アドレスには MAC アドレスや IP アドレスがあるが，後者は従来の IPv4 に加え，より広いアドレス空間を持つ IPv6 も利用されている。

　このアドレス管理に関する記述として最も適切なものはどれか。

　ア　IPv4 の IP アドレスは 32 ビットからなり，前半のネットワーク部と後半のホスト部から構成される。CIDR 表記では，例えば，211.11.0.1/16 のように，/ 以下にネットワーク部のビット数を記す。

　イ　IPv6 では IP アドレスは 128 ビットからなり，IPv4 との互換性を保つために，先頭から 1 〜 80 ビットはゼロ，81 〜 96 ビットは 1 とし，残りの 32 ビットに IPv4 のアドレスを入れる IPv4 互換アドレスという方法を採用している。

　ウ　IPv6 では IP アドレスは 128 ビットからなり，プレフィックスとインタフェース ID により構成される。インタフェース ID が IPv4 のネットワーク部に該当する。

　エ　MAC アドレスは 64 ビットからなり，先頭の 24 ビットが製品固有の番号，残りの 40 ビットに製造メーカ番号が割り当てられ製造メーカから出荷される。

解答	ア

■解説

IP アドレスの管理方式に関する知識を問う問題である。

ア：適切である。選択肢の例の場合，先頭 16 ビット（8 桁の 2 進数 2 つ。211 と 11 に相当※）がネットワーク部を表し，後半 16 ビット（8 桁の 2 進数 2 つ。0 と 1 に相当）がホスト部を表す。

※参考：IP アドレスの 10 進数表記と 2 進数表記の変換イメージ 211.11.0.1 を，32 ビット（2 進数表記の 1 桁が 1 ビットに相当）の 2 進数に変換すると，
11010011.00001011.00000000.00000001
となる。
　たとえば 211 は，128＋64＋16＋2＋1 であるため，
211＝128＋64＋16＋2＋1＝2 の 7 乗＋2 の 6 乗＋2 の 4 乗＋2 の 1 乗＋2 の 0 乗
＝11010011
となり，11010011 となる。

イ：不適切である。IPv4 と IPv6 を併用する場合の方式は IPv4 互換アドレスと，IPv4 射影アドレスが存在する。本選択肢の方式は，IPv4 互換アドレスではなく，IPv4 射影アドレスである。IPv4 射影アドレスの場合は，1～96 ビットが 0，残りの 32 ビットに IPv4 のアドレスを入れる。

ウ：不適切である。インターフェース ID が IPv4 のホスト部に該当する。IPv4 のネットワーク部に相当するのは，プレフィックスである。

エ：不適切である。MAC アドレスは 64 ビットではなく 48 ビットからなる。先頭 24 ビットが製造メーカ番号，残りの 24 ビットに製品固有の番号が割り当てられる。

よって，アが正解である。

インターネット・イントラネット・エクストラネット	ランク	1回目		2回目		3回目	
	B	／		／		／	

■**令和5年度　第11問**

IPv4 ネットワークにおいては，ネットワークが使用する IP アドレスの範囲を指定するのにサブネットマスクが利用される。

以下のネットワークにおいて，ホストとして使用できる IP アドレスの個数は最大いくつになるか。最も適切なものを下記の解答群から選べ。

```
ネットワークアドレス　　172. 16. 16. 32/27
サブネットマスク　　　　255. 255. 255. 224
```

なお，これを2進法で表すと次のようになる。

```
ネットワークアドレス　　10101100 00010000 00010000 00100000
サブネットマスク　　　　11111111 11111111 11111111 11100000
```

〔解答群〕

　ア　14

　イ　16

　ウ　24

　エ　30

　オ　32

解答	エ

■解説

　サブネットマスクを利用して構築したネットワークで使用できる IP アドレスの個数について，具体的な例を用いて知識を問う問題である。

　本設問で示されているネットワークでは，IP アドレス 32 桁のうち，27 桁まではネットワークアドレスとして使用されているため，使用できるアドレスは残りの 5 桁の部分となり，2 進数表記で最小は 00000 から最大は 11111 までである。これを 10 進数表記すると 0 から 3 となるためホストとして利用できる IP アドレスは 32 個であるように思えるが，このうち 2 つ※は用途が決まっているため，ホストとして利用できる IP アドレスの個数は 30 となる。

　※ 00000 がネットワークアドレスとしてルータなどに使用され，11111 はブロードキャストアドレスとして，ネットワーク全体に送信する際に使用されることが決まっている。

　よって，エが正解である。

インターネット・イントラネット・エクストラネット	ランク	1回目		2回目		3回目	
	B	／		／		／	

■平成 26 年度　第 12 問

　コンピュータを会社内の LAN に接続し，インターネットを利用する場合，LAN 接続に必要な項目の設定作業を行わなければならない。社内 LAN において DHCP サーバが稼働している場合は，LAN 接続に必要な設定項目をこのサーバから受け取り自動的に完了させることもできる。

　DHCP サーバが稼働しているか否かにかかわらず，LAN に接続するのに設定が必要な項目を列挙したものとして最も適切なものはどれか。

ア　MAC アドレス　　　　　　　　DNS サーバの IP アドレス
　　プロキシサーバの IP アドレス　サブネットマスク

イ　MAC アドレス　　　　　　　　ポート番号
　　ルータの IP アドレス　　　　　コンピュータ名

ウ　当該コンピュータの IP アドレス　DNS サーバの IP アドレス
　　デフォルトゲートウェイの IP アドレス　サブネットマスク

エ　当該コンピュータの IP アドレス　ポート番号
　　コンピュータ名　　　　　　　　　SSID

解答	ウ

■解説

　LAN に接続する際に設定が必要な項目に関する知識を問う問題である。

　DHCP サーバが稼働しているか否かにかかわらず，LAN に接続する際に必要となる設定項目は同じである。選択肢のうち，DHCP サーバにより設定されるものは，当該コンピュータの IP アドレス，デフォルトゲートウェイの IP アドレス，サブネットマスク，DNS サーバの IP アドレスである。

　その他の用語は，下記のとおりである。
　MAC アドレスとは，ネットワーク機器の LAN カードなどに付けられた装置固有のアドレスである。物理アドレスとも呼ばれる。
　ポート番号とは，通信相手のコンピュータ上で動作するプログラムを通信相手として指定する際に使用する番号である。1 から 65535 の 10 進数で表現される。
　SSID とは，無線 LAN において，どのアクセスポイントに接続するか指定するための ID である。32 文字までの英数字で表現される。

　よって，ウが正解である。

インターネット・イントラネット・エクストラネット	ランク	1回目		2回目		3回目	
	B	／		／		／	

■平成27年度　第9問

　事業所内における TCP/IP を利用したネットワーク環境には，コンピュータや各種サーバの他，ルータ等のネットワーク機器や様々な周辺機器が接続されている。このようなネットワーク環境における通信状態を調べる手段である ping の役割として，最も適切なものはどれか。

　　ア　ネットワーク上で，対象とするコンピュータや機器が応答可能かを調べ，応答時間を表示する。

　　イ　ネットワーク上で，対象とするコンピュータや機器までの経路を調べて表示する。

　　ウ　ネットワークに接続されたコンピュータや機器の MAC アドレスを，IP アドレスを指定して求める。

　　エ　ネットワークに流れるパケットを捕獲して，その中身の表示や解析・集計などを行う。

解答	ア

■解説

TCP/IP を利用したネットワーク環境でネットワークの通信状態を調べる ping に関する知識を問う問題である。

ア：適切である。ping は宛先の IP アドレスまたは宛先のホスト名を指定して実行され，宛先にデータを送信してから，宛先から応答が返ってくるまでの時間を表示する。

イ：不適切である，対象とするコンピュータや機器までの経路を調べて表示するのは traceroute である。

ウ：不適切である。IP アドレスに基づき MAC アドレスを求める際は，ARP を使用する。

エ：不適切である。パケットキャプチャと呼ばれる解析方法に関する記述である。

よって，アが正解である。

インターネット・イントラネット・エクストラネット	ランク	1回目	2回目	3回目
	B	／	／	／

■平成 28 年度　第 12 問

　インターネットを利用した電子メールが普及し，PC のみならず，スマートフォンやタブレット端末などの様々な機器で電子メールの送受信が行われている。各種の機器で電子メールの送受信を行う場合，Web ブラウザ上の Web メール機能の利用や，それぞれの機器に対応したメーラーと呼ばれる電子メールクライアントソフトを利用する。その利用のためにいくつかの項目を設定することが必要な場合もあるので，電子メールの設定の仕組みを理解することが望ましい。

　電子メールの利用に関する以下の文章の空欄 A ～ D に入る語句の組み合わせとして，最も適切なものを下記の解答群から選べ。

　自社が管理する電子メールアドレスの送受信を Web ブラウザで行う場合は　A　サーバに Web メール対応の仕組みを稼働させる Web メールインタフェースを追加する必要がある。

　一方，PC，スマートフォンやタブレット端末などでメーラーを使用する場合は，各々の機種に対応したソフトウェアを入手し，メールを受け取る POP3 や IMAP サーバおよびメールを送信する　B　サーバのアドレスと　C　を初めに設定する必要がある。またメールを暗号化して送受信したい場合は　D　に対応したメーラーを使用する必要がある。

〔解答群〕

　ア　A：DNS　　　　B：Samba　　C：認証 ID　　　D：https

　イ　A：Web　　　　B：Samba　　C：パスワード　D：DES

　ウ　A：メール　　　B：SMTP　　C：ポート番号　D：S/MIME

　エ　A：メール　　　B：SNMP　　C：認証 ID　　　D：DES

解答	ウ

■解説

電子メールの利用に関する知識を問う問題である。

空欄A：電子メールの送受信を Web ブラウザで行う場合は，メールサーバに Web メールインターフェースを追加する必要がある。

空欄B：メール送信に用いるサーバは SMTP サーバである。SNMP とは，Simple Network Management Protocol の略で，ネットワークの監視および管理を行うプロトコルである。

空欄C：SMTP サーバに設定する項目は，アドレスとポート番号である。パスワードと認証 ID は，SMTP の設定項目として明らかに不適切と判断することが困難な用語であるため，他の空欄 A，B，D も含めて検討すべき空欄であった。

空欄D：メールを暗号化して送受信したい場合は S/MIME を用いる。なお，MIME はメールを含むインターネット上でさまざまなデータを送信するためのデータ形式である。

よって，ウが正解である。

インターネット・イントラネット・エクストラネット	ランク	1回目		2回目		3回目	
	A	/		/		/	

■令和4年度　第7問

　ネットワーク上では多様な通信プロトコルが用いられている。通信プロトコルに関する記述とその用語の組み合わせとして，最も適切なものを下記の解答群から選べ。

①　Webブラウザと Web サーバ間でデータを送受信する際に用いられる。

②　電子メールクライアントソフトが，メールサーバに保存されている電子メールを取得する際に用いられる。

③　電子メールの送受信において，テキストとともに画像・音声・動画などのデータを扱う際に用いられる。

④　クライアントとサーバ間で送受信されるデータを暗号化する際に用いられる。

〔解答群〕

ア　①：HTTP　②：POP3　③：MIME　④：SSL/TLS

イ　①：HTTP　②：SMTP　③：IMAP　④：UDP

ウ　①：NTP　②：POP3　③：IMAP　④：UDP

エ　①：NTP　②：POP3　③：MIME　④：UDP

オ　①：NTP　②：SMTP　③：IMAP　④：SSL/TLS

解答	ア

■解説

　ネットワーク通信で使用する通信プロトコル（通信先の機器とのデータ授受に関する取り決め）に関する知識を問う問題である。

①：HTTP に関する記述である。NTP は，Network Time Protocol の略称で，ネットワークに接続されている機器の内部時計を協定世界時に同期するために用いられるプロトコルである。

②：POP3 に関する記述である。SMTP は Simple Mail Transfer Protocol の略称で，クライアントからサーバにメールを送信したり，サーバ間でメールを転送したりするために用いられるプロトコルである。

③：MIME に関する記述である，IMAP とは，Internet Message Access Protocol の略称で，受信したメールをサーバ上で管理し，メールソフトに表示する際に使用するプロトコルである。

④：SSL/TLS に関する記述である。UDP は User Datagram Protocol の略称で，高速にデータ転送を行えるという特徴があるため，映像や音声のストリーミングなど，リアルタイム性を重視する通信を行う際に利用されるプロトコルである。

　よって，アが正解である。

インターネット・イントラネット・エクストラネット	ランク	1回目	2回目	3回目
	A	／	／	／

■平成30年度　第9問

　通信ネットワーク上では多様なプロトコルが用いられており，代表的なプロトコルについて理解しておくことは，中小企業の情報ネットワーク化においても重要である。通信プロトコルに関する以下の①～④の記述と，それらに対応する用語の組み合わせとして，最も適切なものを下記の解答群から選べ。

① クライアントからサーバにメールを送信したり，サーバ間でメールを転送したりするために用いられる。

② ネットワークに接続する機器にIPアドレスなどを自動的に割り当てるために用いられる。

③ ネットワークに接続されている機器の情報を収集し，監視や制御を行うために用いられる。

④ ネットワークに接続されている機器の内部時計を協定世界時に同期するために用いられる。

〔解答群〕

　ア　①：IMAP　②：DHCP　③：PPP　④：NTP

　イ　①：IMAP　②：FTP　③：SNMP　④：SOAP

　ウ　①：SMTP　②：DHCP　③：SNMP　④：NTP

　エ　①：SMTP　②：FTP　③：PPP　④：SOAP

解答	ウ

■**解説**

　通信ネットワーク上で用いられるプロトコルに関する知識を問う問題である。プロトコルとは，ネットワークに接続した機器が，機種が異なっていても通信を行えるように，接続開始時の手順やデータ送受信の送信サイズなどを定めたルールである。

①：SMTP とは，Simple Mail Transfer Protocol の略称で，クライアントからサーバにメールを送信したり，サーバ間でメールを転送したりするために用いられるプロトコルは，SMTP である。IMAP は Internet Message Access Protocol の略称で，受信したメールをサーバ上で管理し，メールソフトに表示する際に使用するプロトコルであるため，①の記述には該当しない。

②：DHCP に関する記述である。DHCP は，ネットワークに接続する機器に IP アドレスなどを自動的に割り当てるために用いられるプロトコルである。FTP とは，File Transfer Protocol の略称で，ファイル転送に用いられるプロトコルである。

③：ネットワークに接続されている機器の情報を収集し，監視や制御を行うために用いられるプロトコルは，SNMP である。PPP は，2点間を回線で接続してリンクを確立するためのプロトコルである。パソコンからプロバイダのルータまでの間を電話回線で接続する場合などに使用する。

④：ネットワークに接続されている機器の内部時計を協定世界時に同期するために用いられるプロトコルは，NTP（Network Time Protocol）である。SOAP とは Simple Object Access Protocol の略称で，通信データを XML で表現するアプリケーション間の通信方式である。

　よって，ウが正解である。

インターネット・イントラネット・エクストラネット	ランク	1回目	2回目	3回目
	A	/	/	/

■平成 26 年度　第 10 問

　LAN を敷設した事業所内では，コンピュータ端末やアプリケーションサーバから，各種サーバや LAN 対応機器に様々なプロトコルに基づいた指令が送られる。

　以下の①～④に示すサーバや LAN 対応機器と，それらを利用するプロトコルの組み合わせとして最も適切なものを下記の解答群から選べ。

　　①　データベースサーバ

　　②　ファイルサーバ

　　③　LAN 対応プリンタ

　　④　メールサーバ

〔解答群〕

　ア　①：API　　②：DNS　　③：RPC　　④：SMTP

　イ　①：JDBC　②：NNTP　③：RAW　④：FTP

　ウ　①：ODBC　②：NFS　　③：LPR　　④：POP

　エ　①：RPC　　②：FTP　　③：IPP　　④：SNMP

解答	ウ

■解説

　各種サーバや LAN 対応機器とプロトコルの組み合わせに関する知識を問う問題である。

①：データベースサーバに対して指示を行う際に使用するプロトコルは，選択肢の中では ODBC または JDBC である。いずれもコンピュータプログラムからリレーショナルデータベースに対するアクセスを容易にするための仕様である。ODBC は Microsoft 社が提唱した仕様であり，JDBC はプログラミング言語の Java でリレーショナルデータベースにアクセスするプログラムの開発を容易にするための仕様である。

②：ファイルサーバに対して指示を行う際に使用するプロトコルは，選択肢の中では NFS である。NFS のプロトコルを使用すると，ネットワーク上に存在するファイルサーバ上にあるファイルを，ローカルのコンピュータ上のファイルと同様に操作することが可能となる。

③：LAN 対応プリンタに対して指示を行う際に使用するプロトコルは，選択肢の中では，RAW，LPR，IPP である。

④：メールサーバに対して指示を行う際に使用するプロトコルは，選択肢の中では SMTP，POP である。SMTP とは，Simple Mail Transfer Protocol の略称で，電子メールの送信と転送に用いられるプロトコルである。また，POP とは，Post Office Protocol の略称で，電子メールの受信に用いられるプロトコルである。

よって，ウが正解である。

インターネット・イントラネット・エクストラネット	ランク	1回目	2回目	3回目
	A	／	／	／

■平成30年度　第7問

　スマートフォンやタブレットなどの携帯端末は，外出先での業務用端末としても利用されている。その利用に際しては，安全かつ効率的な管理が求められている。この管理のための記述として，最も適切なものはどれか。

　　ア　MDMとは，組織における携帯端末の運用を一元的に管理することである。

　　イ　デジタル署名とは，利用者本人を認証するために利用者の身体的特徴や行動上の特徴を用いるものである。

　　ウ　リモートロックとは，遠隔操作によって携帯端末のデータを消去することである。

　　エ　リモートワイプとは，遠隔操作によって携帯端末の操作を制限することである。

解答	ア

■解説

　携帯端末を管理する際に用いられる技術や管理方式に関する知識を問う問題である。

　　ア：適切である。MDM とは，Mobile Device Management（携帯機器管理ツール）の略で，組織で利用する携帯端末を一元的に管理する際などに利用される。

　　イ：不適切である。利用者の身体的特徴や行動上の特徴を用いて利用者本人を認証するのは，生体認証である。デジタル署名とは，公開鍵暗号方式を利用して，電子メールなどの電子データのなりすましの防止と，改ざんされた場合の検知を実現する技術のことである。

　　ウ：不適切である。遠隔操作によって携帯端末のデータを消去するのはリモートワイプの機能である。

　　エ：不適切である。携帯端末を紛失した際などに，遠隔操作によって携帯端末の操作を制限するのは，リモートロックの機能である。

　よって，アが正解である。

インターネット・イントラネット・エクストラネット	ランク	1回目	2回目	3回目
	A	／	／	／

■令和 5 年度　第 22 問

　ネットワークのセキュリティを確保することは重要である。ネットワークセキュリティに関する以下の a～e の記述とその用語の組み合わせとして，最も適切なものを下記の解答群から選べ。

　　a　ネットワークへの不正侵入を監視し，不正侵入を検知した場合に管理者に通知するシステム。

　　b　ネットワークへの不正侵入を監視し，不正侵入を検知した場合にその通信を遮断するシステム。

　　c　SQL インジェクションなどの Web アプリケーションへの攻撃を検知し，防御するシステム。

　　d　インターネット上に公開されたサーバへの不正アクセスを防ぐため，外部ネットワークと内部ネットワークの中間に設けられたネットワーク上のセグメント。

　　e　機器やソフトウェアの動作状況のログを一元的に管理し，セキュリティ上の脅威となる事象をいち早く検知して分析できるようにするシステム。

〔解答群〕

　ア　a：IDS　　　b：IPS　　　c：DMZ　　d：SIEM　　e：WAF
　イ　a：IDS　　　b：IPS　　　c：WAF　　d：DMZ　　e：SIEM
　ウ　a：IPS　　　b：IDS　　　c：WAF　　d：DMZ　　e：SIEM
　エ　a：IPS　　　b：WAF　　c：SIEM　　d：DMZ　　e：IDS
　オ　a：SIEM　　b：IDS　　　c：WAF　　d：SIEM　　e：DMZ

解答	イ

■解説

ネットワークセキュリティの実現方式の名称と役割に関する知識を問う問題である。

a：IDS に関する記述である。IDS（Intrusion Detection System）とは，ネットワークへの攻撃や侵入の際に発生する挙動のパターンに合致するアクセスを検知すると管理者に通知するシステムである。

b：IPS に関する記述である。IPS（Intrusion Prevention System）とは，IDS のように不正アクセスを検知するだけでなく，攻撃や侵入を遮断する処理を行う。

c：WAF に関する記述である。WAF（Web Application Firewall）とは，Web 上で使用できるアプリケーションを介して，たとえば SQL インジェクションと呼ばれる手法でデータベースに格納されている機密情報を盗み見るなどの攻撃の検知を検知し，防御するシステムである。

d：DMZ に関する記述である。DMZ（Demilitarized Zone）とは，メールサーバなど外部のネットワークからアクセスされるサーバを，社内ネットワークに侵入させることなく公開するために構築されるネットワークの領域を指す。

e：SIEM に関する記述である。SIEM（Security Information and Event Management）とは，各種ネットワーク機器やソフトウェアのログを管理し，セキュリティ上の脅威となる事象を検知するシステムである。

よって，イが正解である。

インターネット・イントラネット・エクストラネット	ランク	1回目	2回目	3回目
	A	/	/	/

■令和2年度　第10問

　近年，情報ネットワークが発展・普及し，その重要性はますます高まっている。

　安全にネットワーク相互間の通信を運用するための記述として，最も適切なものの組み合わせを下記の解答群から選べ。

　　a　SSL/TLS は，インターネットを用いた通信においてクライアントとサーバ間で送受信されるデータを暗号化する際に使われる代表的なプロトコルである。

　　b　IDS は，大切な情報を他人には知られないようにするために，データを見てもその内容が分からないように，定められた処理手順でデータを変換する仕組みである。

　　c　VPN は，認証と通信データの暗号化によってインターネット上に構築された仮想的な専用ネットワークである。

　　d　DMZ は，LAN に接続するコンピュータやデバイスなどに対して，IP アドレス，ホスト名や DNS サーバの情報といった通信に必要な設定情報を自動的に割り当てるプロトコルである。

〔解答群〕

　ア　a と b

　イ　a と c

　ウ　b と d

　エ　c と d

解答	イ

■**解説**

ネットワークのセキュリティに関連するプロトコルに関する知識を問う問題である。

a：適切である。SSL サーバ証明書と公開鍵を用いて，通信を暗号化する際に使用する共通鍵を生成する。

b：不適切である。暗号化プロトコルに関する記述である。IDS は不正侵入を検出するシステムの略称である。

c：適切である。VPN により，インターネット上に，仮想的な専用ネットワークを構築することで，セキュアな通信を実現する。

d：不適切である。DMZ とは，メールサーバなど外部のネットワークからアクセスされるサーバを，社内ネットワークに侵入させることなく公開するためのネットワークのことを指す。

よって，イが正解である。

インターネット・イントラネット・エクストラネット	ランク	1回目	2回目	3回目
	A	/	/	/

■**平成30年度 第10問**

社外から，機密情報を持つ社内ネットワーク内のDBサーバへ安全にアクセスする仕組みに関する以下の文章の空欄A〜Dに入る語句の組み合わせとして，最も適切なものを下記の解答群から選べ。

自宅や出張先から社内ネットワークに安全に接続するには　A　を利用する方法がある。別のやり方として，　B　によって社内ネットワークを内部セグメントと　C　に分ける方法もある。この場合，機密情報を持つDBサーバは内部セグメントに設置し，　C　に設置するWebサーバを経由してアクセスする。　B　のパケットフィルタリングは，　D　において通信データに含まれる情報を検査し，フィルタリング設定にそぐわないパケットを遮断する。

〔解答群〕

ア　A：VPN　　　　　　B：SSH　　　　　　C：LAN　　D：ハブ

イ　A：VPN　　　　　　B：ファイアウォール　C：DMZ　　D：ルータ

ウ　A：イントラネット　B：SSH　　　　　　C：LAN　　D：ルータ

エ　A：イントラネット　B：ファイアウォール　C：DMZ　　D：ハブ

解答	イ

■解説

　社外ネットワークから社内ネットワークへ安全にアクセスする際に用いる技術や設備に関する知識を問う問題である。

　空欄A：自宅や出張先から社内ネットワークに安全に接続する際に使用するのは，VPN である。VPN とは Virtual Private Network の略で，複数のユーザが使用するネットワーク上に，ユーザごとの専用回線を仮想的に構築するサービスである。イントラネットとは，インターネットで使用されている TCP/IP プロトコルなどの技術を使って構築した企業内の通信ネットワークのことを指すため，空欄 A には不適切である。

　空欄B，C：インターネットなど社外ネットワークと，社内の内部セグメントの間に設置され，内部セグメントからだけではなく，社外ネットワークからもアクセスが可能なネットワークを DMZ と呼ぶ。社内ネットワークを，内部セグメントと DMZ に分けるのは，ファイアウォールである。SSH とは，Secure Shell（セキュアシェル）の略称で，通信を暗号化してネットワーク上のコンピュータと通信するためのプロトコルであるため，空欄 B には不適切である。LAN とは Local Area Network の略称で，主に同じ建物程度の社内ネットワークを指すため，空欄 C には不適切である。

　空欄D：ファイアウォールは，ファイアウォールが具備するルータの機能において，パケットの宛先 IP アドレスとポート番号と方向にもとづいて，あらかじめ許可した経路の通信以外を遮断する。ルータとハブいずれもネットワークを接続し中継する際に利用するネットワーク機器であるが，ハブは宛先の IP アドレスとポート番号を参照する機能を持たない。

　よって，イが正解である。

インターネット・イントラネット・エクストラネット	ランク	1回目	2回目	3回目
	A	/	/	/

■平成27年度　第10問

　近年，情報ネットワークが発展・普及し，その重要性はますます高まっている。そのようなネットワークに関する以下の文章の空欄A〜Dに入る用語の組み合わせとして，最も適切なものを下記の解答群から選べ。

　ある限られたエリアの限定的なネットワークである　A　から，別の　A　のユーザにアクセスしようとすれば，　A　同士をつなぐ　B　と呼ばれるネットワークが必要となる。一方，ユーザ同士を電話回線などを利用して単に結びつけるだけでなく，コード変換などのサービスも提供しようとしたのが　C　と呼ばれるサービスである。

　現在のネットワークの普及には，インターネットの登場が大きな影響を与えた。　B　や　C　が提供する通信サービスもインターネットで代替できるようになり，安価かつ容易に広範囲な情報ネットワークを構築できるようになった。しかし，インターネットには通信のセキュリティの問題がある。遠隔の複数の拠点にまたがる組織の拠点間の通信セキュリティを高めるために利用できる技術として　D　などが知られている。

〔解答群〕

　ア　A：LAN　B：WAN　C：EDI　D：IPS

　イ　A：LAN　B：WAN　C：VAN　D：VPN

　ウ　A：WAN　B：LAN　C：EDI　D：VPN

　エ　A：WAN　B：LAN　C：VAN　D：IPS

解答	イ

■解説

ネットワークの発展の歴史に関する知識を問う問題である。

空欄 A：LAN（Local Area Network）に関する記述である。LAN とは，同じ建物程度の規模のネットワークを表す。

空欄 B：WAN（Wide Area Network）に関する記述である。WAN は距離的に離れた場所に存在する LAN を接続するネットワークである。

空欄 C：VAN（Value Added Network）に関する記述である。VAN では規定の帳票の流通や商品コードの変換などの付加サービスを有するネットワークである。経営情報システムで問われることは少ないが，運営管理の科目でも問われることがある用語であるため，正確に記憶しておきたい。

空欄 D：VPN（Virtual Private Network）に関する記述である。VPN では，データを送信元で暗号化し，送信先で復号化することで，遠隔の複数の拠点にまたがる組織の拠点間の通信セキュリティを高める。

EDI とは，Electronic Data Interchange の略で，企業や組織間で，商取引に関するメッセージ（注文書や請求書など）をネットワークを介して交換することを指す。ネットワークサービスではないため，空欄 C には不適切である。

よって，イが正解である。

インターネット・イントラネット・エクストラネット	ランク	1回目		2回目		3回目	
	B	／		／		／	

■令和5年度　第21問

テレワークで利用するモバイル端末に対して，安全かつ効率的な管理が求められている。この管理に関する記述として，最も適切なものはどれか。

ア　BYOD（Bring Your Own Device）は，組織の公式的な許可を得ずに組織が所有するモバイル端末を社員が私的に利用することである。

イ　COPE（Corporate Owned, Personally Enabled）は，モバイル端末利用ポリシーに従って社員が所有するモバイル端末を業務で利用することである。

ウ　MCM（Mobile Content Management）は，社員が利用するモバイル端末内の業務データを管理するシステムや技術である。

エ　MFA（Multi-Factor Authentication）は，社員が所有する複数のモバイル端末によって認証を行うシステムや技術である。

オ　SSO（Single Sign-On）は，社員が利用するモバイル端末には最低限の機能しか持たせず，サーバ側でアプリケーションやファイルなどの資源を管理するシステムや技術である。

解答	ウ

■解説

　テレワークで利用するモバイル端末を社内利用する際に適用される各種管理手法に関する知識を問う問題である。

ア：不適切である。BYODとは，Bring Your Own Deviceの略で，個人所有の携帯やパソコンなどの端末を社内に持ち込んで仕事に利用することを指す。選択肢の記述は，不適切なモバイル端末利用の典型例である。このような私物モバイル端末利用は，たとえば私物モバイル端末を介した社内ネットワークへのウイルス侵入などにつながるため，一定のセキュリティ対策を実施するなどのポリシーを満たした場合のみ社内利用を許可するBYODが必要となる。

イ：不適切である。選択肢の記述はBYODに関する記述である。COPEとは，企業が所有する端末を，従業員にも一定の個人利用を認める方式である。

ウ：適切である。MCMやMDM（Mobile Device Management）などの技術を用いて，適切に管理された端末のみ業務利用を許可する体制を整えることが，BYODにおける重要なポイントとなる。

エ：不適切である。MFAとは，複数の認証手段を使うことでアカウントへのアクセスを保護する技術である。たとえば，パスワードと指紋認証，ICカードと顔認証など，2つ以上の認証をしたユーザだけがアカウントを利用できるようにすることで，不正アクセスのリスクを低減させる。

オ：不適切である。SSO（Single Sign-On）は，一度ログインすることで，複数のサービスにログインできる機能である。選択肢の記述は，シンクライアントに関する記述である。

　よって，ウが正解である。

インターネット・イントラネット・エクストラネット	ランク	1回目	2回目	3回目
	A	／	／	／

■平成 26 年度　第 19 問

　携帯端末の普及に伴い，個人所有の端末を社内に持ち込み仕事に利用する BYOD が注目を集めている。特に，IT 投資の削減や情報共有の効率化が図られることなどから，BYOD に対する期待は大きい。BYOD に関する記述として最も適切なものはどれか。

ア　BYOD を導入するとともに，自社サーバの機能をクラウドサービスに移行すれば，BCP 対策の一環となる。

イ　MDM とは，持ち込まれる端末のデータベース管理システムを統一することを指す。

ウ　シャドー IT とは，会社所有の情報機器と同じハード，ソフトからなる端末に限定して持ち込みを許可することを指す。

エ　端末を紛失した場合などに対処するため，遠隔操作でデータを消去するローカルワイプと呼ばれる機能がある。

解答	ア

■解説

BYODに関する知識を問う問題である。

BYODとは，Bring Your Own Deviceの略で，個人所有の携帯やパソコンなどの端末を社内に持ち込んで仕事に利用することを指す。

ア：適切である。BYODを導入するとともに，たとえば災害発生時でもクラウドサービス上で業務を継続できるように自社サーバの機能をクラウドサービスに移行すれば，BCP対策の一環となる。

イ：不適切である。MDMとは，Mobile Device Managementの略であり，モバイルIT機器の管理のことを指す。BYODを実現するには，セキュリティに問題のない個人所有のIT機器に限って，社内のネットワークに接続を許可するなどの制御が必要になるため，MDMがBYOD導入のポイントとなる。

ウ：不適切である。シャドーITとは，社内で利用されているIT機器であるにもかかわらず，会社が管理していない状態にあるIT機器を指す。シャドーITが企業内のコンピュータへのウイルス感染源となるケースもあるため，選択肢イに記載したようなMDMなどの考慮が必要になる。

エ：不適切である。機密情報がIT機器に保存されている状態で，当該機器を紛失したことを想定して，機密情報を含むデータを削除する仕組みは，BYOD導入時のポイントの1つである。ローカルワイプは，IT機器のパスワード入力などを一定回数以上誤って入力するなど，不正なアクセスが疑われる際に，データを削除する機能を指す。選択肢エの記述はリモートワイプに相当し，端末を紛失した場合などに対処するため，遠隔操作でデータを消去する機能である。

よって，アが正解である。

インターネット・イントラネット・エクストラネット	ランク	1回目	2回目	3回目
	B	／	／	／

■平成28年度　第6問

　業務において各種のサービスを各々異なるサーバ機能で運用する場合，各サービスを利用するごとに，それぞれの ID，パスワードを入力して認証を受けなければならないのは，運用者・利用者の双方にとって ID 管理の負担が大きく非効率的である。

　この状況を解決するための方法に関する以下の文章の空欄 A～D に入る語句の組み合わせとして，最も適切なものを下記の解答群から選べ。

　複数のサーバ機能による各サービスの利用者認証を，利用者ごとにひとつの ID とパスワードの組み合わせで行う仕組みが　A　である。

　この仕組みは，サーバ機能によるサービスの利用時だけではなく，社内の　B　に　C　を接続して利用する際の認証にも利用することができる。

　この仕組みを社内で導入するには，　D　をサーバマシン上で運用する必要がある。

〔解答群〕

　　ア　A：シングルサインオン　　B：LAN　　　　C：プリンタ
　　　　D：Linux と Apache

　　イ　A：シングルサインオン　　B：無線 LAN　　C：PC やスマートフォン
　　　　D：RADIUS と LDAP

　　ウ　A：マルチセッション　　　B：VPN　　　　C：プリンタ
　　　　D：Linux と LDAP

　　エ　A：マルチログイン　　　　B：無線 LAN　　C：POS 端末
　　　　D：Apache と RADIUS

解答	イ

■解説

　ユーザの認証方式に関する知識を問う問題である。

　　空欄A：シングルサインオンに関する記述である。シングルサインオンは，一度
　　　　　　ログインすることで，複数のサービスにログインできる機能である。

　　空欄B，C：シングルサインオンは，PCやスマートフォンを無線LANに接続
　　　　する際の認証にも利用することができる。

　　空欄D：LDAPは，Lightweight Directory Access Protocolの略で，ネットワー
　　　　　　クに接続するユーザ名やマシン名などのさまざまな情報を管理するため
　　　　　　のサービスである。RADIUSは，IDとパスワードの認証およびIDご
　　　　　　とのサービスごとのアクセス権限，利用時間制限などを管理する。シン
　　　　　　グルサインオンはLDAPとRADIUSを組み合わせて実現するため，空
　　　　　　欄DはRADIUSとLDAPが適切である。

　その他の主な用語は以下である。
　Linuxとは，オープンソースソフトウェアとして提供されているOSである。
　VPNとは，Virtual Private Networkの略で，複数のユーザが使用するネットワー
ク上に，ユーザごとの専用回線を仮想的に構築する方式のことである。

　よって，イが正解である。

インターネット・ イントラネット・ エクストラネット	ランク	1回目	2回目	3回目
	B	／	／	／

■**令和 3 年度　第 21 問**

　業務システムのクラウド化やテレワークの普及によって，企業組織の内部と外部の境界が曖昧となり，ゼロトラストと呼ばれる情報セキュリティの考え方が浸透してきている。

　ゼロトラストに関する記述として，最も適切なものはどれか。

　　ア　組織内において情報セキュリティインシデントを引き起こす可能性のある利
　　　　用者を早期に特定し教育することで，インシデント発生を未然に防ぐ。

　　イ　通信データを暗号化して外部の侵入を防ぐ VPN 機器を撤廃し，認証の強化
　　　　と認可の動的管理に集中する。

　　ウ　利用者と機器を信頼せず，認証を強化するとともに組織が管理する機器のみ
　　　　を構成員に利用させる。

　　エ　利用者も機器もネットワーク環境も信頼せず，情報資産へのアクセス者を厳
　　　　格に認証し，常に確認する。

　　オ　利用者を信頼しないという考え方に基づき認証を重視するが，一度許可され
　　　　たアクセス権は制限しない。

解答	エ

■解説

　ゼロトラストの考え方について具体的な適用イメージを問う問題である。従来のセキュリティの考え方は組織の内部を信頼して組織外にある脅威をいかに軽減するかという考え方であったのに対し，ゼロトラストは「何も信頼しない」ことを前提に対策する考え方である。

　　ア：不適切である。ゼロトラストの考え方では，組織内の利用者に教育をしても
　　　　セキュリティ上の脅威をなくすことはできないという前提でセキュリティ対
　　　　策を行う。

　　イ：不適切である。ゼロトラストを適用する際は，VPN などの組織外からの攻
　　　　撃に備える仕組みをはじめ，組織内からの攻撃を防ぐ対策を講じるべきであ
　　　　る。

　　ウ：不適切である。ゼロトラストでは，組織が管理する機器であるからといって
　　　　信頼しない。それにより，たとえば，組織内部の構成員による組織が管理す
　　　　る機器を用いた攻撃などのケースに対処することが可能となる。

　　エ：適切である。

　　オ：不適切である。一度許可されたアクセス権であっても，リスクの高い操作や
　　　　重要なデータへのアクセスなどの契機で適時認証をする。

　よって，エが正解である。

インターネット・イントラネット・エクストラネット	ランク	1回目	2回目	3回目
	B	／	／	／

コロナ禍の影響もあり，テレワークが一般化してきた。テレワークを行うには，社内で行っていた作業環境をリモートで実現する必要がある。総務省は「テレワークセキュリティガイドライン第5版」を発表し，その中で，テレワークの方式を分類している。

この分類に関する記述として，最も適切なものはどれか。

ア　「VPN」方式とは，テレワーク端末からVDI上のデスクトップ環境に接続を行い，そのデスクトップ環境を遠隔操作して業務を行う方法である。

イ　「仮想デスクトップ」方式とは，テレワーク端末からオフィスネットワークに対してVPN接続を行い，そのVPNを介してオフィスのサーバ等に接続し業務を行う方法である。

ウ　「セキュアコンテナ」方式とは，テレワーク端末にファイアウォールで保護された仮想的なWeb環境を設け，その環境内でアプリケーションを動かし業務を行う方法である。

エ　「セキュアブラウザ」方式とは，テレワーク端末からTorブラウザと呼ばれる特殊なインターネットブラウザを利用し，オフィスのシステム等にアクセスし業務を行う方法である。

オ　「リモートデスクトップ」方式とは，テレワーク端末からオフィスに設置された端末（PCなど）のデスクトップ環境に接続し，そのデスクトップ環境を遠隔操作して業務を行う方法である。

解答	オ

■**解説**

　テレワークにおけるセキュリティ対策について具体的な実現方式に関する知識を問う問題である。

　　ア：不適切である。選択肢の記述は「仮想デスクトップ方式」に関する記述である。

　　イ：不適切である。選択肢の記述は「VPN 方式」に関する記述である。

　　ウ：不適切である。セキュアコンテナ方式では，テレワーク端末に仮想環境を設け，その環境内でアプリケーションを動かす。ファイアウォールではなく仮想環境をつくることで安全な環境を構築する点が異なる。

　　エ：不適切である。セキュアブラウザ方式で使用するブラウザはさまざまなものがあるため Tor ブラウザという記述は不適切である。

　　オ：適切である。

　よって，オが正解である。

第5章

システム性能，その他

1. システムの性能評価，システムの信頼性・経済性，その他情報通信技術に関する基礎的知識に関する事項

▶▶ 出題項目のポイント

　過去に出題された論点としては，信頼性に関する出題頻度が高いため，関連する用語を理解しておきたい。

　信頼性とは，システムなどの障害や不具合が発生しにくい度合いを示したものである。信頼性の指標として，平均故障間隔が用いられることが多い。

　また，システム障害が発生した際に，より障害の影響を少なくするための設計の考え方として代表的なものには，下記のようなものがある。

・フェイルセーフ

　　フェイルセーフは，重要なデータや人命に関わるシステムなどで，ハードウェアやソフトウェアに障害が発生した場合，機能を停止するなどの方法で，安全を優先した対応を行うという考え方である。

・フェイルソフト

　　フェイルソフトとは，コンピュータシステム運用において故障が発生した場合，障害が発生した箇所を切り離して正常動作が可能な箇所を用いるなどの方法により，処理を中断することなく機能を維持しようとするシステム構成方法である。

・フールプルーフ

　　フールプルーフとは，操作者が誤操作を行った場合でも，システムが危険な動作をしないように安全対策を施しておくことである。

　信頼性を実現するためのシステム構成として，過去に問われている構成は下記のようなものがある。

・デュアルシステム

　　信頼性を上げるために2系統のシステムを用意し，処理を並列に行わせて一定時間ごとに処理結果の照合を行い，機器故障時は故障した装置を切り離して処理を続行する仕組みである。

・デュプレックスシステム

　　デュプレックスシステムもデュアルシステムと同様に2系統のシステムを用意するが，異なる点は，デュプレックスシステムは，メインとサブの関係がある点である。メインシステムとサブシステムは通常時は異なる処理を行い，メインシステムに障害が発生した際は，サブシステムがメインシステムの処理を行う。

▶▶ 出題の傾向と勉強の方向性

　この出題領域については，信頼性に関連する知識を問う問題がコンスタントに出題されているため，類似の問題に対応できるようにすることが最優先である。

■取組状況チェックリスト

1. システムの性能評価，システムの信頼性・経済性，その他情報通信技術に関する基礎的知識に関する事項

システムの性能評価

問題番号	ランク	1回目		2回目		3回目	
令和5年度 第13問	A	／		／		／	
平成27年度 第11問	A	／		／		／	
令和4年度 第21問	A	／		／		／	

システムの信頼性・経済性

問題番号	ランク	1回目		2回目		3回目	
平成30年度 第11問	A	／		／		／	
令和元年度 第13問	A	／		／		／	
平成29年度 第13問	A	／		／		／	
令和3年度 第20問	A	／		／		／	
平成27年度 第12問	A	／		／		／	
平成26年度 第7問	A	／		／		／	
令和元年度 第7問	A	／		／		／	
令和5年度 第6問	C*	／		／		／	

その他情報通信技術に関する基礎的知識に関する事項

問題番号	ランク	1回目		2回目		3回目	
令和4年度 第15問	A	／		／		／	
令和3年度 第13問	A	／		／		／	
令和2年度 第11問	A	／		／		／	
令和5年度 第24問	B	／		／		／	
令和5年度 第3問	B	／		／		／	
令和4年度 第25問	B	／		／		／	
平成30年度 第14問	B	／		／		／	
平成30年度 第15問	C*	／		／		／	
令和元年度 第25問	C*	／		／		／	
平成30年度 第12問	C*	／		／		／	

＊ランクCの問題と解説は，「過去問完全マスター」のHP（URL：https://jissen-c.jp/）よりダウンロードできます。

システムの性能評価	ランク	1回目		2回目		3回目	
	A	／		／		／	

■令和5年度　第13問

　ネットワークシステムの性能に関する以下の文章の空欄A～Eに入る用語の組み合わせとして，最も適切なものを下記の解答群から選べ。

　単位時間当たりに伝送可能なデータの最大容量を　A　という。　B　などが原因で，単位時間当たりの実際のデータ伝送量である　C　が低下する。伝送の速さは　C　だけでは決まらず，転送要求を出してから実際にデータが送られてくるまでに生じる通信の遅延時間である　D　が影響する。また，パケットロスや　E　は音声や映像の乱れを生じさせる。

〔解答群〕

　　ア　A：帯域幅　　　　　　B：ジッタ　　　　　　C：ping値
　　　　D：レイテンシ　　　　E：輻輳（ふくそう）

　　イ　A：帯域幅　　　　　　B：輻輳（ふくそう）　C：スループット
　　　　D：ping値　　　　　　E：ジッタ

　　ウ　A：帯域幅　　　　　　B：輻輳（ふくそう）　C：スループット
　　　　D：レイテンシ　　　　E：ジッタ

　　エ　A：トラフィック　　　B：ジッタ　　　　　　C：ping値
　　　　D：輻輳（ふくそう）　E：レイテンシ

　　オ　A：トラフィック　　　B：輻輳（ふくそう）　C：スループット
　　　　D：ping値　　　　　　E：レイテンシ

解答	ウ

■解説

ネットワークシステムの性能を評価する際の指標に関する知識を問う問題である。

A：帯域幅に関する記述である。帯域幅は，一定時間あたりに伝送可能なデータの最大値である。トラフィックとは，ネットワーク上に流れるデータの量や密度のことである。

B：輻輳（ふくそう）に関する記述である。輻輳とは，トラフィックが増大してネットワークやシステムが過負荷の状態になり，性能が低下することである。

C：スループットに関する記述である。スループットとは，コンピュータシステムやネットワークが単位時間あたりで処理する処理件数に基づく性能の評価尺度である。スループットは，実際のネットワークにおいて伝送されるデータの速度を表すため，帯域幅から算出される理論値とは必ずしも一致せず，低い値となることがある。

D：レイテンシに関する記述である。レイテンシとは，データの転送要求を出してから実際にデータが送られてくるまでに生じる遅延時間である。

E：ジッタに関する記述である。レイテンシが通信速度の遅れを表すのに対して，ジッタは速度のゆらぎを表す。そのため，音声や映像のように安定したデータ伝送が必要な通信において，パケットロスの発生頻度やジッタが大きいネットワークシステムを用いることは，音声や画質の低下や再生の一時停止などの問題が発生しやすくなるため望ましくない。

よって，ウが正解である。

システムの性能評価	ランク	1回目		2回目		3回目	
	A	／		／		／	

コンピュータの性能に関する評価尺度は複数あるが，その中のひとつであるスループットに関する記述として，最も適切なものはどれか。

ア　OS のマルチタスクの多重度で性能を評価する。

イ　主記憶装置のデータ書き換え速度で性能を評価する。

ウ　ターンアラウンドタイムではなく，レスポンスタイムで性能を評価する。

エ　命令の処理量や周辺機器とのやり取り等を総合的に加味した，単位時間当たりの処理件数で性能を評価する。

解答	エ

■解説

コンピュータの性能に関する評価尺度であるスループットに関する知識を問う問題である。

スループットについては，平成19年度第10問で「コンピュータシステムの単位時間当たりに処理される仕事の量を表す用語で，単位時間当たりに処理できる命令数や通信回線の実効転送量などに依存する。」であることを問われているため，記憶していた受験生には容易な問題であった。

ア：不適切である。マルチタスクの多重度が単位時間当たりに処理される仕事の量に影響を与える可能性はあるが，マルチタスクの多重度そのものは評価基準に含まれていない。

イ：不適切である。マルチタスクの多重度と同様に，主記憶装置のデータ書き換え速度そのものは評価基準に含まれていない。

ウ：不適切である。ターンアラウンドタイムもレスポンスタイムも，処理1件当たりの処理時間に基づく評価尺度である。
なお，ターンアラウンドタイムとは，コンピュータシステムに対して，端末からある処理の処理要求を開始した時点から，その結果の出力が終わるまでの時間のことである。
また，レスポンスタイムとは，コンピュータシステムに対して，端末からある処理の処理要求を出し終えた時点から，その応答が始まるまでの時間のことである。

エ：適切である。スループットとは，コンピュータシステムが単位時間当たりで処理する処理件数に基づく性能の評価尺度である。

よって，エが正解である。

システムの性能評価	ランク	1回目	2回目	3回目
	A	/	/	/

■令和4年度　第21問

　情報システムの信頼性や性能を正しく評価することは重要である。情報システムの評価に関する記述として，最も適切な組み合わせを下記の解答群から選べ。

　a　可用性とは，高い稼働率を維持できることを意味し，ターンアラウンドタイムで測定する。

　b　完全性とは，データが矛盾を起こさずに一貫性を保っていることを意味する。

　c　スループットとは，単位時間当たりに処理できる処理件数を意味する。

　d　レスポンスタイムとは，システムに処理要求を送ってから結果の出力が終了するまでの時間を意味する。

　e　RASISとは，可用性・完全性・機密性の3つを指している。

〔解答群〕

　ア　aとd

　イ　aとe

　ウ　bとc

　エ　bとd

　オ　cとe

解答	ウ

■解説

情報システムの性能の評価に関する用語について知識を問う問題である。

a：不適切な記述である。可用性は availability の訳で，利用者が使用できる度合いを表す。ターンアラウンドタイムとは，コンピュータシステムに対して，端末からある処理の処理要求を開始した時点から，その結果の出力が終わるまでの時間のことである。

b：適切な記述である。

c：適切な記述である。スループットとは，単位時間あたりに処理できる処理件数を意味し，単位時間あたりに処理できる命令数や通信回線の実効転送量などに依存する。

d：不適切な記述である。レスポンスタイムとは，コンピュータシステムに対して，端末からある処理の処理要求を出し終えた時点から，その応答が始まるまでの時間のことである。

e：不適切な記述である。RAS ではなく RASIS（Reliability：信頼性，Availability：可用性，Serviceability：保守性，Integrity：保全性，Security：安全性）の説明である。なお，コンピュータが安定して機能や性能が発揮できるかを評価する観点として RAS が普及した後に，I と S が追加されたものが RASIS である。

よって，ウが正解である。

システムの信頼性・経済性	ランク	1回目		2回目		3回目	
	A	／		／		／	

■平成30年度　第11問

　情報システムの評価指標に関する記述として，最も適切なものはどれか。

ア　$\dfrac{\text{MTBF}}{\text{MTBF+MTTR}}$ の値が大きいほど，可用性が高いと言える。

イ　MTBF の値が小さいほど，信頼性が高いと言える。

ウ　MTTF の値が小さいほど，機器の寿命が長いと言える。

エ　MTTR の値が大きいほど，保守性が高いと言える。

解答	ア

■解説

　情報システムの評価指標に関する知識を問う問題である。

　MTBF，MTTR，MTTF のイメージは下記のとおりである。平成 29 年度第 13 問，平成 22 年度第 23 問など，過去の 1 次試験でたびたび出題される論点であるため，それぞれの定義を正確に記憶されたい。

　たとえば，MTTR が 4 分，MTTF が 6 分である情報システムの場合，下図のようなイメージとなる。

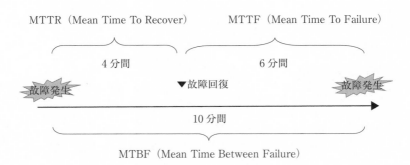

　上記の場合，MTBF は 10 分となる。

　また，稼働率は，MTBF／（MTBF+MTTR）＝ 10／（10 ＋ 4）≒ 71.4% となる。

　ア：適切である。MTBF／（MTBF+MTTR）は，可用性の指標となる稼働率を算出する公式である。
　イ：不適切である。MTBF（平均故障間隔。Mean Time Between Failure）の値が大きいほど，信頼性が高いと評価される。
　ウ：不適切である。MTTF の値が大きいほど，故障無しに利用できる期間が長いため，機器の寿命が長いといえる。
　エ：不適切である。MTTR の値が小さいほど，故障から回復するまでの時間が短いため，保守性が高いといえる。

　よって，アが正解である。

システムの信頼性・経済性	ランク	1回目		2回目		3回目	
	A	/		/		/	

■令和元年度　第 13 問

　ある中小企業では，情報システムの導入を検討している。最終的に，2 つの情報システム（A と B）を比較検討することになり，それぞれの RASIS（Reliability：信頼性，Availability：可用性，Serviceability：保守性，Integrity：保全性，Security：安全性）に注目することにした。

　このとき，情報システム A の平均故障間隔（MTBF）は 480 時間，平均修理時間（MTTR）は 20 時間であった。一方，情報システム B の平均故障間隔は 532 時間，平均修理時間は 28 時間であった。

　これら 2 つのシステムの RASIS に関する記述として，最も適切なものはどれか。

　　ア　安全性は，システム A の方がシステム B よりも優れている。

　　イ　可用性は，システム A の方がシステム B よりも優れている。

　　ウ　信頼性は，システム A の方がシステム B よりも優れている。

　　エ　保全性は，システム A の方がシステム B よりも優れている。

解答	イ

■解説

　コンピュータシステムに関して，機能以外の評価観点を整理する際のフレームワークである，RASIS に関する知識を問う問題である。

　ア：不適切である。安全性は英語表記では Security であり，不正アクセスなどを防止できることを表す。したがって，問題文に記載されている MTBF やMTTR でシステム A とシステム B の優劣を判断することはできない。

　イ：適切である。可用性の指標となる稼働率の公式は，MTBF/(MTBF＋MTTR) である。したがって，それぞれの稼働率は，システム A は 480/(480＋20)＝96％であり，システム B は 532/(532＋28)＝95％であるため，システム A の可用性が優れている。

　ウ：不適切である。信頼性は，MTBF で評価されるが，それぞれの MTBF を比較すると，システム A は 480 時間，システム B は 532 時間で，システム Bのほうが信頼性が優れている。

　エ：不適切である。保全性（完全性）とは，「システムが保持するデータを，データ破壊やデータ間の不整合を起こさず保持できること」であるため，問題文に記載の内容だけで情報システム A と B の優劣を比較するとはできない。

　よって，イが正解である。

システムの信頼性・経済性	ランク	1回目	2回目	3回目
	A	／	／	／

■平成29年度　第13問

業務に利用するコンピュータシステムが，その機能や性能を安定して維持できるかどうかを評価する項目として RASIS が知られている。

これらの項目に関連する以下の文章の空欄 A～D に入る語句の組み合わせとして，最も適切なものを下記の解答群から選べ。

コンピュータシステムの信頼性は，稼働時間に基づいた　A　で評価することができ，この値が大きいほど信頼性は高い。

コンピュータシステムの保守性は，修理時間に基づいた　B　で評価することができ，この値が小さいほど保守が良好に行われている。

障害が発生しないようにコンピュータシステムの点検や予防措置を講ずることは　C　と　D　を高める。また，システムを二重化することは，個々の機器の　C　を変えることはできないがシステムの　D　を高めることはできる。

〔解答群〕

ア　A：MTBF　　　　　　　　　B：MTTR
　　C：信頼性　　　　　　　　　D：可用性

イ　A：MTBF／（MTBF+MTTR）　B：MTBF
　　C：安全性　　　　　　　　　D：可用性

ウ　A：MTBF／（MTBF+MTTR）　B：MTTR
　　C：信頼性　　　　　　　　　D：保全性

エ　A：MTTR　　　　　　　　　B：MTBF／（MTBF+MTTR）
　　C：安全性　　　　　　　　　D：保全性

解答	ア

■解説

　コンピュータシステムの代表的な評価指標の1つであるRASISに関する知識を問う問題である。

　空欄A，B：信頼性はMTBF（平均故障間隔。Mean Time Between Failure）で評価される。また，保守性は，MTTR（平均修理時間。Mean Time To Recovery）で評価される。なお，MTBF/（MTBF+MTTR）は，可用性の指標となる稼働率の公式である。

　空欄C：信頼性が適切である。システムを構成する1つの機器に障害が発生しても他方の機器を用いることで機能や性能を維持するよう二重化を行っても，個々の機器の信頼性（MTBF）は変わらない。しかし，システム全体の可用性を高めることはできる。

　空欄D：可用性が適切である。可用性はavailabilityの訳で，利用者が使用できる度合いを表す。システムを二重化した場合，一方のシステムが故障しても利用者が使用できるため，可用性を高めることができる。
　　　　なお，他の選択肢に記載されている安全性と保全性については，以下のとおりである。保全性はシステムが保持するデータを，データ破壊やデータ間の不整合を起こさず保持できることを表す。安全性は英語表記ではsecurityであり，不正アクセスなどを防止できることを表す。したがって，安全性と保全性は空欄C，Dには不適切である。

　よって，アが正解である。

システムの信頼性・経済性	ランク	1回目		2回目		3回目	
	A	/		/		/	

■令和3年度　第20問

　近年，情報システムの信頼性確保がますます重要になってきている。情報システムの信頼性確保に関する記述として，最も適切なものはどれか。

ア　サイト・リライアビリティ・エンジニアリング（SRE）とは，Webサイトの信頼性を向上させるようにゼロから見直して設計し直すことである。

イ　フェイルセーフとは，ユーザが誤った操作をしても危険が生じず，システムに異常が起こらないように設計することである。

ウ　フェイルソフトとは，故障や障害が発生したときに，待機系システムに処理を引き継いで，処理を続行するように設計することである。

エ　フォールトトレランスとは，一部の機能に故障や障害が発生しても，システムを正常に稼働し続けるように設計することである。

オ　フォールトマスキングとは，故障や障害が発生したときに，一部の機能を低下させても，残りの部分で稼働し続けるように設計することである。

解答	エ

■解説

システムの信頼性確保の手法について知識を問う問題である。

　ア：不適切である。SRE とは，Google で培われたシステム管理とサービス運用の方法論である。SRE では保守作業を自動化したり信頼性を改善するために，Web サイトのプログラムの改善など，プログラムの実装を変更することを推奨している。しかし，実装のもととなる設計の部分についてまでゼロから見直して設計し直すことは特に推奨していない。

　イ：不適切である。フェイルセーフとは故障や障害が発生した場合，システムの被害を最小限にとどめる動作をさせることである。選択肢の記述は，フールプルーフに関する記述である。

　ウ：不適切である。フェイルソフトとは，コンピュータシステム運用において故障が発生した場合，障害が発生した箇所を切り離して正常動作が可能な箇所を用いるなどの方法により，処理を中断することなく機能を維持しようとするシステム構成方法である。

　エ：適切である。

　オ：不適切である。選択肢の記述はフェイルソフトに関する記述である。

よって，エが正解である。

システムの信頼性・経済性	ランク	1回目		2回目		3回目	
	A	／		／		／	

■平成 27 年度　第 12 問

　情報システムの信頼性を高めることがますます重要になってきている。

　高信頼化へのアプローチに関する以下の①〜④の記述と，その名称の組み合わせとして，最も適切なものを下記の解答群から選べ。

① 故障や障害が発生しないよう対処する取り組み。

② 故障や障害が発生したときも主な機能の動作が続行できるように設計すること。

③ 故障や障害が発生した場合でも限定的ながらシステムの稼働を続行している状態。

④ 故障や障害が発生した場合，システムの被害を最小限にとどめる動作をさせること。

〔解答群〕

　ア　①：フェイルセーフ　　　　　　②：フォールトアボイダンス
　　　③：フェイルソフト　　　　　　④：フォールトトレランス

　イ　①：フォールトアボイダンス　②：フェイルオーバ
　　　③：フォールトトレランス　　④：フォールバック

　ウ　①：フォールトアボイダンス　②：フォールトトレランス
　　　③：フォールバック　　　　　④：フェイルセーフ

　エ　①：フォールトトレランス　　②：フェイルセーフ
　　　③：フェイルオーバ　　　　　④：フォールトアボイダンス

解答	ウ

■解説

情報システムの信頼性を高める方式に関する知識を問う問題である。

①：フォールトアボイダンスに関する記述である。フォールトアボイダンスは，故障や障害が発生しないように，構成要素の品質を高めるなどの取り組みを行う。

②：フォールトトレランスに関する記述である。①のフォールトアボイダンスと対照的に，故障や障害が発生することを前提として，故障や障害が発生した時も主な機能の動作が続行できるように設計を行う考え方である。

③：フォールバックに関する記述である。フォールバックでは，機能や性能を制限して，限定的な稼働を行う。なお，類似の用語としてフェイルソフトが存在する。フォールバックが主に状態や行為を表すのに対して，フェイルソフトは機能や性能を制限して動作を実行させるという概念を指す等の違いがあるが，いずれも同様の考え方を指すことを記憶しておけば試験対策上は十分である。

④：フェイルセーフに関する記述である。フェイルセーフは，重要なデータや人命に関わるシステムなどで，ハードウェアやソフトウェアに障害が発生した場合，機能を停止するなどの方法で，被害を最小限に留めるような対応を行うという考え方である。

その他の主な用語は下記のとおりである。

フェイルオーバとは，故障や障害が発生したときも主な機能の動作が続行できるように設計することである。たとえば，システムの主系で障害などにより処理が継続できなくなった場合に，システムの副系（予備系）に切替えを行う方式は，フェイルオーバの実現方式の１つである。

よって，ウが正解である。

システムの信頼性・経済性	ランク	1回目		2回目		3回目	
	A	／		／		／	

■平成26年度　第7問

　コンピュータシステムの運用に際して障害が発生した場合に備えて，迅速に復旧できるようシステムの冗長化や多重化を行う必要がある。システムの冗長化や多重化に関する以下の文章の空欄A〜Dに入る語句の組み合わせとして，最も適切なものを下記の解答群から選べ。

　費用はかかるが，同一構成のシステムを2つ用意し，通常は並行して同じ処理を行わせ，障害が発生した場合に一方のシステムのみで処理を続行できるのが　A　である。

　また，2つのシステムを用意するが，一方は主系として十分な能力のシステムを用意し，他方は従系として用意する　B　もある。この方法は，比較的少ない費用で障害に備えることができる。このとき，従系のシステムを普段は電源を入れずに待機させ，障害発生時に電源を入れて利用する方式を　C　，常に電源を入れてプログラムを動作可能な状態で待機させる方式を　D　という。

〔解答群〕

　ア　A：デュアルシステム　　　　B：デュプレックスシステム
　　　C：ウォームスタンバイ　　　D：ホットスタンバイ

　イ　A：デュアルシステム　　　　B：デュプレックスシステム
　　　C：コールドスタンバイ　　　D：ホットスタンバイ

　ウ　A：デュアルシステム　　　　B：ロードシェアシステム
　　　C：ホットスタンバイ　　　　D：ウォームスタンバイ

　エ　A：デュプレックスシステム　B：デュアルシステム
　　　C：コールドスタンバイ　　　D：ウォームスタンバイ

解答	イ

■解説

システムの冗長化に関する知識を問う問題である。

空欄A：同一構成のシステムを2つ用意し，通常は並行して同じ処理を行わせ，障害が発生した場合に一方のシステムのみで処理を続行できるのは，デュアルシステムである。同一構成のシステムを準備するコストや，同一の処理を行うことに伴うランニングコストが発生するため，比較的費用を要する構成である。

空欄B：2つのシステムを用意し，一方は主系として十分な能力のシステムを用意し，他方は従系として用意する構成は，デュプレックスシステムである。デュアルシステムと異なり2つのシステムで同一の処理を行わないことと，主系のシステムより処理能力が劣る安価な機器を従系のシステムに用いることなどにより，デュアルシステムより比較的少ない費用で耐障害性を向上させることができる。

空欄C：従系のシステムについて，障害発生時のみ電源を入れて利用する方式を，コールドスタンバイと呼ぶ。

空欄D：従系のシステムについて，常に電源を入れてプログラムを動作可能な状態で待機させる方式を，ホットスタンバイと呼ぶ。なお，ウォームスタンバイとは，常に電源を入れておく点はホットスタンバイと同様であるが，障害が発生してからプログラムを動作可能な状態にする作業を要する点が異なる。

よって，イが正解である。

システムの信頼性・経済性	ランク	1回目		2回目		3回目	
	A	／		／		／	

■**令和元年度　第7問**

　中小企業においても，複数のコンピュータを用いてシステムを構築することが少なくない。

　そのような場合のシステム構成に関する記述として，最も適切なものはどれか。

　　ア　クライアントサーバシステムのクライアントで，データの処理や保管などの多くの機能を担うように構成したシステムをシンクライアントシステムという。

　　イ　システムを2系統用意し，常に同じ処理を行わせ，その結果を相互に照合・比較することで高い信頼性を実現できるようにしたシステムをミラーリングシステムという。

　　ウ　ネットワーク上で対等な関係にあるコンピュータを相互に直接接続し，データを送受信するように構成したシステムをグリッドコンピューティングシステムという。

　　エ　複数のコンピュータを相互に接続し，あたかも1台の高性能なコンピュータのごとく利用できるように構成したシステムをクラスタリングシステムという。

解答	エ

■解説

複数のコンピュータを用いたシステム構成に関する知識を問う問題である。

ア：不適切である。クライアント側にデータの処理や保管などの多くの機能を担うように構成したシステムは，ファットクライアントシステムである。シンクライアントシステムは，サーバ側に多くの機能を担うように構成する。

イ：不適切である。選択肢の記述はデュアルシステムである。

ウ：不適切である。グリッドコンピューティングでは，負荷の高い処理を細かい処理単位に分割して，グリッドに所属する複数のクライアントに処理の実行指示を行う。そのため，対等にあるコンピュータを直接接続するわけではない。

エ：適切である。クラスタリングシステムは，実体は複数のコンピュータであるものを，利用者から見るとあたかも1台の高性能なコンピュータのように利用できる。

よって，エが正解である。

その他情報通信技術に関する基礎的知識に関する事項	ランク	1回目		2回目		3回目	
	A	╱		╱		╱	

■**令和4年度　第15問**

機械学習の手法に関する記述として，最も適切な組み合わせを下記の解答群から選べ。

a　クラスタリングはカテゴリ型変数を予測する手法であり，教師あり学習に含まれる。

b　クラスタリングはデータをグループに分ける手法であり，教師なし学習に含まれる。

c　分類はカテゴリ型変数を予測する手法であり，教師あり学習に含まれる。

d　分類はデータをグループに分ける手法であり，教師あり学習に含まれる。

e　回帰はデータをグループに分ける手法であり，教師なし学習に含まれる。

〔解答群〕

ア　aとd

イ　aとe

ウ　bとc

エ　bとd

オ　cとe

解答	ウ

■解説

　各種の機械学習の手法について，学習方法や推論の対象といった特徴を問う問題である。

　　a：不適切な記述である。クラスタリングではなく，分類に関する記述である。たとえば迷惑メールの分類では，迷惑メールであると人間が判断したメールの文面などを教師データとして機械学習させることにより，迷惑メールかどうか分類する。

　　b：適切な記述である。クラスタリングは，たとえばスマートフォン上に表示される広告において購入をリコメンドする商品を決める処理などに利用されている。この場合，Webサイトの閲覧履歴が類似するユーザの購買履歴から，表示する商品を決定している。

　　c：適切な記述である。カテゴリ変数とは，分類において機械学習が対象をどれに分類するかというカテゴリである。たとえば，上記aの分類の場合，カテゴリ変数は「迷惑メール」と「迷惑メールでない」になる。

　　d：不適切な記述である。分類はグループに分けるのではなく，カテゴリ型変数を予測する。グループに分けるのは，記述bのクラスタリングである。

　　e：不適切な記述である。回帰は教師データに合致するように関数のパラメータなどを調整することで学習を行うため，教師あり学習である。

　よって，ウが正解である。

その他情報通信技術に関する基礎的知識に関する事項	ランク	1回目	2回目	3回目
	A	／	／	／

■令和3年度　第13問

　コンピュータの意思決定や知識処理への利用がますます進みつつある。それらに関する以下のa～dの記述と，その用語の組み合わせとして，最も適切なものを下記の解答群から選べ。

　a　知識をルールによって表現し，入力された知識を用いてコンピュータが専門家のように推論するシステム。

　b　大量のデータを分析して，これまで知られなかった規則性や傾向など，何らかの知見を得ること。

　c　機械学習のうち，多数の層からなるニューラルネットワークを用いるもの。

　d　一定の環境の中で試行錯誤を行い，個々の行動に対して得点や報酬を与えることによって，ゴールの達成に向けた行動の仕方を獲得する機械学習の学習法の1つ。

〔解答群〕

　ア　a：エキスパートシステム　　b：データマイニング
　　　c：深層学習　　　　　　　　d：強化学習

　イ　a：エキスパートシステム　　b：ナレッジマネジメント
　　　c：強化学習　　　　　　　　d：深層学習

　ウ　a：機械学習　　　　　　　　b：エキスパートシステム
　　　c：深層学習　　　　　　　　d：強化学習

　エ　a：機械学習　　　　　　　　b：データマイニング
　　　c：深層学習　　　　　　　　d：教師なし学習

　オ　a：データマイニング　　　　b：ナレッジマネジメント
　　　c：強化学習　　　　　　　　d：教師なし学習

■解説

　データを活用した情報処理技術の各種方式の概要に関する知識を問う問題である。

　　a：エキスパートシステムに関する記述である。専門家（エキスパート）が持つ
　　　　知識を，コンピュータにおける入力情報に応じた判断のルールに置き換える
　　　　ことで専門家のような振る舞いを実現する。

　　b：データマイニングに関する記述である。

　　c：深層学習に関する記述である。

　　d：強化学習に関する記述である。強化学習は，ロボットの二足歩行の学習や，
　　　　自動運転の学習など達成したかどうかの判定が明確だが，成功に必要な条件
　　　　を定義することが難しい場合などに使用される。

　なお，教師なし学習とは機械学習の方式の1つで，教師あり学習の対となる方式で
ある。教師あり学習は，教師データと呼ばれる，データと正解のラベルのセットをア
ルゴリズムに学習させ，類似のデータを入力した場合に意図した分類をさせる際に利
用される。教師なし学習は，正解ラベルが用いられていないデータを扱い，予測や傾
向分析を行う。

　よって，アが正解である。

その他情報通信技術に関する基礎的知識に関する事項	ランク	1回目		2回目		3回目	
	A	／		／		／	

■令和2年度　第11問

　以下の文章は，AI（Artificial Intelligence）を支える基礎技術である機械学習に関するものである。文中の空欄A～Dに入る語句として，最も適切なものの組み合わせを下記の解答群から選べ。

　機械学習は　A　と　B　に大きく分けることができる。　A　はデータに付随する正解ラベルが与えられたものを扱うもので，迷惑メールフィルタなどに用いられている。　B　は正解ラベルが与えられていないデータを扱い，　C　などで用いられることが多い。

　また，自動翻訳や自動運転などの分野では，人間の神経回路を模したニューラルネットワークを利用する技術を発展させた　D　が注目されている。

〔解答群〕

　ア　A：教師あり学習　　　　B：教師なし学習
　　　C：手書き文字の認識　　D：強化学習

　イ　A：教師あり学習　　　　B：教師なし学習
　　　C：予測や傾向分析　　　D：深層学習

　ウ　A：教師なし学習　　　　B：教師あり学習
　　　C：手書き文字の認識　　D：深層学習

　エ　A：教師なし学習　　　　B：教師あり学習
　　　C：予測や傾向分析　　　D：強化学習

解答	イ

■解説

　AI の基盤技術である，機械学習に関する知識を問う問題である。

　機械学習は，教師あり学習と教師なし学習に大別することができる。教師あり学習は，教師データと呼ばれる，データと正解のラベルのセットをアルゴリズムに学習させ，類似のデータを入力した場合に意図した分類をさせる際に利用される。したがって，空欄Aは教師あり学習である。

　また，教師なし学習は，正解ラベルが用いられていないデータを扱い，予測や傾向分析を行う。したがって，空欄Bは教師なし学習，空欄Cは予測や傾向分析である。

　空欄Dは，自動翻訳や自動運転などの分野では，人間の神経回路をシミュレーションしたプログラムに，繰り返し運転や翻訳をさせることで精度を改善させる際に深層学習という技術が用いられる。

　よって，イが正解である。

その他情報通信技術に関する基礎的知識に関する事項	ランク	1回目	2回目	3回目
	B	／	／	／

■令和 5 年度　第 24 問

　機械学習において，陽性（Positive）と陰性（Negative）のどちらかに分類する二値分類タスクに対する性能評価を行う際に，次のような混同行列と呼ばれる分割表が用いられる。

		予測	
		陽性	陰性
実際	陽性	TP（真陽性の件数）	FN（偽陰性の件数）
	陰性	FP（偽陽性の件数）	TN（真陰性の件数）

　二値分類タスクに対する評価は，上記の TP，FP，FN，TN から計算される評価指標を用いて行われる。評価指標に関する以下の①〜③の記述とその計算式の組み合わせとして，最も適切なものを下記の解答群から選べ。

①　正解率とは，全体の件数のうち，陽性と陰性を正しく予測した割合のことである。

②　適合率とは，陽性と予測した件数のうち，実際も陽性である割合のことである。

③　再現率とは，実際に陽性である件数のうち，陽性と予測した割合のことである。

〔解答群〕

ア　①：$\dfrac{FP+FN}{TP+FP+FN+TN}$　②：$\dfrac{TP}{TP+FP}$　③：$\dfrac{FP}{TP+FN}$

イ　①：$\dfrac{TP+TN}{TP+FP+FN+TN}$　②：$\dfrac{TP}{TP+FN}$　③：$\dfrac{FP}{TP+FP}$

ウ　①：$\dfrac{TP+TN}{TP+FP+FN+TN}$　②：$\dfrac{TP}{TP+FP}$　③：$\dfrac{TP}{TP+FN}$

エ　①：$\dfrac{TP+TN}{TP+FP+FN+TN}$　②：$\dfrac{TP}{TP+TN}$　③：$\dfrac{FP}{TP+FN}$

オ　①：$\dfrac{TP+TN}{TP+FP+FN+TN}$　②：$\dfrac{TF}{TP+TN}$　③：$\dfrac{TP}{TP+FN}$

解答	ウ

■**解説**

機械学習の二値分類タスクで用いられる性能評価に関する知識を問う問題である。

①：全体の件数が $TP+FP+FN+TN$ で，陽性であるものを陽性と予測した件数と，陰性であるものを陰性と予測した件数の合計は $TP+TN$ であるため，$\dfrac{TP+TN}{TP+FP+FN+TN}$ が適切である。

②：陽性と予測した件数の合計が $TP+FP$ で，そのうち実際に陽性である件数は TP であるため $\dfrac{TP}{TP+FP}$ が適切である。

③：実際に陽性である件数の合計が $TP+FN$ で，そのうち正しく陽性と予測した件数は TP であるため $\dfrac{TP}{TP+FN}$ が適切である。

よって，ウが正解である。

その他情報通信技術に関する基礎的知識に関する事項	ランク	1回目	2回目	3回目
	B	／	／	／

■**令和5年度　第3問**

　深層学習（ディープラーニング）に関する以下の文章の空欄A～Dに入る用語の組み合わせとして，最も適切なものを下記の解答群から選べ。

　深層学習は，ディープニューラルネットワークを用いた学習方法のことである。ニューラルネットワークは，入力層，　A　，出力層の3つの層から構成されるが，特に　A　が複数あるニューラルネットワークはディープニューラルネットワークと呼ばれる。

　また，ニューラルネットワークの中の　B　において，複数の入力の重み付け総和などの値から，その出力を決定するための関数は　C　と呼ばれる。代表的な　C　には，　D　，双曲線正接関数，ReLUなどがあり，これらは目的に応じて使い分けられる。

〔解答群〕

　ア　A：畳み込み層　B：シナプス　C：誤差関数　D：シグモイド関数

　イ　A：畳み込み層　B：ニューロン　C：活性化関数　D：ハッシュ関数

　ウ　A：隠れ層　B：シナプス　C：誤差関数　D：シグモイド関数

　エ　A：隠れ層　B：ニューロン　C：活性化関数　D：シグモイド関数

　オ　A：隠れ層　B：ニューロン　C：誤差関数　D：ハッシュ関数

解答	エ

■**解説**

　AIの方式の１つであるディープラーニングについて，内部で使用する関数や実現方式に関する知識を問う問題である。

　人間の脳が行う学習は，脳内にあるニューロンという細胞を用いて行われる。

　ニューロンの働きは，以下のとおりである。

・目や身体からの情報が脳への電気信号に変換されてニューロンに入力され，その入力に応じて，どのように反応すべきかを出力する。

・その出力と正解とすべき値に違いがあった場合，次回，同様の入力があった際に備えて補正する方向で細胞を変化させる。

　人工知能の実現方式の１つであるニューラルネットワークは，このニューロンの挙動を模したプログラムを大量に作成し，それらを層状につなげたネットワークを作り学習を繰り返すことで，コンピュータに人間の脳のように柔軟な処理を行わせるものである。深層学習は，ニューラルネットワークの領域でブレークスルーをもたらした方式の一種で，従来のニューラルネットワークの入力層と出力層の間に新たに隠れ層という層を設けることで，革新的な精度向上をもたらした。

　　A：隠れ層に関する記述である。畳み込み層は，隠れ層で用いられる方式の１つで，主に画像処理を行うニューラルネットワークにおいて，画像のなかで特徴となる箇所の特定（たとえば人間の画像であれば，目や鼻の位置の検出など）などに用いられる。

　　B：ニューロンに関する記述である。シナプスは，ニューロンとニューロンのつなぎ目にある，神経伝達物質をやり取りする役割を果たす箇所のことを指す。

　　C：活性化関数に関する記述である。誤差関数は，ニューラルネットワークの出力値と正しい値との差を表す関数である。

　　D：シグモイド関数に関する記述である。ハッシュ関数は，入力したデータのサイズにかかわらず一定の長さの出力を返す関数で，データの改ざんを検知する際などに使用される。

　よって，エが正解である。

その他情報通信技術に関する基礎的知識に関する事項	ランク	1回目	2回目	3回目
	B	/	/	/

■令和 4 年度　第 25 問

ブロックチェーン技術に関する記述として，最も適切なものはどれか。

ア　NFT（Non-Fungible Token）は，ブロックチェーン技術を基に作られた一意で代替不可能なトークンであり，デジタルコンテンツに対応した NFT を発行することにより唯一性・真正性を証明できる。

イ　PoW（Proof of Work）とは，ブロックチェーン上に新たなトランザクションを追加するための合意形成メカニズムの1つで，承認権限を持つ人のコンセンサスで決める。

ウ　スマートコントラクトは，ブロックチェーン上に保存されたプログラムコードのことであり，暗号資産の取引に限定して利用される。

エ　ブロックチェーンネットワークでは，パブリック型，コンソーシアム型，プライベート型のいずれにおいても中央管理者を置くことはない。

オ　ブロックチェーンはブロック間のデータの連続性を保証する技術の1つであり，追加されたブロックが前のブロックのナンス値を保持することによって連続性が確保されている。

解答	ア

■解説

ブロックチェーン技術を実現するために重要な概念と用語について問う問題である。

ア：適切である。なお，Fungible とは代替可能という意味である。NFT と対になるのが FT である。

　　FT：　　代表例は仮想通貨。貨幣がそうであるように1つ1つはユニークではなく，代替ができて（Fungible），価値は数量に比例する。

　　NFT：　代表例はデジタルアート。1つ1つがユニークで代替できず（Non-Fungible），価値はそれぞれ異なる。

イ：不適切な記述である。ブロックチェーン上への新たなトランザクションの追加の決定は，承認権限を持つ人のコンセンサスではなく，必要な計算の成功により実現する。PoW は仮想通貨などで使用される処理方式で，仮想通貨では計算を成功させた人には報酬として仮想通貨が付与される。

ウ：不適切な記述である。スマートコントラクトは，ブロックチェーンが具備する機能の1つで，トリガーとなるイベントが発生した際に，あらかじめ設定されたルールに従って実行されるプログラムを指す。たとえば，滞納や契約違反などのトリガーで，違反者の利用停止（ルールの実行）などが行われる。スマートコントラクトの用途は，暗号資産の取引に限定されるものではない。

エ：不適切な記述である。中央管理者を置くことがないのは，選択肢イに記載されている PoW を使用するパブリック型のみである。コンソーシアム型，プライベート型は中央管理者を置く。

オ：不適切な記述である。ブロックチェーンの連続性を確保するために，追加されたブロックが保持するのは，ナンス値ではなくハッシュ値である。

よって，アが正解である。

その他情報通信技術に関する基礎的知識に関する事項	ランク	1回目		2回目		3回目	
	B	/		/		/	

■平成 30 年度　第 14 問

　ビッグデータの時代では，デジタルデータを介してヒトやモノを結ぶネットワークが急激に拡大していく現象が見られる。ネットワークに関する記述として，最も適切なものはどれか。なお，ノードとはネットワークの結節点，あるノードの次数とはそのノードと他のノードを結ぶ線の数を意味する。

　　ア　次数分布がべき乗則に従う，インターネットなどで見られるスケールフリー・ネットワークには，ハブと呼ばれる次数の大きなノードが存在する。

　　イ　ブロックチェーンとは，Web 上に仮想的な金融機関を置き，金融取引の履歴を Web 上のデータベースに一元管理するネットワークをいう。

　　ウ　メトカーフの法則は，デジタルデータの爆発的な増大を背景に，ノードの増加と共に価値が指数関数的に増えていく状況を表している。

　　エ　リンクポピュラリティは，ネットワーク分析で使う指標の 1 つで，あるノードを通る経路が多いほど大きくなる。

解答	ア

■解説

ネットワークの価値やモデルに関する知識を問う問題である。

ア：適切である。スケールフリーネットワークとは，インターネットや神経細胞が作るネットワークなどで見られる，特徴的な性質を持つネットワークをモデル化したものである。スケールフリーネットワークでは，ハブと呼ばれる次数の大きなノードが存在する。これはインターネットの Web サイトで，多くのサイトはほかのサイトへのリンクが数ヵ所しかないのに対し，ごく少数の Web サイトは大量のリンクがあるといった偏りがあるという事象が見られることに相当する。このような偏りは，仮にネットワークがランダムにリンクすると仮定した場合には発生しないと考えられるため，スケールフリーネットワークは，インターネットが形成するネットワークの特性を理解するために重要なモデルである。

イ：不適切である。ブロックチェーンとは，データを分散保存する技術である。ブロックチェーンの代表的な利用方法の 1 つとして，仮想通貨の取引履歴の保存が挙げられるが，ブロックチェーンは Web 上に仮想的な金融機関を置く技術ではない。

ウ：不適切である。メトカーフの法則とは，「通信ネットワークの価値が，接続されているシステムのユーザ数の 2 乗に比例する」というものである。

エ：不適切である。リンクポピュラリティとは，主にインターネットの検索エンジンなどに用いられている考え方である。リンクポピュラリティでは，インターネットの Web サイトの価値を，他の Web サイトからリンクで参照されている数で評価する。

よって，アが正解である。

経営情報管理

第**6**章

経営戦略と情報システム

1. 経営戦略と情報化

▶▶ 出題項目のポイント

　情報システムの活用と経営戦略の遂行の関係性が，近年，特に密接になりつつある。この出題領域では，上記のような企業を取り巻く状況を踏まえて，経営戦略を情報システムの計画に反映させる段階で考慮すべき点や一般的な前提事項などを問われる。

▶▶ 出題の傾向と勉強の方向性

　この出題領域は，共通的に出題されている事項が少ない出題領域である。頻出度ランク A および B の問題はない出題領域であるため，経営情報システムの科目で他に苦手分野がある場合や他の科目で合格レベルに達していない科目がある受験生は，そちらを優先して学習することが効率的な1次試験突破につながる。

■取組状況チェックリスト

1. 経営戦略と情報化					
e−ビジネス					
問題番号	ランク	1回目		2回目	3回目
令和2年度 第14問	C *	／		／	／
令和元年度 第14問	C *	／		／	／
平成28年度 第14問	C *	／		／	／

＊ランク C の問題と解説は，「過去問完全マスター」のHP（URL：https://jissen-c.jp/）よりダウンロードできます。

2.　情報システムの種類と内容

▶▶ 出題項目のポイント

・OLAP（OnLine Analytical Processing）

　　OLAP（OnLine Analytical Processing）とは，従来はデータ分析の専門家やデータベース技術者が行っていた情報の抽出や集計処理を，クライアントが直接データベースサーバにアクセスして実行することを可能にする仕組みのことである。

・データウェアハウス

　　データウェアハウスとは，製造や物流などの部門ごとに蓄積していたデータを統合して，データの相関関係を分析するなどの目的で構築されるシステムである。

・ビジネスインテリジェンス（Business Intelligence; BI）

　　経営上の意思決定等に役立つ知見を得るために，企業に蓄積されたデータを集約・整理・分析する概念のこと。

▶▶ 出題の傾向と勉強の方向性

　　情報システムの種類と内容について，特に OLAP など，企業の意思決定を支援する情報システムについて繰り返し問われているため，再度，関連した選択肢が出題された際に正誤を判断できるように正確に理解したい出題範囲である。

■取組状況チェックリスト

2.　情報システムの種類と内容						
意思決定支援システム						
問題番号	ランク	1回目		2回目		3回目
令和3年度　第8問	A	╱		╱		╱
令和4年度　第4問	A	╱		╱		╱
令和5年度　第4問	B	╱		╱		╱
令和元年度　第16問	A	╱		╱		╱
令和5年度　第16問	B	╱		╱		╱
平成29年度　第16問	A	╱		╱		╱

意思決定 支援システム	ランク	1回目	2回目	3回目
	A	／	／	／

■令和 3 年度　第 8 問

　意思決定や計画立案のために，データを収集して加工・分析することがますます重要になってきている。以下の文章の空欄 A〜D に入る語句の組み合わせとして，最も適切なものを下記の解答群から選べ。

　意思決定や計画立案のために，組織内で運用される情報システムやデータベースなどからデータを集めて格納しておく場所を　A　と呼ぶ。この　A　から，必要なものだけを利用しやすい形式で格納したデータベースを　B　と呼ぶ。

　このような構造化されたデータに加えて，IoT 機器や SNS などからの構造化されていないデータを，そのままの形式で格納しておく　C　が利用されつつある。膨大なデータを蓄積する必要があるため，比較的安価なパブリッククラウドのオブジェクトストレージに格納される場合が多い。

　収集されたデータの品質を高めるためには，データ形式の標準化や　D　が重要である。

〔解答群〕

　ア　A：データウェアハウス　　　B：データマート
　　　C：データレイク　　　　　　D：データクレンジング

　イ　A：データウェアハウス　　　B：データレイク
　　　C：データスワンプ　　　　　D：データクレンジング

　ウ　A：データマート　　　　　　B：データウェアハウス
　　　C：データプール　　　　　　D：データマイグレーション

　エ　A：データマート　　　　　　B：リレーショナルデータベース
　　　C：データレイク　　　　　　D：データマイグレーション

　オ　A：データレイク　　　　　　B：データマート
　　　C：データプール　　　　　　D：データマイニング

解答	ア

■解説

データ活用に利用する各種の基盤に関する知識を問う問題である。

空欄A：データウェアハウスに関する記述である。データウェアハウスとは，業務処理で蓄積された多様なデータを格納するデータベースやインターネットから取り込んだデータを格納するデータベースなどを，総合的な情報分析に適するように統合したものである。

空欄B：データマートに関する記述である。データマートは，データウェアハウスが持つデータの一部を，利用対象者や利用目的を限定した形で活用できる形にしたものである。

空欄C：データレイクに関する記述である。データレイクとは，構造化される前の雑多な形式のデータをそのまま格納する場所である。IoT機器やSNSなど，大量のデータが生成されても処理遅延などによるデータの欠損を生じさせることなくデータを収集することが可能な方式である。

空欄D：データクレンジングに関する記述である。データクレンジングとは，多様な形式で蓄積されている生データに対して，データ形式統一，欠損値補完，単位統一などの処理を行い，横断的な解析ができるように整える処理である。

よって，アが正解である。

意思決定 支援システム	ランク	1回目		2回目		3回目	
	A	／		／		／	

■**令和4年度　第4問**

　データを格納する考え方としてデータレイクが注目されている。データレイクに関する記述として，最も適切なものはどれか。

ア　組織内で運用される複数のリレーショナルデータベースからデータを集めて格納する。

イ　組織内の構造化されたデータや，IoT 機器や SNS などからの構造化されていないデータをそのままの形式で格納する。

ウ　データウェアハウスから特定の用途に必要なデータを抽出し，キー・バリュー型の形式で格納する。

エ　データ利用や分析に適したスキーマをあらかじめ定義して，その形式にしたがってデータを格納する。

オ　テキスト形式のデータと画像・音声・動画などのバイナリ形式のデータをそれぞれ加工し，構造化したうえで格納する。

解答	イ

■解説

　データレイクの定義を問う問題である。データレイクについては令和3年度第8問でも出題されているため、正確に記憶されたい。

　ア：不適切な記述である。データウェアハウスに関する記述である。

　イ：適切な記述である。データレイクは、データを加工することなくそのままの形式で格納することで、IoT機器やSNSなどから取得したデータを欠損なく高速かつ大量に格納することができる。

　ウ：不適切な記述である。データレイクは、大量のデータを欠損なく格納することが目的で構築されるため、データの加工を行わない。

　エ：不適切な記述である。データレイクでは、データ保存する際にはデータをそのまま格納し、データ読み出す際に意図したスキーマに変換して読み出す、「スキーマオンリード」を行う。選択肢の記述は、データ格納時にスキーマに合わせた加工を行う「スキーマオンライト」に関する記述である。

　オ：不適切な記述である。データレイクでは、データ保存する際にはデータを加工せずそのまま格納する。

　よって、イが正解である。

意思決定 支援システム	ランク	1回目	2回目	3回目
	B	／	／	／

■令和5年度　第4問

　近年，デジタルデータの多様化に伴い，構造化データに加えて半構造化データならびに非構造化データの利活用の重要性が高まっている。半構造化データの例として，最も適切な組み合わせを下記の解答群から選べ。

　なお，ここで半構造化データとは，あらかじめスキーマを定義せず，データにキーやタグなどを付加することで，データ構造を柔軟に定義できるデータをいう。

　　　a　音・画像・動画データ

　　　b　リレーショナルデータベースの表

　　　c　JSON 形式のデータ

　　　d　XML 形式のデータ

　　　e　YAML 形式のデータ

〔解答群〕

　ア　aとbとe

　イ　aとcとd

　ウ　aとcとe

　エ　bとdとe

　オ　cとdとe

解答	オ

■解説

デジタルデータの増加に伴い利用頻度が上がりつつある半構造化データに関する知識を問う問題である。

a：音・画像・動画データは，データ構造の定義がない，非構造化データの典型例である。

b：リレーショナルデータベースの表は，データ構造の定義が明確な構造化データの典型例である。

c，d，e：いずれもキーとバリューと呼ばれるペアの形式でデータを記述する半構造化データである。非構造化データと異なりデータ構造に一定のルールが存在するが，構造化データのような厳密な制約はない。

・JSON の例

```
[
    {
        "Species":"sakura",
        "Length":3,
        "Width":4
    }
]
```

・XML の例

```
〈root〉
    〈flower〉
        〈Species〉sakura〈/Species〉
        〈Length〉3〈/Length〉
        〈Width〉4〈/Width〉
    〈/flower〉
〈/root〉
```

・YAML の例

```
flower:
    - Species:"sakura"
      Length:3
      Width:4
```

よって，オが正解である。

意思決定 支援システム	ランク	1回目	2回目	3回目
	A	／	／	／

■令和元年度　第16問

　経営の情報化において，意思決定者を支援するために，必要なデータの取得や分析などを行うシステムが求められることがある。

　意思決定のためのデータ支援に関するa～cの記述と①～⑤の用語の組み合わせとして，最も適切なものを下記の解答群から選べ。

【記述】

　　a　企業のさまざまな活動を介して得られた大量のデータを目的別に整理・統合して蓄積し，意思決定支援などに利用するために，基幹業務用のデータベースとは別に作成するもの。

　　b　多様な形式で蓄積されている生データに対して，データ形式統一，欠損値補完，単位統一などの処理を行い，横断的な解析ができるように整えること。

　　c　スライシング，ダイシング，ドリルダウンなどのインタラクティブな操作によって多次元分析を行い，意思決定に利用できるようにすること。

【用語】

　　①　OLAP

　　②　データウェアハウス

　　③　データクレンジング

　　④　データマイニング

　　⑤　データマッピング

〔解答群〕

　　ア　aと②bと③cと①

　　イ　aと②bと⑤cと④

　　ウ　aと⑤bと③cと④

　　エ　aと⑤bと④cと①

解答	ア

■解説

　企業のさまざまな情報を取り扱うための，データ活用基盤に関する知識を問う問題である。

　　a：データウェアハウスに関する記述である。データウェアハウスとは，業務処理で蓄積された多様なデータのデータベースやインターネットから取り込んだデータのデータベースなどを，総合的な情報分析に適するように統合したものである。

　　b：データクレンジングに関する記述である。企業内システムなどから取得したデータ（生データ）は，データの一部が欠損していたり，日付の形式がシステムごとに異なるなど，横断的な解析を行うために形式変換が必要な場合がある。

　　c：OLAPに関する記述である。OLAP（OnLine Analytical Processing）とは，従来は，データ分析の専門家やデータベース技術者が行っていた情報の抽出や集計処理を，クライアントが直接データベースサーバにアクセスして実行することを可能にする仕組みのことである。

　よって，アが正解である。

意思決定 支援システム	ランク	1回目		2回目		3回目	
	B	／		／		／	

■令和5年度　第16問

OLAP は，ビジネスインテリジェンス（BI）に用いられる主要な技術の1つである。OLAP に関する記述として，最も適切なものはどれか。

　　ア　HOLAP とは，Hadoop と呼ばれる分散処理技術を用いたものをいう。

　　イ　MOLAP とは，多次元データを格納するのにリレーショナルデータベースを用いたものをいう。

　　ウ　ROLAP とは，多数のトランザクションをリアルタイムに実行するものをいう。

　　エ　ダイシングとは，多次元データの分析軸を入れ替えて，データの切り口を変えることをいう。

　　オ　ドリルスルーとは，データ集計レベルを変更して異なる階層の集計値を参照することをいう。

解答	エ

■解説

　企業の意思決定をデータの側面で支援するシステムについて，用語の内容に関する知識を問う問題である。

　OLAP（OnLine Analytical Processing）とは，情報の抽出や集計処理を，クライアントが直接データベースサーバにアクセスして実行する仕組みで，これにより，ユーザがデータを多次元的に分析することを容易にする分析ツールである。

ア：不適切である。HOLAPとは，Hybrid OLAPの略で，後述するHOLAPとROLAPの融合した方式である。分散処理技術のミドルウェアであり，本記述と関係ない。

イ：不適切である。MOLAPとは，Multidimensional OLAPの略で，データを多次元の表としてあらかじめ保持することで，問い合わせに対して高速に応答できる点が特徴である。

ウ：不適切である。ROLAPとは，Relational OLAPの略で，データをリレーショナルデータベースに保存する方式で，柔軟という特徴があるものの，MOLAPと比較すると処理が遅い。

エ：適切である。ダイシングとは，OLAPに格納されている多次元のデータを，ユーザが必要な領域に絞り込んでデータを分析する際に使用する機能である。

オ：不適切である。選択肢の記述はドリルダウン（またはドリルアップ）に関する記述である。ドリルスルーは，関連するデータをリンクなどから表示できる機能である。たとえば，ある店舗の月別売上データを参照してから，さらに詳細な日別のデータを参照する捜査はドリルダウンに相当する。ドリルスルーは，売上データからある商品の詳細な情報（メーカー名，値段，重量など）を参照する操作に相当する。

　よって，エが正解である。

意思決定 支援システム	ランク	1回目		2回目		3回目	
	A	／		／		／	

■平成 29 年度　第 16 問

　データベースに蓄積されたデータを有効活用するためにデータウェアハウスの構築が求められている。

　データウェアハウスの構築，運用あるいはデータ分析手法などに関する記述として，最も適切なものはどれか。

　　ア　BI（Business Intelligence）ツールとは，人工知能のアルゴリズムを開発するソフトウェアをいう。

　　イ　ETL（Extract/Transform/Load）とは，時系列処理のデータ変換を行うアルゴリズムをいい，将来の販売動向のシミュレーションなどを行うことができる。

　　ウ　大量かつ多様な形式のデータを処理するデータベースで，RDB とは異なるデータ構造を扱うものに NoSQL データベースがある。

　　エ　データマイニングとは，データの特性に応じて RDB のスキーマ定義を最適化することをいう。

解答	ウ

■解説

データ分析およびデータウェアハウスに関する知識を問う問題である。

ア：不適切である。BI ツールとは，経営上の意思決定等に役立つ知見を得るために，企業に蓄積されたデータを集約・整理・分析するツールである。

イ：不適切である。ETL とは，分析対象とするデータを格納しているシステムからデータを抽出（Extract）し，分析しやすいようにデータを変換（Transform）し，分析用のデータベースに書き出す（Load）するソフトウェアのことである。

ウ：適切である。NoSQL データベースの1つであるキーバリューデータベースでは，データを参照・更新する場所を示すキーとデータの値を示すバリューというデータ構造を取り扱うため，RDB のような表の構造や表に含まれるフィールドの属性を決めるスキーマ設計が不要である。

エ：不適切である。データマイニングとは，大量のデータから，データ同士の相関やパターンを抽出し，経営判断等に有益な知見を得る処理のことである。

よって，ウが正解である。

第 7 章

情報システムの開発

1. システム化の計画とプロセス

▶▶ 出題項目のポイント

■システム開発方法論

　システム開発方法論について，複数のものについて繰り返し過去の本試験で問われているため，確実に身につけて得点源としていただきたい。記憶する量が多い出題領域であるため，効率のよい学習を実施することが重要である。

　具体的には，すべてを一度に記憶するのではなく，基本であるウォータフォール型を理解し，その他の開発方法論との差分を理解すると，より知識が定着しやすい。

・システム開発方法論

　　システム開発方法論とは，コンピュータプログラムおよびそれを組み合わせた情報処理システムの開発において，企画から開発の完了までの進め方の方式のことである。

・ウォータフォール型システム開発

　　ウォータフォール型のシステム開発では，要件定義，基本設計，外部設計，内部設計，プログラミング，各種テスト，運用の順に工程を分けて実施し，工程の後戻りをしないことが理想とされている。ウォータフォール型という名称の由来は，各工程を逆戻りしない水の流れに喩えていることからきている。

・RAD

　　RADとは，プロトタイプと呼ばれるシステムの完成イメージを繰り返し作成して，評価・改善を行うことで，徐々にシステムの完成イメージに近づけていく開発方法論である。少人数のチームで迅速にプロトタイプを作成し，かつ，適宜，プロトタイプの評価にユーザが参加する

・XP（エクストリーム・プログラミング）

　　XP（エクストリーム・プログラミング）は，変化するビジネス環境に対応してソフトウェアを開発するアジャイル（agile）開発プロセスの代表例の1つである。

　　開発の初期段階の設計よりも，コーディングと，ストーリーと呼ばれるシステムの要件を満たして動作するソフトウェアを作成することを重視することで，システム開発を迅速かつ確実に進める。具体的には，エンドユーザが，ストーリーを開発者に指示して，開発者がプログラムを作成した後，ソフトウェアの内容が適切か確認するため，ユーザが受け入れテストを実施する。

・ペアプログラミング

　ペアプログラミングはXPの実践方法の1つで，2名の開発者が1つのプログラムを作成することで，効率化や品質向上を実現する開発手法である。

・プロトタイピング

　プロトタイピングとは，ユーザの希望するシステムの仕様と，実際の開発対象のシステムに齟齬が発生しないように，試作品を作成して認識合わせをしながらシステム開発を行う方法論である。比較的小規模なシステムの開発に限定されるなどの課題がある。

・スパイラル開発

　スパイラル開発は，設計，開発，テストの一連の作業を反復的に行いながら開発を行う方式である。システムを複数のサブシステムに分け，基本となるサブシステムをまずウォータフォール型システム開発の手法で開発してユーザに試用してもらい，その結果を反映させて次のサブシステムを開発するシステム開発方法論である。

　スパイラル型開発モデルでは，中核となるサブシステムをまず開発してそれをユーザに評価・確認してもらい，その後，周辺のサブシステムをユーザの評価・確認を経ながら徐々に開発していくため，要求仕様の修正や再設計などに対応が可能である。

■各種チャートについて

　各種チャートについては，UML（Unified Modeling Language）の出題頻度が高い。UMLとは，オブジェクト指向に基づく情報システムの開発において，概要設計でシステムをモデル化して表現する際に使用される統一モデリング言語（表記法）である。UMLにはいくつかの図が含まれている。

▶▶ 出題の傾向と勉強の方向性

　システム構想策定については，そのまま過去問の特定の知識を応用できるような問題は出題されていないが，作業内容（見積もりなど），作業分担，留意点など，要件定義に関連する知識を集中的に問われているため，まとめて学習することで，効率的に知識の定着を図っていただきたい。

　システム分析・設計技法（システム開発方法論）については，上記の出題項目のポイントに記載している，各種方法論に関する知識が非常に高い頻度で出題されているため，特に重点的に学習していただきたい。

■取組状況チェックリスト

1. システム化の計画とプロセス

システム構想策定

問題番号	ランク	1回目		2回目		3回目	
令和4年度 第9問	B	/		/		/	
令和3年度 第16問	B	/		/		/	
平成28年度 第17問	B	/		/		/	
令和3年度 第19問	B	/		/		/	
平成26年度 第20問	B	/		/		/	
平成27年度 第17問	B	/		/		/	
平成30年度 第16問	C*	/		/		/	
令和2年度 第19問	C*	/		/		/	
平成27年度 第23問	C*	/		/		/	
平成28年度 第15問	A	/		/		/	
令和5年度 第19問	B	/		/		/	
平成30年度 第17問	B	/		/		/	
平成26年度 第22問	C*	/		/		/	
平成26年度 第18問	B	/		/		/	
令和5年度 第15問	A	/		/		/	
令和3年度 第15問	A	/		/		/	
令和2年度 第4問	B	/		/		/	
令和2年度 第15問	B	/		/		/	
平成26年度 第13問	B	/		/		/	

システム分析・設計技法（システム開発方法論）

問題番号	ランク	1回目		2回目		3回目	
平成29年度 第17問	A	/		/		/	
令和元年度 第5問	A	/		/		/	
令和4年度 第13問	A	/		/		/	
令和元年度 第17問	A	/		/		/	

問題番号	ランク	1回目		2回目		3回目	
令和 3 年度 第 18 問	A	／		／		／	
平成 27 年度 第 18 問	A	／		／		／	
平成 26 年度 第 15 問	A	／		／		／	
システム分析・設計技法（各種チャート）							
問題番号	ランク	1回目		2回目		3回目	
平成 27 年度 第 16 問	A	／		／		／	
令和 4 年度 第 11 問	A	／		／		／	
平成 30 年度 第 20 問	B	／		／		／	
平成 26 年度 第 17 問	A	／		／		／	
令和 5 年度 第 17 問	A	／		／		／	
令和 2 年度 第 17 問	A	／		／		／	
令和 3 年度 第 14 問	A	／		／		／	
平成 27 年度 第 20 問	C＊	／		／		／	

＊ランク C の問題・解説は，「過去問完全マスター」の HP（URL：https://jissen-c.jp/）よりダウンロードできます。

システム構想策定	ランク	1回目		2回目		3回目	
	B	／		／		／	

■**令和 4 年度　第 9 問**

　経済産業省が 2021 年 8 月に公表した「DX レポート 2.1」（DX レポート 2 追補版）では，デジタル変革後の新たな産業の姿やその中での企業の姿が提示されている。デジタル社会の実現に必要となる機能を社会にもたらすのがデジタル産業であるとしている。

　「DX レポート 2.1」におけるデジタル産業を構成する企業の類型として，最も不適切なものはどれか。

　　ア　DX に必要な技術を提供するパートナー

　　イ　企業の変革を共に推進するパートナー

　　ウ　共通プラットフォームの提供主体

　　エ　新ビジネス・サービスの提供主体

　　オ　デジタル化を外部委託してコスト削減を図る企業群

解答	オ

■解説

　経済産業省による DX レポートにもとづいて，デジタル産業を構成する企業の類型について問う問題である。

　ア：適切である。「DX に必要な技術を提供するパートナー」の類型に該当する企業は，DX に必要な技術を獲得しようとする企業に対して，伴走支援を行う。

　イ：適切である。「企業の変革を共に推進するパートナー」の類型に該当する企業は，DX を通じてビジネスモデルそのものの変革を目指す企業や，DX 推進のための組織変革を目指す企業など，ビジネス面での変革を目指す企業に対して支援を行う。

　ウ：適切である。「共通プラットフォームの提供主体」の類型に該当する企業は，個別業界の共通プラットフォームや，業界横断の共通プラットフォームを提供する。

　エ：適切である。「新ビジネス・サービスの提供主体」の類型に該当する企業は，新たなビジネス・サービスを市場に供給し，プラットフォーム上のサービスを組み合わせて個別のサービスを実現することで，迅速な価値提供を可能とする。

　オ：不適切である。「デジタル化を外部委託してコスト削減を図る企業群」は，「DX レポート 2.1」におけるデジタル産業を構成する企業の類型に含まれていない。従来から行われている，IT を利用したコスト削減に関する記述である。

　よって，オが正解である。

システム構想策定	ランク	1回目		2回目		3回目	
	B	／		／		／	

■令和 3 年度　第 16 問

　経済産業省は，「デジタルトランスフォーメーションを推進するためのガイドライン（DX 推進ガイドライン）Ver.1.0」を平成 30 年 12 月に発表している。これは，DX の実現やその基盤となる IT システムの構築を行っていく上で経営者が押さえるべき事項を明確にすること，および取締役会や株主が DX の取り組みをチェックする上で活用できるものとすることを目的として作成されたものである。

　この中で失敗ケースや先行事例がガイドラインとともに取り上げられているが，これらを踏まえた提言に合致する記述として，最も適切なものはどれか。

　　ア　DX 推進に当たっては，トップダウンではなくボトムアップで行う。

　　イ　IT システムのオーナーシップは，情報システム部門やベンダー企業が持つのではなく，事業部門が持つ。

　　ウ　技術起点で PoC（Proof of Concept）を行ってから経営戦略を立てる。

　　エ　刷新後の IT システムは，再レガシー化を回避するために，その IT システムが短期間で構築できたかによって評価する。

　　オ　組織・人事の仕組みや企業文化・風土に影響を与えないで済むように DX プロジェクトを進める。

解答	イ

■解説

　DX 推進ガイドラインにもとづき IT システムの構築を行う際の留意点に関する知識を問う問題である。

ア：不適切である。デジタル技術の戦略的な活用を行うために全体最適の観点ですすめる必要があるため，トップダウンで変革を行うことが望ましい。

イ：適切である。各事業部門がイニシアチブを取り，情報システム部門やベンダー企業に丸投げしないことで，事業部門のニーズと乖離するリスクを低減しつつ DX を推進することが望ましい。

ウ：不適切である。戦略なき技術起点の PoC は方向性を見失う原因になるといったリスクとなるため避けるべきである。

エ：不適切である。短期間で構築できたかどうかで評価するのではなく，レガシー化（改善が必要な箇所を放置してシステムが陳腐化すること）を防ぐために，必要に応じたスピーディな変更が可能かどうかを評価すべきである。

オ：不適切である。必要に応じて企業文化・風土そのものの変革とセットで DX プロジェクトを進めるべきである。

よって，イが正解である。

システム構想策定	ランク	1回目		2回目		3回目	
	B	／		／		／	

■平成 28 年度　第 17 問

　中小企業がシステム開発を開発者（ベンダ）に発注する場合，発注側の要求が開発結果に正しく反映されないことがある。以下のシステム開発の①～③の段階と，要求と結果の間に起こり得る a ～ c のギャップの説明の組み合わせとして，最も適切なものを下記の解答群から選べ。

　発注者の要求内容
　　　　↓①発注者の要求内容から要件定義書を作成する段階
　要件定義書の内容
　　　　↓②要件定義書から外部設計を行う段階
　外部設計書の内容
　　　　↓③外部設計書から詳細設計を行う段階
　完成したソフトウェア

　＜ギャップの説明＞
　　a　発注者が開発者に説明した要件定義書に盛り込まれた内容が，開発側設計者の誤認等何らかの理由により開発内容から漏れた。
　　b　開発者が何らかの理由により要件定義書の内容を誤認・拡大解釈し，実現範囲に盛り込んでしまった。
　　c　要件定義すべき内容が抜けており，発注者が開発者に説明していない。

〔解答群〕
　ア　a：①　　b：②　　c：②
　イ　a：②　　b：②　　c：①
　ウ　a：②　　b：③　　c：①
　エ　a：③　　b：②　　c：①

解答	イ

■解説

　発注側の要求が開発結果に反映されるまでのプロセスに関する知識を問う問題である。

　　説明 a ： 要件定義書の内容に基づいて設計を行うのは②の要件定義書から外部設計を行う段階である。③は要件定義書ではなく外部設計書に基づき設計を行うため，③は不適切である。

　　説明 b ： 要件定義書の内容を誤認して実現範囲に盛り込むのは，②である。③は要件定義書ではなく外部設計書に基づき設計を行うため，③は不適切である。

　　説明 c ： 要件定義すべき内容に不足が発生するのは，①の発注者の要求内容から要件定義書を作成する段階である。

上記を満たす選択肢はイである。

よって，イが正解である。

システム構想策定	ランク	1回目		2回目		3回目	
	B	／		／		／	

■令和3年度　第19問

ソフトウェア，システム，サービスに関わる人たちが同じ言葉で話すことができるようにするための共通枠組みとして，「共通フレーム2013」が情報処理推進機構（IPA）によって制定されている。

「共通フレーム2013」に関する記述として，最も適切な組み合わせを下記の解答群から選べ。

 a 企画プロセスは，経営・事業の目的・目標を達成するために必要なシステムに関係する要件を明らかにし，システム化の方針を立て，システムを実現するための実施計画を立てるプロセスである。

 b システム化構想の立案プロセスは，システム構築に必要なハードウェアやソフトウェアを記述したシステム方式を作成するプロセスである。

 c 監査プロセスは，成果物が利用者の視点から意図された正しいものになっているかを確認するプロセスである。

 d 要件定義プロセスのアクティビティには，利害関係者の識別，要件の識別，要件の評価，要件の合意などがある。

 e システム適格性確認テストプロセスは，利用者に提供するという視点でシステムが適用環境に適合し，利用者の用途を満たしているかどうかを運用環境において評価するプロセスである。

〔解答群〕

 ア aとb

 イ aとd

 ウ bとd

 エ cとd

 オ dとe

解答	イ

■解説

　共通フレームに関する知識を問う問題である。共通フレームとは，情報処理推進機構が発行している，ソフトウェアライフサイクルにおける用語や作業内容などを規定したガイドラインである。

　ソフトウェア開発に関係する人々（利害関係者）が，「同じ言葉で話す」ことができるようにすることを目的としている。

　　a：適切である。

　　b：不適切である。システム化構想の立案プロセスは，経営要求・経営課題，システム化の検討対象となる業務，業務の新全体像のイメージなどを文書化するプロセスである。

　　c：不適切である。監査プロセスは，客観性及び独立性を保証された立場から，成果物及びプロセスが要求事項，計画及び合意に適合しているかどうかを判定するプロセスである。

　　d：適切である。

　　e：不適切である。システム適格性確認テストプロセスは，システム要件に対して実装が適合しているかをテストし，システムの納入準備ができているかどうかを評価するプロセスである。

　よって，イが正解である。

システム構想策定	ランク	1回目	2回目	3回目
	B	/	/	/

■平成26年度　第20問

　ITプロジェクト成功のひとつの鍵は，適切なビジネスアナリシスである。これに必要な知識とスキルの標準として，IIBA（International Institute of Business Analysis）が2009年に発表したBABOK（A Guide to the Business Analysis Body of Knowledge）2.0がある。これに関する記述として，最も適切なものはどれか。

ア　BABOKでは，新しいソリューションを実現するための要求を，ビジネス要求，ステークホルダー要求，ソリューション要求，そして移行要求の4つに分類している。

イ　BABOKのソリューション要求に含まれる機能要求とは，ソリューションが有効に存続するための環境条件や，システムが備えているべき品質のことである。

ウ　BABOKの知識エリアは，それぞれビジネスアナリシスの実行フェーズに対応している。

エ　BABOKは，ビジネスアナリシスのタスクを実行するプロセスやタスクの実行順序について規定している。

解答	ア

■解説

BABOK に関する知識を問う問題である。

ア：適切である。新しいソリューションを実現するための要求を，ビジネス要求（組織全体としてのビジネス目標），ステークホルダー要求（顧客の個別組織としての要求），ソリューション要求（ビジネス要求とステークホルダー要求を実現するためにシステムや業務に要求される事項），そして移行要求（現状からあるべき姿に至るための要求事項）の４つに分類している。

イ：不適切である。ソリューション要求は，機能要求と非機能要求で構成されるが，ソリューションが有効に存続するための環境条件や，システムが備えているべき品質は，非機能要求に相当する。機能要求は，システムが実現すべき機能である。

ウ：不適切である。BABOK の知識エリアは，フェーズを表すものではなく，各タスクのインプットが利用できるのであれば知識エリアの実行順は規定しない。

エ：不適切である。BABOK は，タスクの実行順序を規定していない。

よって，アが正解である。

システム構想策定	ランク	1回目		2回目		3回目	
	B	／		／		／	

■平成27年度　第17問

　システム開発を発注者と受注者が検討する場合，想定する情報システムの機能要求だけでなく，非機能要求も検討する必要がある。独立行政法人情報処理推進機構（IPA）が発表した「非機能要求グレード」に関する記述として，最も適切なものはどれか。

　　ア　開発したシステム全体の優劣をグレードとして表示する。

　　イ　システムの規模の違いにより6つのモデルシステムが定義されている。

　　ウ　要求項目やメトリクスの重複がないように，体系的に整理されている。

　　エ　要求項目を段階的に詳細化して，その内容について合意していく。

解答	エ

■解説

IPA が発表した非機能要求グレードに関するに関する知識を問う問題である。

ア：不適切である。グレードはシステム全体の優劣を示すものではない。非機能
要求グレードとは，非機能要求についてのユーザと開発者との認識の行き違
いを避けることを目的とし，重要な項目から段階的に詳細化しながら非機能
要求の確認を行う手法である。

イ：不適切である。社会的影響の違いにより，「社会的影響がほとんど無い」，
「社会的影響が限定される」，「社会的影響が極めて大きい」の３つのモデル
システムが定義されている。

ウ：不適切である。要求項目を定量的な指標として表現したものがメトリクスで
あるが，異なるメトリクスが重複して存在することがある。たとえば，エン
ドユーザが利用するサブシステムの応答速度より，メンテナンス用のサブシ
ステムの応答速度を遅くしても問題ないような場合は，それぞれのサブシス
テムで異なる応答速度をメトリクスとして設定することがある。

エ：適切である。非機能要求グレードでは，要求項目を段階的に詳細化して，ユ
ーザ側の要求をとりまとめて開発ベンダ側との合意形成を進める。

よって，エが正解である。

システム構想策定	ランク	1回目	2回目	3回目
	A	/	/	/

■平成 28 年度　第 15 問

　システム開発プロジェクトには失敗事例が多いといわれる。システム開発の失敗を
できるだけ避けるため，種々の指針や概念が提示されている。これに関する記述とし
て最も適切なものはどれか。

　ア　開発担当者と運用担当者が一体となり，お互いに協力してシステムの開発・
　　　リリースを的確に行おうという考え方を一般的に DevOps という。

　イ　コンピュータシステムに組み込むべき業務に関わる要求を機能要求，業務機
　　　能ではない要求を非機能要求という。独立行政法人情報処理推進機構では非
　　　機能要求の要求項目を，可用性，性能・拡張性，運用・保守性の 3 項目に整
　　　理している。

　ウ　システム開発受託企業がシステムに求められる要件をどこまで実現するのか
　　　を明記し，かつ，実現できなかった場合の対処法も明記する契約書を SLM
　　　と呼ぶ。

　エ　システム開発の際に用いられる用語として，As-Is と To-Be があるが，
　　　As-Is とは開発するシステムのあるべき姿を指す。

解答	ア

■解説

　システム開発の失敗を回避するための指針や概念に関する知識を問う問題である。

　ア：適切である。DevOps とは，開発（Development）と運用（Operations）を組み合わせた用語で，開発担当者と運用担当者が連携してシステムの開発・リリースを行う。

　イ：不適切である。独立行政法人情報処理推進機構ソフトウェア・エンジニアリング・センターの「非機能要求グレード」では，非機能要求を①可用性，②性能・拡張性，③運用・保守性，④移行性，⑤セキュリティ，⑥システム環境・エコロジーの 6 項目に整理している。

　ウ：不適切である。選択肢の記述は，SLM（Service Level Management）ではなく SLA（Service Level Agreement）に関する記述である。SLM とは，SLA で合意したサービスレベルを，維持・改善していくために，委託者と事業者が協力して，PDCA サイクルを回して品質向上に取り組む活動である。

　エ：不適切である。As-Is とは，開発するシステムの現状の姿を指し，To-Be が開発するシステムのあるべき姿を指す。

よって，アが正解である。

システム構想策定	ランク	1回目		2回目		3回目	
	B	／		／		／	

■令和5年度　第19問

ITサービスマネジメントにおいて，サービス内容およびサービス目標値に関して，サービス提供者は組織内外の関係者とさまざまな合意書や契約書を取り交わす。

それらの文書に関する以下の①～③の記述とその用語の組み合わせとして，最も適切なものを下記の解答群から選べ。

　① サービス提供者が組織外部の供給者と取り交わす文書

　② サービス提供者が組織内部の供給者と取り交わす文書

　③ サービス提供者が顧客と取り交わす文書

〔解答群〕

ア　①：NDA　②：SLA　③：OLA

イ　①：OLA　②：NDA　③：UC

ウ　①：OLA　②：UC　③：SLA

エ　①：SLA　②：UC　③：OLA

オ　①：UC　②：OLA　③：SLA

解答	オ

■解説

　ITサービスマネジメントにおける，組織内外の関係者と結ぶ各種の契約書の役割について問う問題である。

　①：UCに関する記述である。UC（Underpinning Contract）では，組織外部から提供を受けるサービスについて，品質や保証するパフォーマンスに関する取り決めを記載した合意文書である。

　②：OLAに関する記述である。OLA（Operational Level Agreement）とは，運用レベル合意書とも呼ばれ，組織内部の部門やチーム間での責任に関する取り決めを記載した合意文書である。

　③：SLAに関する記述である。SLA（Service Level Agreement）は，顧客に提供されるサービスの品質に関する取り決めを記載した合意文書である。先述のUCやOLAで個別に積み上げてきた品質が，顧客に最終的に提供する際の品質に反映されるため，これらの指標は互いに密接な関係がある。

　また，NDAとはNon-Disclosure Agreementの略で，顧客，関連組織等における情報漏洩を防止するための機密保持契約書である。

　よって，オが正解である。

システム構想策定	ランク	1回目		2回目		3回目	
	B	/		/		/	

■平成 30 年度　第 17 問

　A 社は自社の業務システムを全面的に改訂しようとしている。候補に挙がっているいくつかの IT ベンダーの中からシステム開発先を決定したい。A 社が IT ベンダーに出す文書に関する記述として、最も適切なものはどれか。

ア　RFI とは、自社が利用可能な技術などをベンダーに伝え、システム開発を依頼する文書をいう。

イ　RFI とは、システムが提供するサービスの品質保証やペナルティに関する契約内容を明らかにし、システム開発を依頼する文書をいう。

ウ　RFP とは、システムの概要や主要な機能などに関する提案を依頼する文書をいう。

エ　RFP とは、システムライフサイクル全体にわたる、システム開発および運用にかかるコスト見積もりを依頼する文書をいう。

解答	ウ

■解説

　システム開発をITベンダーに依頼する際に提示するRFPおよびRFIと呼ばれる文書に関する知識を問う問題である。

　ア：不適切である。RFIとはRequest For Informationの略で，ITベンダーに，過去のシステム開発実績や保有する技術や製品に関する情報提供依頼を行うための文書である。自社（A社）の利用可能な技術を伝えたり，システム開発を依頼するものではない。

　イ：不適切である。システムが提供するサービスの品質保証やペナルティに関する契約内容を記載する文書は，SLA（Service Level Agreement）である。

　ウ：適切である。RFPとは，Request for Proposalの略で，開発依頼先のITベンダーに対して，費用，スケジュール，実現方法などを含めた提案を依頼する文書である。

　エ：不適切である。RFPでコスト見積もりを依頼する範囲は，必ずしもシステムライフサイクル全体とは限らない。むしろ開発フェーズが一定レベルまで進んでシステムの完成形が見えてくるまで運用コストを見積もることは困難であるため，開発前のシステムについて，システムライフサイクル全体をまとめたコストの見積もり依頼をすることは一般的ではない。

　よって，ウが正解である。

システム構想策定	ランク	1回目		2回目		3回目	
	B	／		／		／	

■平成 26 年度　第 18 問

　中小企業がベンダにシステム開発を委託する場合，中小企業診断士には両者の橋渡しを期待される場合がある。このとき，中小企業とベンダのコミュニケーション手段となるシステム仕様書には，構造，機能，振舞の3側面を書かなければならない。それぞれに書く内容の組み合わせとして最も適切なものはどれか。

ア　構造：データ（属性）型　　機能：入出力　　　　　　振舞：並列性

イ　構造：データ（属性）型　　機能：並列性　　　　　　振舞：入出力

ウ　構造：並列性　　　　　　　機能：データ（属性）型　振舞：入出力

エ　構造：並列性　　　　　　　機能：入出力　　　　　　振舞：データ（属性）型

解答	ア

■解説

　システム開発における，システム仕様書に書くべき内容に関する知識を問う問題である。

　システム仕様書に記載される，構造，機能，振舞の３側面の概要は下記である。

　　構造：取り扱うデータの属性や，データ間の関連性などのデータ構造に関する記述。

　　機能：ある機能に対してどのような入力を行えば，どのような結果が出力されるかという記述。

　　振舞：並列性や状態遷移など，データや処理の時間的な遷移を表現したもの。

　よって，アが正解である。

システム構想策定	ランク	1回目	2回目	3回目
	A	／	／	／

■令和 5 年度　第 15 問

情報化社会の将来像に関する考え方についての記述として，最も適切なものはどれか。

ア 「DX」とは，人件費削減を目的として，企業組織内のビジネスプロセスのデジタル化を進め，人間の仕事を AI やロボットに行わせることを指している。

イ 「Society5.0」とは，サイバー空間（仮想空間）とフィジカル空間（現実空間）を高度に融合させたシステムにより，経済発展と社会的課題の解決を両立させる人間中心の社会を指している。

ウ 「Web3.0」とは，情報の送り手と受け手が固定されて送り手から受け手への一方的な流れであった状態が，送り手と受け手が流動化して誰でも Web を通じて情報を受発信できるようになった状態を指している。

エ 「インダストリー4.0」とは，ドイツ政府が提唱した構想であり，AI を活用して人間の頭脳をロボットの頭脳に代替させることを指している。

オ 「第三の波」とは，農業革命（第一の波），産業革命（第二の波）に続いて，第三の波としてシンギュラリティが訪れるとする考え方を指している。

解答	イ

■解説

情報化社会の将来像について，代表的なものの内容を問う問題である。

ア：不適切である。DX（デジタルトランスフォーメーション）は，AI やロボットを用いて，製品やサービス，ビジネスモデルや企業風土の変革を目指すものである。このように，デジタル化の目的が単なるコスト削減を超えたものを目指している点が，DX 以前のシステム化と異なる点である。

イ：適切である。Society5.0 とは，狩猟社会（Society1.0），農耕社会（2.0），工業社会（3.0），情報社会（4.0）に続き訪れる新たな創造的な社会として日本が提唱しているものである。

ウ：不適切である。選択肢の記述は Web2.0 に関する記述である。Web3.0 は明確な定義が定まっていないが，分散化，機械学習，プライバシーなどの点で新たな技術の適用が想定されている。

エ：不適切である。インダストリー 4.0 とはドイツ政府が提唱した概念で，第 4 次産業革命として製造業において IoT などの IT 技術を導入することで工場などの生産現場を変革することを目的としたものである。

オ：不適切である。第一の波，第二の波については適切な記述であるが，第三の波は情報社会となることで，脱産業社会が訪れるというものである。

よって，イが正解である。

システム構想策定	ランク	1回目		2回目		3回目	
	A	/		/		/	

■令和3年度　第15問

Society5.0 は，サイバー空間（仮想空間）とフィジカル空間（現実空間）を高度に融合させたシステムにより，経済発展と社会的課題の解決を両立する，人間中心の社会である。

この社会の実現に向けて，SoS（System of Systems）という考え方に注目が集まり始めている。

SoS に関する記述として，最も適切なものはどれか。

ア　SoS では，異機種間のデータ通信を実現するために，通信サービスを7つの階層に分割し，各層ごとに標準的なプロトコルや通信サービスの仕様を定めている。

イ　SoS は，個々のシステムでは達成できないタスクを実現するために複数のシステムが統合されたシステムである。

ウ　SoS は，中央のサーバで処理単位を分割し，それらを多数の PC やサーバで並列処理するというコンピューティングの形態である。

エ　SoS は，ネットワーク機器から分離されたソフトウェアによって，ネットワーク機器を集中的に制御，管理するアーキテクチャである。

オ　SoS は，プレゼンテーション層，ファンクション層，データベース層の機能的に異なる3つのシステムから構成される。

解答	イ

■**解説**

さまざまなシステムの構成方式に関する知識を問う問題である。

ア：不適切である。選択肢の記述はネットワーク通信のモデル化で用いられるOSI基本参照モデルに関する記述である。

イ：適切である。

ウ：不適切である。選択肢の記述はグリッドコンピューティングに関する記述である。

エ：不適切である。選択肢の記述は，ソフトウェアを用いてネットワークを制御する技術であるSDN（Software Defined Networking）に関する記述である。

オ：不適切である。3層クライアントサーバシステムに関する記述である。3層クライアントサーバシステムは以下の3層でクライアントからの処理要求に応答する。
  ・Webブラウザなどからの入力を受け付けて，結果の表示を行うプレゼンテーション層。
  ・入力から問い合わせを生成して，問い合わせの応答から結果表示画面を生成するファンクション層
  ・データベースへのアクセス，問い合わせの応答をファンクション層に返却するデータベースアクセス層

よって，イが正解である。

システム構想策定	ランク	1回目	2回目	3回目
	B	／	／	／

■令和2年度　第4問

　3層クライアントサーバシステムは，現在の情報システム構成の中で最も主流となっているシステムの一つであるので，この特徴を把握しておく必要がある。

　3層クライアントサーバシステムに関する記述として，最も適切なものはどれか。

ア　インフラ層，プラットフォーム層，ソフトウェア層という3層で構成するシステムをいう。

イ　概念レベル，外部レベル，内部レベルという論理的に異なる3層に分けて構成するシステムをいう。

ウ　ネットワーク層，サーバ層，クライアント層という3種類のハードウェア層に分けて構成するシステムをいう。

エ　プレゼンテーション層，ファンクション層，データベースアクセス層という機能的に異なる3層で構成するシステムをいう。

解答	エ

■解説

3層クライアントサーバシステムの構成に関する知識を問う問題である。

3層クライアントサーバシステムの構成は下記のとおりである。

(1) Webブラウザなどからの入力を受け付けて，結果の表示を行うプレゼンテーション層。

(2) 入力から問い合わせを生成して，問い合わせの応答から結果表示画面を生成するファンクション層。

(3) データベースへのアクセス，問い合わせの応答をファンクション層に返却するデータベースアクセス層。

よって，エが正解である。

システム構想策定	ランク	1回目		2回目		3回目	
	B	/		/		/	

■令和 2 年度　第 15 問

　コーポレートガバナンスの重要性とともに，IT ガバナンスの重要性が指摘されている。

　経済産業省の「システム管理基準（平成 30 年 4 月 20 日）」では，IT ガバナンスがどのように定義されているか。最も適切なものを選べ。

ア　業務の有効性および効率性，財務報告の信頼性，事業活動に関わる法令等の遵守，資産の保全を合理的に保証すること。

イ　情報技術に関するコンプライアンスを遵守し，情報セキュリティを高めることによってハッキングなどから守り，情報漏洩などの不祥事が起こらないように情報管理すること。

ウ　経営陣がステークホルダーのニーズに基づき，組織の価値を高めるために実践する行動であり，情報システムのあるべき姿を示す情報システム戦略の策定および実現に必要となる組織能力のこと。

エ　投資家や債権者などのステークホルダーに対して，経営や財務の状況などを適切に開示すること。

解答	ウ

■解説

　経済産業省が作成した「システム管理基準」における，IT ガバナンスに関する知識を問う問題である。

　　ア：不適切である。業務の有効性および効率性，財務報告の信頼性，事業活動に関わる法令等の遵守，資産の保全を合理的に保証することは，内部統制の4つの目的に関する定義である。

　　イ：不適切である。情報管理の要点は，セキュリティに代表される，情報システムにまつわるリスクだけではない。予算や人材といった資源の配分や，情報システムから得られる効果の実現にも十分に留意するよう明記している。

　　ウ：適切である。また，IT ガバナンスを実践するうえで留意すべき点として，選択肢イの解説に記載した点を挙げている。

　　エ：不適切である。IT マネジメントに関する説明責任を有すると記載されている。

　よって，ウが正解である。

システム構想策定	ランク	1回目		2回目		3回目	
	B	／		／		／	

■平成 26 年度　第 13 問

　企業経営において情報システム（IS）の有用性は益々高まりつつある。政府も高度情報通信ネットワーク社会推進戦略本部を設け，様々な政策の検討に入るとともに，「政府 CIO ポータル」サイトを設置して，わが国が世界最高水準の IT 利活用社会になることを目指している。

　このポータルサイトでは，一般的に CIO は「組織におけるイノベータであり，マーケティングから組織内外の情報流通まで含む知識基盤を支える重要な役割」を担うものとしている。

　このポータルサイト内で CIO に必要となる知識体系とされているものに関する記述として，最も適切なものはどれか。

　　ア　IS 戦略・IT ガバナンスにかかわる知識とは，IT 投資管理，組織・人材育成，IT 技術変革潮流，IT リスク管理にかかわる知識である。

　　イ　業務・プロセス改革にかかわる知識とは，IS の個別プロジェクトの目的の達成に求められる計画の立案・実行にかかわる知識である。

　　ウ　経営戦略にかかわる知識とは，IS の適切な調達を行うために求められる調達戦略立案，外部委託先管理等にかかわる知識である。

　　エ　情報活用戦略にかかわる知識とは，企業に蓄積された情報や情報技術を活用したビジネスモデルの変革を担うために必要となる知識である。

解答	ア

■解説

CIO に必要となる知識体系を問う問題である。

ア：適切である。IS 戦略・IT ガバナンスに関わる知識とは，企業の全社戦略や
　　事業戦略の実現を目的として，企業グループ全体の複数の情報システムを最
　　適に利活用するための計画の立案，実行に必要な知識を指す。また，IS 戦
　　略・IT ガバナンスにかかわる知識は，選択肢アの記述のとおり，IT 投資管
　　理，組織・人材育成，IT 技術変革潮流，IT リスク管理にかかわる知識で構
　　成される。

イ：不適切である。IS の個別プロジェクトの目的の達成に求められる計画の立
　　案・実行にかかわる知識は，IS 実行管理に相当する。

ウ：不適切である。IS の適切な調達を行うために求められる調達戦略立案，外
　　部委託先管理等にかかわる知識は，IT 調達管理に相当する。

エ：不適切である。企業に蓄積された情報や情報技術を活用したビジネスモデル
　　の変革を担うために必要となる知識は，経営戦略に相当する。

よって，アが正解である。

システム分析・設計技法（システム開発方法論）	ランク	1回目		2回目		3回目	
	A	／		／		／	

■平成29年度　第17問

　ウォータフォール型システム開発方法論は，システム開発を行う上での基本プロセスである。しかし，それには多くの課題があり，それらを克服することが，多様な開発方法論の提言の動機付けになってきた。

　ウォータフォール型システム開発方法論に関する記述として，最も適切なものはどれか。

　　ア　ウォータフォール型システム開発方法論では，開発プロセスを「要件定義」，「外部設計」，「内部設計」，「開発（プログラミング）」，「テスト」，「運用」の順に行い，後戻りしないことが理想とされている。

　　イ　ウォータフォール型システム開発方法論では，開発プロセスを「要件定義」，「内部設計」，「外部設計」，「開発（プログラミング）」，「運用」，「テスト」の順に行い，後戻りしないことが理想とされている。

　　ウ　ウォータフォール型システム開発方法論に対して，スパイラルモデルでは一連のプロセスを何度も繰り返すことを許すが，その際には，まず全体の概要を構築し，それを徐々に具体化するプロセスが採用される。

　　エ　プロトタイプモデルは，ウォータフォール型システム開発方法論における「テスト」工程でのノウハウがなかなか蓄積できないとの課題に対応して提案されたものである。

解答	ア

■解説

ウォータフォール型システム開発方法論に関する知識を問う問題である。

ア：適切である。要件定義，外部設計，内部設計，プログラミング，各種テスト，運用の順に工程を分けて実施し，工程の後戻りをしないことが理想とされている。

イ：不適切である。プログラミングの後に，内部設計・外部設計のとおりにプログラミングが行われたことを確認するためのテストを行ってから，システムの利用を開始する運用を行う。プログラムが設計のとおりに実装されたことをテストで確認する前に運用を行うわけではない。

ウ：不適切である。全体の概要を構築し，徐々に具体化するプロセスを採用するのはウォータフォール型システム開発である。スパイラル開発では，システムを複数のサブシステムに分け，基本となるサブシステムをまずウォータフォール型システム開発の手法で開発してユーザに試用してもらい，ユーザからの要望を反映させて次のサブシステムを開発するシステム開発方法論である。

エ：不適切である。プロトタイプモデルでは，ユーザが希望するシステムの仕様と，実際の開発対象のシステムに乖離が発生しないように，試作品を作成して認識合わせをしながらシステム開発を行う方法論である。したがって，要件定義工程におけるユーザとシステム開発側の意識のずれの問題を改善するために提案された開発方法論である。

よって，アが正解である。

システム分析・設計技法（システム開発方法論）	ランク	1回目		2回目		3回目	
	A	／		／		／	

■令和元年度　第5問

　Web サービス開発では，従来のシステム開発とは異なる手法を採用することで，開発の迅速化やコストを低減することができる。

　そのような開発手法の1つであるマッシュアップに関する記述として，最も適切なものはどれか。

　　ア　開発対象のシステムを分割し，短期間に計画・分析・プログラミング・テストなどを繰り返して実施する方法である。

　　イ　既存ソフトウェアの動作を解析することで，プログラムの仕様やソースコードを導き出す方法である。

　　ウ　公開されている複数の Web サービスを組み合わせることで新しいサービスを提供する方法である。

　　エ　部品として開発されたプログラムを組み合わせてプログラムを開発する方法である。

解答	ウ

■解説

　開発の迅速化やコスト低減のために利用する開発手法である，マッシュアップに関する知識を問う問題である。

　　ア：スパイラルモデルに関する記述である。スパイラルモデルでシステムを開発する場合，システムを独立性の高いサブシステムに分解して開発を繰り返す。

　　イ：リバースエンジニアリングに関する基準である。リバースエンジニアリングでは，既存ソフトウェアの動作を解析することで，プログラム内部の構造やソースコードを推定することで，新たなシステムの開発の参考にする。

　　ウ：適切な記述である。マッシュアップとは Web 上のサービスやデータを呼び出すことで，新しいサービスを提供することを指す。たとえば，オンラインの地図サービスと，災害情報提供サービスを組み合わせてハザードマップを提供するサービスなどがマッシュアップにあたる。

　　エ：プログラムをライブラリと呼ばれる部品の単位に分割して開発する方式に関する記述である。マッシュアップは単体で1つのサービスとして成立するプログラム群を組み合わせるのに対して，ライブラリは単体ではサービスとして成立しないものである点が異なる。

　よって，ウが正解である。

システム分析・設計技法（システム開発方法論）	ランク	1回目	2回目	3回目
	A	／	／	／

■令和 4 年度　第 13 問

　システム開発の方法論は多様である。システム開発に関する記述として，最も適切なものはどれか。

　　ア　DevOps は，開発側と運用側とが密接に連携して，システムの導入や更新を柔軟かつ迅速に行う開発の方法論である。

　　イ　XP は，開発の基幹手法としてペアプログラミングを用いる方法論であり，ウォーターフォール型開発を改善したものである。

　　ウ　ウォーターフォール型開発は，全体的なモデルを作成した上で，ユーザにとって価値ある機能のまとまりを単位として，計画，設計，構築を繰り返す方法論である。

　　エ　スクラムは，動いているシステムを壊さずに，ソフトウェアを高速に，着実に，自動的に機能を増幅させ，本番環境にリリース可能な状態にする方法論である。

　　オ　フィーチャ駆動開発は，開発工程を上流工程から下流工程へと順次移行し，後戻りはシステムの完成後にのみ許される方法論である。

解答	ア

■解説

システム開発の方法論の代表的なものの特徴を問う問題である。

ア：適切な記述である。

イ：不適切な記述である。XP はウォーターフォール型開発を改善したものではなく，別の方法論である。

ウ：不適切な記述である。スパイラルモデルに関する記述である。

エ：不適切な記述である。選択肢の記述は，CI/CD に関する記述である。なお，CI は Continuous Integration（継続的インテグレーション）の略で，開発したソフトウェアをビルドしテストすることを効率化・自動化することを指す。また CD は Continuous Delivery（または Deployment）つまり継続的デリバリー（デプロイ）の略で，CI でテスト結果が OK とされたソフトウェアを継続的にリリース（ユーザーが使えるように公開すること）することを指す。CI/CD は，スクラム開発において開発したソフトウェアの追加機能をリリースする際に導入されることが推奨されるが，必須ではない。

オ：不適切な記述である。選択肢の記述は，ウォーターフォール型開発に関する記述である。フィーチャ駆動開発は，ユーザにとって価値のある小さな機能の塊（フィーチャ）を単位として，実際に動作するソフトウェアの開発とリリースを，短期かつ高頻度で繰り返す開発手法である。

よって，アが正解である。

システム分析・設計技法（システム開発方法論）	ランク	1回目	2回目	3回目
	A	/	/	/

■**令和元年度　第 17 問**

システム開発の考え方やモデルは多様である。システム開発に関する記述として，最も適切なものはどれか。

ア　DevOps とは，システムの開発とシステムの運用を同時並行的に行うシステム開発の考え方である。

イ　ウォーターフォールモデルは，開発工程を上流工程から下流工程へと順次移行し，後戻りはシステムの完成後にのみ許される。

ウ　スクラムは，開発チームの密接な連携を前提にする開発手法であるが，物理的に同じ場所で作業をすることは必ずしも必要ではない。

エ　プロトタイピングモデルにおけるプロトタイプとは，システム要件を確認した後に廃棄する試作品のことである。

解答	ウ

■解説

システム開発における開発プロセスに関する知識を問う問題である。

ア：不適切である。DevOps とは，開発担当者と運用担当者が一体となり，お互いに協力してシステムの開発・リリースを的確に行おうという考え方である。システム開発とシステム運用を同時並行的に行うことを指しているわけではない。

イ：不適切である。ウォーターフォールモデルでは，システムの完成後であっても後戻りはしない。再度，上流工程から下流工程に順次移行するプロセスを実行する。

ウ：適切である。開発チームの密接な連携を前提とするため，物理的に同じ場所で作業することが望ましいとされているが，必須ではない。

エ：不適切である。プロトタイピングは，画面やユーザに見える動作について，ユーザの希望する仕様と齟齬が発生しないように，試作品を作成して認識合わせを行う開発方法論である。システム要件確認後のプロトタイプ廃棄は，特に必須ではない。

よって，ウが正解である。

システム分析・設計技法（システム開発方法論）	ランク	1回目		2回目		3回目	
	A	/		/		/	

■令和3年度　第18問

アジャイル開発の手法の1つにエクストリーム・プログラミング（XP）がある。
XP ではいくつかのプラクティスが定義されている。
XP のプラクティスに関する記述として，最も適切なものはどれか。

ア　1週間の作業時間は，チームのメンバー全員で相談して自由に決める。

イ　2人のプログラマがペアになって，同じ PC を使用して交代しながらプログラミングを行う。

ウ　ソースコードの修正や再利用は，責任を明確にするために，作成者だけが行うようにする。

エ　プログラムを書く前にテストケースを作成しておき，動作を確認した上でプログラムを洗練させていく。

オ　リファクタリングの際には，開発効率を高めるために内部構造には変更を加えず，外部から見た振る舞いを変更する。

解答	エ

■解説

　XP のプラクティスに関する具体的な知識を問う問題である。

　　ア：不適切である。XP のプラクティスには，作業時間を全員で相談して自由に
　　　　決めるという記述は特にない。

　　イ：不適切である。XP におけるペアプログラミングでは，2 人のプログラマが
　　　　ペアになって 1 つのプログラミングを行うが，同じ PC を使う必要はない。

　　ウ：不適切である。XP ではチームの誰とでもコードを共同所有するため，作成
　　　　者だけが修正や再利用ができるわけではない。

　　エ：適切である。テスト駆動開発と呼ばれる手法である。テストを予め作成する
　　　　ことで，過剰な作り込みによる無駄が省略できるなどのメリットを享受でき
　　　　る。

　　オ：不適切である。リファクタリングとは，外部から見た振る舞いを変更せず，
　　　　内部構造の問題点を改善する営みである。

　よって，エが正解である。

システム分析・設計技法（システム開発方法論）	ランク	1回目	2回目	3回目
	A	／	／	／

■平成 27 年度　第 18 問

　近年の多様な IT 機器の発達，激しいビジネス環境の変動の中で，アジャイルシステム開発が注目されている。アジャイルシステム開発の方法論であるフィーチャ駆動開発，スクラム，かんばん，XP に関する記述として，最も適切なものはどれか。

ア　フィーチャ駆動開発は，要求定義，設計，コーディング，テスト，実装というシステム開発プロセスを逐次的に確実に行う方法論である。

イ　スクラムは，ラウンドトリップ・エンジニアリングを取り入れたシステム開発の方法論である。

ウ　かんばんは，ジャストインタイムの手法を応用して，システム開発の際に，ユーザと開発者との間でかんばんと呼ばれる情報伝達ツールを用いることに特徴がある。

エ　XP は，開発の基幹手法としてペアプログラミングを用いるが，それは複数のオブジェクトを複数の人々で分担して作成することで，システム開発の迅速化を図ろうとするものである。

解答	イ

■解説

　システム開発の手法の１つであるアジャイルシステム開発に関する知識を問う問題である。

ア：不適切である。要求定義，設計，コーディング，テスト，実装というシステム開発プロセスを逐次的に実施するのは，ウォーターフォール型のシステム開発手法である。

イ：適切である。ラウンドトリップ・エンジニアリングとは，要求定義，設計，コーディングを行ったり来たりしながら，生産物の品質を向上させていく手法である。この手法を実現するために，ソースコードや設計書（UMLのモデル図など）のいずれかが変更された際に，自動的に互いの更新を同期して反映する機能をもつ開発ツールなどが存在する。

ウ：不適切である。かんばんは，ユーザと開発者の間ではなく，工程の前後の開発者同士で作業状況を情報共有するために用いられる情報伝達ツールである。

エ：不適切である。XPでペアプログラミングを用いるという記述は適切であるが，目的はシステム開発の迅速化だけではなく，２名の開発者が１つのプログラムを作成することで，品質向上を実現することも目的とされることがある。

　よって，イが正解である。

システム分析・設計技法（システム開発方法論）	ランク	1回目	2回目	3回目
	A	／	／	／

■平成26年度　第15問

　近年注目されているシステム開発手法に関する記述として，最も適切なものはどれか。

　ア　エクストリームプログラミングは，システムテストを省くなどしてウォーターフォール型システム開発を改善した手法である。

　イ　エンベデッドシステムは，あらかじめインストールしておいたアプリケーションを有効に利用してシステム開発を行う手法である。

　ウ　オープンデータは，開発前にシステム構想およびデータをユーザに示し，ユーザからのアイデアを取り入れながらシステム開発を行う手法である。

　エ　スクラムは，開発途中でユーザの要求が変化することに対処しやすいアジャイルソフトウェア開発のひとつの手法である。

解答	エ

■解説

　従来型のウォーターフォール開発以外の，システム開発手法に関する知識を問う問題である。

　ア：不適切である。エクストリームプログラミング（XP）は，システムテストを省く開発手法ではない。開発の初期段階の設計よりも，コーディング（コンピュータプログラムの作成）や，システムの要件を満たしてソフトウェアが動作することをシステムテスト等で確認することを重視する開発手法である。

　イ：不適切である。エンベデッドシステムとは，組み込みシステムとも呼ばれ，従来は電子回路などのハードウェアにより実現していた機能を，機器に組み込んだソフトウェアで実現したシステムである。たとえば，初期の電気炊飯器は熱により金属が屈曲する原理を利用して電源を ON/OFF することで炊飯するという制御を行っていたが，現在の炊飯器は，炊きあがりの硬さなどの設定や外気温や経過時間などの変数に応じて，機器に組み込まれたソフトウェアが窯の温度を制御する。

　ウ：不適切である。オープンデータとは，政府や民間の組織が保有するデータを公開したものである。近年，行政が地図，各種統計などのデータを公開し，企業に２次利用を許可することで新たな産業を創出する取組みが進められている。

　エ：適切である。スクラムは，開発途中でユーザの要求が変化することを想定したソフトウェア開発手法である。

　よって，エが正解である。

システム分析・設計技法（各種チャート）	ランク	1回目	2回目	3回目
	A	／	／	／

■平成 27 年度　第 16 問

　システム設計の際に使われる図に関する以下の①～④の記述と，図の名称の組み合わせとして，最も適切なものを下記の解答群から選べ。

① 　情報システムの内外の関係するデータの流れを表す図である。

② 　データを，実体，関連およびそれらの属性を要素としてモデル化する図である。

③ 　システムにはどのような利用者がいるのか，利用者はどのような操作をするのかを示すために使われる図である。

④ 　システムの物理的構成要素の依存関係に注目してシステムの構造を記述する図である。

〔解答群〕

　ア　①：DFD　②：ERD　③：アクティビティ図　　④：配置図

　イ　①：DFD　②：ERD　③：ユースケース図　　④：コンポーネント図

　ウ　①：ERD　②：DFD　③：ステートチャート図　④：コンポーネント図

　エ　①：ERD　②：DFD　③：ユースケース図　　④：配置図

解答	イ

■解説

システム設計の際に使われる図に関する知識を問う問題である。

①：DFD（Data Flow Diagram）に関する記述である。DFDとは，情報システムの内外の関係するデータの入力，出力を記述する図である。

②：ERD（Entity Relation Diagram。ER図とも記載される）に関する記述である。ERDは，テーブル間の相関関係など，データベースの論理的な構造の設計を行う際に利用される。

③：ユースケース図に関する記述である。ユースケース図とは，システムにはどのような利用者がいるのか，その利用者がどのような操作をするのかを記述する，UMLのダイヤグラムの1つである。

④：コンポーネント図に関する記述である。コンポーネント図では，ファイル，ライブラリ，実行プログラムなど，システムの物理的構成要素の依存関係に注目してシステムの構造を記述する図である。

よって，イが正解である。

システム分析・設計技法（各種チャート）	ランク	1回目	2回目	3回目
	A	／	／	／

■令和4年度　第11問

　製品修理を専門に行う中小企業がある。下図は，この企業の修理業務の一部を
UML のクラス図として描いたものである。この図の解釈として，最も適切なものを
下記の解答群から選べ。

〔解答群〕

　ア　いずれの従業員も，少なくとも1つ以上の修理を担当する。

　イ　いずれの従業員も，複数の修理を担当することは許されない。

　ウ　各修理に対して，担当する従業員は1人以上である。

　エ　各修理に対して，担当する従業員は必ず1人である。

　オ　担当する従業員が存在しない修理もあり得る。

解答	エ

■**解説**

　UMLのクラス図について，具体的な図を用いて図の意味を適切に読み解くことができる能力を問う問題である。

　　ア：不適切である。図中の 0..* は，従業員が担当する修理が 0 以上であることを表すため，担当する修理が 0 の従業員も存在しうる。

　　イ：不適切である。図中の 0..* は，従業員が担当する修理が 0 以上であることを表すため，担当する修理が複数の従業員も存在しうる。

　　ウ：不適切である。図中の従業員側の数字が 1 であるため，各修理を担当する従業員は必ず 1 名となり，2 名以上になることはない。

　　エ：適切である。図中の従業員側の数字が 1 であるため，各修理を担当する従業員は必ず 1 名である。

　　オ：不適切である。図中の従業員側の数字が 1 であるため，0 となることはない。

　よって，エが正解である。

システム分析・設計技法（各種チャート）	ランク	1回目	2回目	3回目
	B	/	/	/

■平成 30 年度　第 20 問

　下図は，ある中小企業 A 社のプロジェクト管理に関する現行の業務の一部を UML のクラス図として描いたものである。【属性に関する前提】と【凡例】を参考にしつつ，この図の解釈として最も適切なものを下記の解答群から選べ。

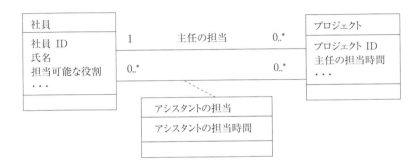

【属性に関する前提】

・「担当可能な役割」の値は，「主任」あるいは「アシスタント」のいずれかである。

・「主任の担当時間」の値は，各プロジェクトに投入する主任の担当時間数である。

・「アシスタントの担当時間」の値は，各プロジェクトに各アシスタントが投入する担当時間数である。

【凡例】

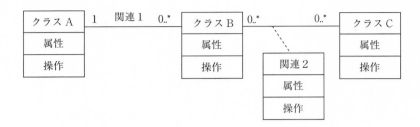

　長方形はクラスを表す。長方形の上段はクラス名，中段は属性名，下段は操作名を記述する。なお，属性名および操作名は省略できる。

　クラス間を結ぶ線はクラス間の関連を表し，この線の中央に関連名を記述する。ただし，関連が属性を持つ場合には，関連を表す線から点線を引いて関連クラスを設ける。凡例では関連2が関連クラスに該当する。

　また，関連を表す線の両方の終端近くには，それぞれの相手に対するクラス間の多重度の範囲を表す。ここで，多重度とは，一方のクラスの1つのオブジェクトに対して接続されている，他方のクラスのオブジェクトの個数を示すものである。多重度の範囲は，下限を n，上限を m とする場合は「n..m」という形式で表す。例えば，接続が必ず1つの場合は「1」，接続が存在しないかあるいは1つの場合は「0..1」，接続がゼロ以上の場合は「0..*」などのように表す。

〔解答群〕

　ア　各社員は，役割の兼務が認められ，あるプロジェクトでは主任を担当し，また
　　　別のプロジェクトではアシスタントを担当できる。

　イ　各プロジェクトでは，担当するアシスタントは1人以上である。

　ウ　各プロジェクトでは，担当する主任は必ず1人である。

　エ　各プロジェクトでは，担当する主任は1人であるか，あるいは担当するアシス
　　　タントは1人以上であるかのいずれかである。

解答	ウ

■解説

　UML のクラス図について，具体的な知識を問う問題である。

　　ア：不適切である。図中の社員クラスの記述より，「担当可能な役割」は 1 つで
　　　　あるため役割の兼務はできない。

　　イ：不適切である。「アシスタントの担当」の関連をあらわす線の左端が 0 の値
　　　　をとりうるため，担当するアシスタントは 0 人以上となる。よって選択肢の
　　　　「1 人以上」という記述は不適切である。

　　ウ：適切である。「主任の担当」の関連をあらわす線の左端が 1 のみであるため，
　　　　各プロジェクトを担当する主任は必ず 1 人である。

　　エ：不適切である。選択肢ウの解説のとおり，各プロジェクトを担当する主任は
　　　　アシスタントの人数にかかわらず必ず 1 人である。また，選択肢イの解説の
　　　　とおりアシスタントは 0 人以上である。

　よって，ウが正解である。

システム分析・設計技法（各種チャート）	ランク	1回目		2回目		3回目	
	A	／		／		／	

■平成 26 年度　第 17 問

　下図のA〜Dは，システム分析もしくはシステム設計に使われる図である。図とその名称の組み合わせとして最も適切なものを下記の解答群から選べ。

図A

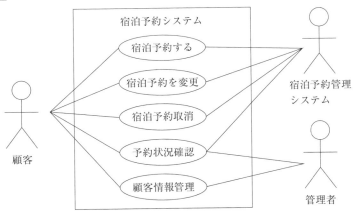

図B

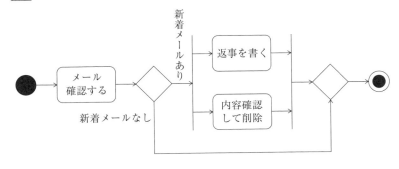

図C

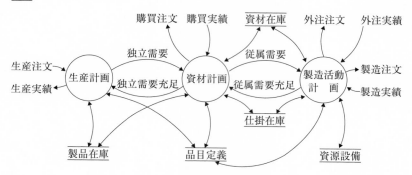

図D

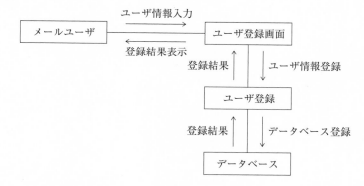

〔**解答群**〕

　ア　図A：アクティビティ図　　　　図B：ステートチャート図
　　　図C：DFD　　　　　　　　　　図D：ユースケース図

　イ　図A：コミュニケーション図　　図B：アクティビティ図
　　　図C：オブジェクト図　　　　　図D：配置図

　ウ　図A：ユースケース図　　　　　図B：DFD
　　　図C：アクティビティ図　　　　図D：コミュニケーション図

　エ　図A：ユースケース図　　　　　図B：アクティビティ図
　　　図C：DFD　　　　　　　　　　図D：コミュニケーション図

解答	エ

■解説

　システム分析およびシステム設計で用いられる各種の図に関する知識を問う問題である。

　図Cは，DFDである。平成24年度第17問，平成19年度第16問でDFDの図について出題されており，これらの問題を学習していた受験生は，正しい選択肢をアとエに絞り込むことで対応が容易にすることが可能な問題であった。

　その他の図については下記のとおりである。

　　図A：ユースケース図である。ユースケース図とは，利用者や外部システムが図解対象のシステムとどのようにやり取りするかを示す図である。

　　図B：アクティビティ図である。アクティビティ図とは，ある処理の開始から終了までの流れを，実行順に表現した図である。

　　図D：コミュニケーション図である。コミュニケーション図とは，オブジェクト指向アプリケーションにおけるオブジェクト間のメッセージフローを表す図である。

　よって，エが正解である。

システム分析・設計 技法（各種チャート）	ランク	1回目	2回目	3回目
	A	／	／	／

■令和5年度　第17問

　システム開発に利用されるモデリング手法には，DFD，ER図，UMLなどがある。それぞれの手法に関する記述として，最も適切な組み合わせを下記の解答群から選べ。

　　a　DFDは，データの流れに着目して対象業務のデータの流れと処理の関係を記述する。

　　b　ER図は，システムの状態とその遷移を記述する。

　　c　UMLにおけるアクティビティ図は，システムが提供する機能を記述する。

　　d　UMLにおけるシーケンス図は，オブジェクト間の相互作用を時系列に記述する。

　　e　UMLにおけるユースケース図は，業務や処理の実行順序を記述する。

〔解答群〕

　　ア　aとc

　　イ　aとd

　　ウ　bとd

　　エ　bとe

　　オ　dとe

解答	イ

■解説

　システムのモデリング手法の標準的なツールの1つである，UML（Unified Modeling Language）に含まれる，DFD や ER 図などの各種ダイアグラムの概要を問う問題である。

　　a：適切である。DFD とは Data Flow Diagram の略で，情報システムの内外の関係するデータの入力，出力を記述する図である。

　　b：不適切である。選択肢の記述は UML の状態遷移図に関する記述である。

　　c：不適切である。選択肢の記述は，UML におけるユースケース図に関する記述である。

　　d：適切である。シーケンス図は，オブジェクト間のメッセージの流れを時系列的に表現する図である。

　　e：不適切である。選択肢の記述は，UML のアクティビティ図に関する記述である。

　よって，イが正解である。

システム分析・設計技法（各種チャート）	ランク	1回目		2回目		3回目	
	A	/		/		/	

■令和 2 年度　第 17 問

　オブジェクト指向のシステム開発に利用されるモデリング技法の代表的なものとして，UML（Unified Modeling Language）がある。

　UML で利用されるダイアグラムにはいろいろなものがあるが，下記の a ～ d の記述はどのダイアグラムに関する説明か。最も適切なものの組み合わせを下記の解答群から選べ。

　　a　対象となるシステムとその利用者とのやり取りを表現するダイアグラム。

　　b　対象となるシステムを構成する概念・事物・事象とそれらの間にある関連を表現するダイアグラム。

　　c　システム内部の振る舞いを表現するためのもので，ユースケースをまたがったオブジェクトごとの状態遷移を表現するダイアグラム。

　　d　活動の流れや業務の手順を表現するダイアグラム。

〔解答群〕

　ア　a：アクティビティ図　　　　b：オブジェクト図
　　　c：ユースケース図　　　　　d：シーケンス図

　イ　a：クラス図　　　　　　　　b：配置図
　　　c：コミュニケーション図　　d：ステートマシン図

　ウ　a：コミュニケーション図　　b：コンポーネント図
　　　c：アクティビティ図　　　　d：クラス図

　エ　a：ユースケース図　　　　　b：クラス図
　　　c：ステートマシン図　　　　d：アクティビティ図

解答	エ

■解説

システム開発における開発プロセスに関する知識を問う問題である。

a：ユースケース図である。ユースケース図とは，下図のように利用者や外部シ
ステムが図解対象のシステムとどのようにやり取りするかを示す図である。

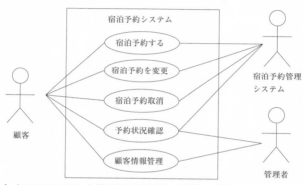

b：対象となるシステムを構成する概念・事物・事象とそれらの間にある関連を
表現するダイアグラムは，クラス図である。

c：システム内部の振る舞いを表現するためのもので，ユースケースをまたがっ
たオブジェクトごとの状態遷移を表現するダイアグラムは，ステートマシン
図である。

d：下図のように活動の流れや業務の手順を表現するダイアグラムは，アクティ
ビティ図である。

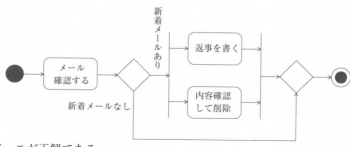

よって，エが正解である。

システム分析・設計 技法（各種チャート）	ランク	1回目		2回目		3回目	
	A	／		／		／	

■**令和3年度　第14問**

システム開発に利用されるオブジェクト指向のモデリング技法に UML（Unified Modeling Language）がある。

UML のダイアグラムに関する記述として，最も適切なものはどれか。

ア　アクティビティ図は，対象となるシステムとその利用者とのやり取りを表現するダイアグラムである。

イ　オブジェクト図は，対象となるシステムを構成する概念・事物・事象とそれらの間にある関連を表現するダイアグラムである。

ウ　シーケンス図は，オブジェクト間のメッセージの流れを時系列的に表現するダイアグラムである。

エ　ステートマシン図は，活動の流れや業務の手順を表現するダイアグラムである。

オ　ユースケース図は，システム内部の振る舞いを表現するためのもので，ユースケースをまたがったオブジェクトごとの状態遷移を表現するダイアグラムである。

解答	ウ

■**解説**

UML の各種ダイアグラムに関する知識を問う問題である。

ア：不適切な記述である。選択肢の記述に該当するダイアグラムは，ユースケース図である。

イ：不適切な記述である。選択肢の記述に該当するダイアグラムは，クラス図である。

ウ：適切な記述である。シーケンス図は，下図のように，オブジェクト間のメッセージの流れを時系列的に表現する際に使用される。

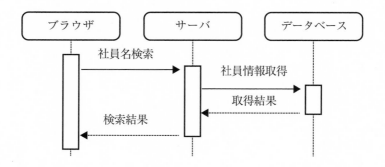

エ：不適切な記述である。選択肢の記述に該当するダイアグラムは，アクティビティ図である。

オ：不適切な記述である。選択肢の記述に該当するダイアグラムは，ステートマシン図である。

よって，ウが正解である。

2. 現行システムの分析，システムテスト・導入支援

▶▶ 出題項目のポイント

　システム開発におけるテストについて問われている出題領域である，テストはシステムを構成する要素をすべて完成させてから行うのではなく，システム開発途中の段階で，完成度に応じたテストを行う。中小企業診断士1次試験の過去問で問われている，下記のテストの種類の概要について理解していただきたい。

・モジュールテスト

　　プログラムモジュールごとに，設計どおりに動作することを確認する。通常は開発者側が実施する。

・システムテスト

　　プログラムモジュールを組み合わせた状態で，設計どおりに動作することを確認する。システム開発側が実施することが多いが，システムに処理の負荷をかけるシステムを利用する業務がどの程度あるかなど，発注側でなければ正確にテストできない事項については，一部を発注者側が実施することがある。

・承認（検収）テスト

　　システム要件定義どおりにシステム全体が動作することを確認する。システムを検収してよいかどうかの判断を行うため，どのようなテストを行うかは発注側が指定する。

▶▶ 出題の傾向と勉強の方向性

　経営情報システム全体に対する出題頻度が比較的少ない出題領域であるため，学習の優先度が相対的に低めである。システムのテストの実施分担について，発注側で実施するか，ソフトウェア開発側で行うかを複数回問われている以外は，特定の知識を繰り返し問われている箇所はないことから，メリハリをつけた対策を実施いただきたい。

■取組状況チェックリスト

2. 現行システムの分析，システムテスト・導入支援						
システムテスト・導入支援						
問題番号	ランク	1回目		2回目		3回目
令和 2 年度 第 20 問	B	／		／		／
平成 29 年度 第 19 問	A	／		／		／
令和元年度 第 18 問	A	／		／		／
平成 27 年度 第 19 問	A	／		／		／
平成 30 年度 第 21 問	A	／		／		／
令和 5 年度 第 18 問	C＊	／		／		／

＊ランク C の問題と解説は，「過去問完全マスター」の HP（URL：https://jissen-c.jp/）よりダウンロードできます。

システムテスト・導入支援	ランク	1回目	2回目	3回目
	B	／	／	／

■**令和2年度　第20問**

　システム開発において行われるテストの一つに，ブラックボックステストがある。

　ブラックボックステストにおいて，考慮すべき条件とその条件に対する結果の組み合わせを整理するマトリックスで，テスト対象の項目を検討するために用いられるものを何というか。最も適切なものを選べ。

　ア　決定表（ディシジョンテーブル）

　イ　ステートダイヤグラム

　ウ　直交表

　エ　ペイオフマトリックス

解答	ア

■解説

ブラックボックステストのテスト項目を検討する際に使用するツールに関する知識
を問う問題である。

- ア：適切である。決定表により，条件と，その条件に対する処理結果の組み合わ
  せを整理し，それらのうち，どのテストを実施するか検討する。

- イ：不適切である。ステートダイヤグラムは，プログラムの内部状態（ステー
  ト）の遷移条件を整理するチャートであるため，ホワイトボックステストの
  検討に利用される。

- ウ：不適切である。直交表は，2つの条件を表の縦と横に記載し，条件とプログ
  ラムの処理結果を網羅的に検討・整理する際に使用する。網羅的な条件の検
  討のために利用されるものであり，テスト対象の項目の検討方法として，選
  択肢のうち最も適切とはいえない。

- エ：不適切である。ペイオフマトリックスとは，縦軸に効果を，横軸に実現性と
  して，アイデアなどをプロットして整理する際に使用するチャートである。

よって，アが正解である。

システムテスト・導入支援	ランク	1回目	2回目	3回目
	A	／	／	／

■平成 29 年度　第 19 問

　ソフトウェアの開発では，作成したプログラムのモジュール単体に対するテストや，モジュール同士の結合テストなど，さまざまなテストをしてから運用に入る。

　テストに関する記述として，最も適切なものはどれか。

　　ア　結合テストの方法の1つにビッグバンテストがあり，複数のモジュールを一挙に結合して，その動作を検証する。

　　イ　上位モジュールと下位モジュールを結合してテストを実施したいが上位モジュールが完成していない場合，スタブと呼ばれるダミーモジュールを作ってテストする。

　　ウ　ブラックボックステストでは，モジュール内の分岐や繰り返しなど，内部ロジックが正しいかをテストする。

　　エ　モジュールのテストでは，まずモジュール間を接続し，結合テストを行って全体の整合性を確認し，その後単体テストを実施してモジュール単体の動作を詳しくテストする。

解答	ア

■解説

システムテストに関する知識を問う問題である。

ア：適切である。ビッグバンテストでは，すべてのモジュールを組み合わせてから一気に動作させる。システムの規模が小さく構造が単純なプログラムでは，ビッグバンテストにより効率的に開発を行うことができる場合がある。なお，大規模なシステムでは，一部のモジュールを組み合わせたテストを実行してから，徐々に組み合わせるモジュールを増やしたテストを行うことで，バグ発見時の解析や改修が複雑になるリスクを低減する。

イ：不適切である。上位モジュールが完成していない場合に作成するダミーモジュールはドライバーである。スタブは，下位モジュールが完成していない場合に作成するダミーモジュールである。

ウ：不適切である。テスト対象のモジュールの内部ロジック（分岐や繰り返しなど）が正しいかを試験するのは，ホワイトボックステストである。ブラックボックステストでは，内部ロジックを考慮せず，テスト対象のモジュールへの入力に対して，正しい出力が行われるかをテストする。

エ：不適切である。モジュールのテストでは，単体テストを実施してモジュール単体の動作が正常に行われることを確認した後に，モジュールを接続する結合テストを行う。

よって，アが正解である。

システムテスト・ 導入支援	ランク	1回目	2回目	3回目
	A	／	／	／

■**令和元年度　第18問**

　ある中小企業では，出退勤システムの実装を進めている。バーコードリーダーを用いて社員証の社員番号を読み取り，出退勤をサーバ上で管理するためのプログラムが作成され，テストの段階に入った。

　テストに関する記述として，最も適切なものはどれか。

　　ア　結合テストは，出退勤システム全体の処理能力が十分であるか，高い負荷でも問題がないか，などの検証を行うために，実際に使う環境で行うテストである。

　　イ　ブラックボックステストは，出退勤システムに修正を加えた場合に，想定外の影響が出ていないかを確認するためのテストである。

　　ウ　ホワイトボックステストは，社員証の読み取りの際のチェックディジットの条件を網羅的にチェックするなど，内部構造を理解した上で行うテストである。

　　エ　リグレッションテストは，社員証の読み取りやサーバ送信などの複数モジュール間のインタフェースが正常に機能しているかを確認するテストである。

解答	ウ

■解説

システム開発において，品質を確認するための各種テストに関する知識を問う問題である。

ア：不適切である。結合テストでは，プログラムの部品であるモジュールを結合して，全体の整合性を確認することが目的であるため，実際に使うコンピュータ環境上で高負荷時の稼働などを確認することは必須ではない。

イ：不適切である。選択肢の記述は，リグレッションテスト（回帰テスト）に関する記述である。ブラックボックステストとは，プログラムの内部構造を考慮せず，設計書で規定したインタフェースや機能のとおりに動作することを確認するテストである。

ウ：適切である。ホワイトボックステストとは，ブラックボックステストと対になるテスト方式で，内部構造を理解した上で行うテストである。

エ：不適切である。選択肢の記述は，結合テストに関する記述である。

よって，ウが正解である。

システムテスト・導入支援	ランク	1回目		2回目		3回目	
	A	/		/		/	

■平成 27 年度　第 19 問

　多様な情報システムを開発して新規に導入したり，以前からあった情報システムを変更して利用したりすることが頻繁に行われ，情報システムの複雑性が増している。情報システムが複雑になればなるほど，ソフトウェアテストの重要性が高まる。これに関する記述として最も適切なものはどれか。

ア　Ｖ字モデルにおけるテストとは，システム開発の過程をさかのぼるようにして，総合テスト，受入テスト，単体テストを逐次に実施する方法である。

イ　回帰テストとは，保守によってシステムに変更が加えられたならば，変更した部分だけのテストを行う方法である。

ウ　デシジョンテーブルテストとは，ソフトウェアの利用に際してユーザが行う意思決定の内容を，デシジョンテーブルに整理してテストを行う方法である。

エ　ブラックボックステストとは，プログラムの内部構造は考慮せず，機能やインタフェースだけに着目してテストデータを作成し，テストを行う方法である。

解答	エ

■解説

プログラムのテスト手法に関する知識を問う問題である。

ア：不適切である。V字モデルにおけるテストはシステム開発の過程をさかのぼるようにして実施される旨の記述は妥当であるが，実施順序は，単体テスト（プログラムの部品ごとに設計どおりの動作を行うか確認するテスト），総合テスト（プログラムの部品を結合した状態で適切な動作を行うか確認するテスト），受入テスト（要求条件に沿った動作を行うか確認するテスト）の順である。

イ：不適切である。回帰テストとは，保守などにより既存のシステムに変更が加えられた場合に，変更した部分に限らず関連するその他の部分についても，変更による悪影響が発生していないか確認するテストである。

ウ：不適切である。デシジョンテーブルテストとは，テスト対象のプログラムの仕様を，入力データパターンごとに出力されるべきデータやプログラムの振る舞いのパターンを表に書き出し，プログラムがその表のとおりに動作するか確認するテストである。

エ：適切である。ブラックボックステストとは，プログラムの内部構造を考慮せず，設計書で規定したインターフェースや機能のとおりに動作することを確認するテストである。

よって，エが正解である。

システムテスト・導入支援	ランク	1回目		2回目		3回目	
	A	/		/		/	

　中小企業が外注によって情報システムを開発する場合，外注先に任せきりにするのではなく，情報システムのテストに留意するなど，当事者意識を持つ必要がある。

　テストに関する記述として最も適切なものはどれか。

　　ア　システム開発の最終段階で，発注者として，そのシステムが実際に運用できるか否かを，人間系も含めて行うテストをベータテストという。

　　イ　ソースコードの開発・追加・修正を終えたソフトウェアが正常に機能する状態にあるかを確認する予備的なテストをアルファテストという。

　　ウ　対象箇所や操作手順などを事前に定めず，実施者がテスト項目をランダムに選んで実行するテストを A/B テストという。

　　エ　プログラムを変更した際に，その変更によって予想外の影響が現れていないかどうか確認するテストを回帰テストという。

解答	エ

■解説

情報システムの開発におけるテストに関する知識を問う問題である。

ア：不適切である。発注者として，そのシステムが実際に運用できるか否かを，人間系も含めて行うテストは，運用テストである。運用テストでは，たとえばシステムが印刷した紙を人間が見て他のシステムに入力するなど，システムを操作する人間の動きも含めて期待する動作が行われるかを確認する。ベータテストとは，ベータ版のシステム（正式サービス開始直前のシステム）を一部ユーザに使用してもらい，改善要望や不具合などの情報収集を行うために実施されるテストである。

イ：不適切である。ソースコードの開発・追加・修正を終えたソフトウェアが正常に機能する状態にあるかを確認する予備的なテストは，スモークテストである。スモークテストは，本格的なテストの開始すらできない品質のプログラムが，テスト環境に提供されることを防ぐ目的で，起動やコンパイルの正常終了など最低限の確認だけを行う。アルファ版とはベータ版の前の段階を指し，一部の機能だけ動作する状態である。アルファテストはこのアルファ版を対象としたテストで，優先度の高い特定の機能について，なるべく早期に性能や使い勝手を確認する目的で実施される。

ウ：不適切である。対象箇所や操作手順などを事前に定めず，実施者がテスト項目をランダムに選んで実行するテストは，モンキーテスト（アドホックテスト）である。A/Bテストとは，動作や見た目が異なる複数のソフトウェアをユーザに公開し，どちらがユーザの反応がよいか調査することを指す。

エ：適切である。回帰テストとは，バグの修正などにより既存のプログラムに変更が加えられた場合に，変更したプログラムだけでなく関連するその他のプログラムについても，変更による悪影響が発生していないか確認するテストである。

よって，エが正解である。

第8章

情報システムの運用管理

1. システム運用

▶▶ 出題項目のポイント

　SLA（Service Level Agreement）とは，システムの利用者とサービスの提供者が満たすべきサービス品質（たとえば，システムの稼働率や，システムの応答時間など）およびサービス品質未達時の利用料金の減額などについて取り交わした合意である。

　システムごとに，適切なサービスレベルや，実現の難度が異なるため，適切な設定が困難であることが多い。そのため，SLA の導入タイミングは，なるべくシステム開発内容が明確になったり，運用実績が明確になったタイミングがよい。たとえば，システム企画時よりもシステム開発後，新規システム導入時より，既存システムの運用管理契約時などが望ましいとされる。

▶▶ 出題の傾向と勉強の方向性

　この出題領域で最も出題頻度が高い領域は，SLA に関するものである。ただし，直接的に解答に活かせる知識は SLA の導入タイミングについてのみである。その他の問題は，類似する過去問が少ないため，全体的に頻出度ランクはやや低い出題領域である。

■取組状況チェックリスト

1. システム運用					

情報専門家の育成・配置

問題番号	ランク	1回目	2回目	3回目
平成 28 年度 第 18 問	C *	／	／	／

システム運用管理体制

問題番号	ランク	1回目	2回目	3回目
平成 30 年度 第 24 問	B	／	／	／
平成 26 年度 第 23 問	C *	／	／	／

プロジェクト管理

問題番号	ランク	1回目	2回目	3回目
平成 30 年度 第 22 問	B	／	／	／
令和 5 年度 第 20 問	A	／	／	／
令和 4 年度 第 19 問	B	／	／	／
平成 29 年度 第 21 問	B	／	／	／

＊ランク C の問題と解説は，「過去問完全マスター」の HP（URL：https://jissen-c.jp/）よりダウンロードできます。

＊平成 27 年度第 14 問（タイムスタンプの問題）は，制度の変更により現状とそぐわなくなったため，掲載しておりません。

システム運用 管理体制	ランク	1回目		2回目		3回目	
	B	/		/		/	

■平成 30 年度　第 24 問

　情報システムに対するコンティンジェンシープランに関する記述として，最も適切なものはどれか。

　ア　災害などにより情報システムの運用が困難になることを想定して行う，情報システム部門に対する教育・訓練計画である。

　イ　情報システムに障害が起きて損失が発生した後に，直ちに作成される，被害の調査と復旧のための計画である。

　ウ　情報システムに障害が発生しても業務を中断することなく処理を継続できるために行う，フォールトトレラント・システムの構築計画である。

　エ　情報システムに不測の事態が発生することを想定し，事前に対応策や手順などを定める緊急時対応計画である。

解答	エ

■解説

　不測の事態が発生した場合に，情報システムに対する影響を最小化するために策定されるコンティンジェンシープランに関する知識を問う問題である。

　　ア：不適切である。コンティンジェンシープランは，不測の事態が発生した場合の対応策や手順を指す。本選択肢の記述は，コンティンジェンシープランの説明ではなく，コンティンジェンシープランの実効性を高めるための教育や訓練に関する記述である。

　　イ：不適切である。コンティンジェンシープランは，障害の発生に先だって作成する。

　　ウ：不適切である。フォールトトレラントとは，システムの構成部品の一部に問題が発生しても全体が処理継続できるようにすることを指す。フォールトトレラントシステムの構築計画は，想定可能な故障のケースに対する計画であるため，コンティンジェンシープランではなく，通常のシステム開発の範疇である。

　　エ：適切である。コンティンジェンシープランは，不測の事態が発生した場合の被害を極力少なくするために，対応策や手順などを事前に定めることを指す。システム開発で一般的に行われる，想定可能な故障のケースに対する対応策や手順の検討とは異なる点がポイントである。

　よって，エが正解である。

プロジェクト管理	ランク	1回目		2回目		3回目	
	B	╱		╱		╱	

■平成 30 年度　第 22 問

　A 社では，BAC（Budget at Completion：完成時総予算）が 1,200 万円の情報システム開発プロジェクトが進行中である。昨日進捗を把握したところ，AC（Actual Cost：コスト実績値）が 800 万円，EV（Earned Value：出来高実績値）が 600 万円となっていた。このままのコスト効率でプロジェクトが進んでいくと，完成した時にどれくらいのコストがかかると予想できるか。最も適切なものを選べ。

　　ア　1,200 万円

　　イ　1,400 万円

　　ウ　1,600 万円

　　エ　1,800 万円

解答	ウ

■解説

EVM を用いた予想コストの算出に関する知識を問う問題である。

　問題文より，昨日時点の出来高実績が 600 万円である。したがって BAC の 1,200 万円のうち，出来高実績が 600 万円分までの作業が完了していることになるため，残りの開発作業は 600 万円相当となる（下図の「残作業」の部分）。

　また，問題文より，昨日時点の出来高実績が 600 万円に対してコストの実績値が 800 万円であるため，残りの開発作業 600 万円相当についても，コストの実績値は 800 万円を要すると予想できる。したがって，総コストの予想値は，800 万円 +800 万円 ＝ 1,600 万円（下図の網掛け部分 2 カ所の合計）となる。

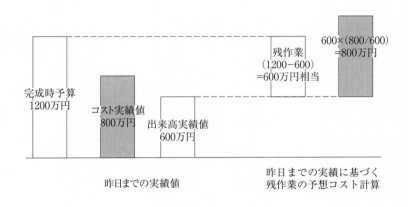

　よって，ウが正解である。

プロジェクト管理	ランク	1回目		2回目		3回目	
	A	／		／		／	

■令和 5 年度　第 20 問

　プロジェクト管理では，コストやスケジュールを適切に管理するためにさまざまな指標や手法が用いられる。それらに関する記述として，最も適切なものはどれか。

　　ア　CPI（コスト効率指数）とは，実コストが計画コストより多いか少ないかを見る指標で，PV（出来高計画値）を AC（コスト実績値）で除して算出する。

　　イ　EV（出来高実績値）とは，ある時点までに実際にかかったコストの累積値のことである。

　　ウ　SPI（スケジュール効率指数）とは，スケジュールの進捗具合を示す指標で，EV（出来高実績値）を PV（出来高計画値）で除して算出する。

　　エ　クラッシングとは，順次行う予定のアクティビティを並行して実行することによって作業期間を短縮することである。

　　オ　ファストトラッキングとは，クリティカルパス上のアクティビティに資源を投入して作業期間を短縮することである。

解答	ウ

■解説

　プロジェクトの進捗とパフォーマンスを管理する手法の１つである EVM で用いる各種の値について，用語の意味や算出方法を問う問題である。

ア：不適切である。CPI は，
　　CPI＝コスト実績値（AC）あたりの出来高実績値（EV）＝EV ÷ AC
　　である。

イ：不適切である。EV（出来高実績値）とは，ある時点までにかかる予算の合計値である。選択肢の記述は実績値である AC に関する記述である。

ウ：適切である。SPI は，
　　SPI＝出来高計画値（PV）あたりの出来高実績値（EV）＝EV ÷ PV
　　である。

エ，オ：不適切である。クラッシングとファストトラッキングの説明が逆である。クラッシングとは，クリティカルパス上のアクティビティに追加の資源やコストを投入して作業期間を短縮する手法である。ファストトラッキングとは，順次行う予定のアクティビティを並行して実行することで作業期間を短縮し，納期に対するリスクを低減する手法である。

　よって，ウが正解である。

プロジェクト管理	ランク	1回目		2回目		3回目	
	B	／		／		／	

■令和 4 年度　第 19 問

　中小企業 A 社では，基幹業務系システムの刷新プロジェクトを進めている。先月のプロジェクト会議で，PV（出来高計画値）が 1,200 万円，AC（コスト実績値）が 800 万円，EV（出来高実績値）が 600 万円であることが報告された。

　このとき，コスト効率指数（CPI）とスケジュール効率指数（SPI）に関する記述として，最も適切なものはどれか。

　　ア　CPI は 0.50 であり，SPI は 0.67 である。

　　イ　CPI は 0.50 であり，SPI は 0.75 である。

　　ウ　CPI は 0.67 であり，SPI は 0.50 である。

　　エ　CPI は 0.67 であり，SPI は 0.75 である。

　　オ　CPI は 0.75 であり，SPI は 0.50 である。

解答	オ

■解説

　CPI，SPIの公式は以下のとおりである。

$$CPI＝コスト実績値（AC）あたりの出来高実績値（EV）＝EV÷AC$$

$$SPI＝出来高計画値（PV）あたりの出来高実績値（EV）＝EV÷PV$$

　したがって，
　　　$CPI＝600÷800＝0.75$

　　　$SPI＝600÷1200＝0.5$
である。

　よって，オが正解である。

プロジェクト管理	ランク	1回目		2回目		3回目	
	B	／		／		／	

■平成 29 年度　第 21 問

　システム開発の成功のためには，プロジェクトの予算と実績の差異分析が重要になる。その手法の1つにアーンド・バリュー分析がある。アーンド・バリュー分析では，AC（Actual Cost：コスト実績値），EV（Earned Value：出来高実績値），PV（Planned Value：出来高計画値）を用いて，コスト効率指数である CPI（Cost Performance Index）や，スケジュール効率指数である SPI（Schedule Performance Index）などを計算する。

　CPI と SPI の計算式の組み合わせとして，最も適切なものはどれか。

　　ア　CPI＝AC/EV　　SPI＝EV/PV

　　イ　CPI＝EV/AC　　SPI＝EV/PV

　　ウ　CPI＝EV/PV　　SPI＝AC/EV

　　エ　CPI＝EV/PV　　SPI＝EV/AC

解答	イ

■解説

アーンド・バリュー分析の各種指数の関係に関する知識を問う問題である。アーンド・バリュー分析では，作業進捗の予定と実績を金額に換算（予定がPV，実績がEV）してプロジェクトを管理する。

本設問では，単位あたりの出来高実績である指数について問われている。

コスト効率指数（CPI）は，コスト実績値（AC）あたりの出来高実績値（EV）であるため，

$$CPI=EV/AC$$

である。

また，スケジュール効率指数（SPI）は，出来高計画値（PV）あたりの出来高実績値（EV）であるため，

$$SPI=EV/PV$$

である。

よって，イが正解である。

2.　セキュリティとリスク管理

▶▶ 出題項目のポイント

　セキュリティとリスク管理では，暗号化に関する問題が頻出である。以下では，暗号化の各種方式について記載する。

　公開鍵暗号方式とは，公開鍵と秘密鍵を用いて暗号化を行う方式である。公開鍵は鍵の持ち主以外にも公開し，秘密鍵は鍵の持ち主だけが保有する。公開鍵で暗号化したデータは，ペアとなる秘密鍵でのみ，復号化（暗号を解除すること）が可能という特徴を持つ。この特徴を利用した情報の暗号化方式が公開鍵暗号方式である。送り手は受け手の公開鍵で送信情報を暗号化し，受け手は受け手の秘密鍵で情報を復号化する。これにより，受け手の公開鍵で暗号化した送信情報は，受け手の秘密鍵でのみ復号できるため，受け手以外にデータを盗聴されることを回避できる。また，送受信間でデータの改ざんが行われた場合に，検知する目的にも使用される。

　ハイブリッド方式とは，公開鍵暗号方式と共通鍵暗号方式を組み合わせたものである。具体的には，データの送受信を行う2者間の通信において，下記の手順でデータの暗号化と復号化を行う。
　　(1)　送信者が，共通鍵を作成する。
　　(2)　送信者が，共通鍵を使用して，送信データを暗号化する。
　　(3)　送信者が，受信者の公開鍵を利用して，(1)の共通鍵を暗号化する。
　　(4)　送信者が，(3)で暗号化した共通鍵と，(2)で暗号化した送信データを受信者に送信する。
　　(5)　受信者が，受信者の秘密鍵で，共通鍵を復号化する。
　　(6)　受信者が，共通鍵を使用して(4)で受信したデータを復元する。
　共通鍵暗号方式とは，送信者が暗号化した際に使用した鍵と，受信者が復号化の際に使用する鍵が同じ暗号化・復号化方式である。

　証明書とは，デジタル証明書，または電子証明書とも呼ばれ，インターネット上で法人や個人が確かに存在することや，信頼できるものであるかなどを確認する際に使用される電子データである。証明書は，公開鍵暗号方式等の技術を利用して，偽造や不正使用されることを回避している。

ハッシュ関数とは，あるデータを，固定長の文字列に変換する関数である。変換後の文字列から，変換前のデータを推測することが困難であることや，異なる変換元のデータから同じ変換後の文字列が生成されることがほとんどないという特徴を持つ。この特徴を活かして，公開鍵暗号方式や，メールの暗号化などにハッシュ関数が利用される。

　SSL（Secure Socket Layer）とは，デジタル証明書，ハッシュ関数を用いて，情報の改ざんやなりすまし等を防ぐことができる技術である。メールの暗号化，サーバの存在性，正当性の証明などに用いられる。

▶▶ 出題の傾向と勉強の方向性

　情報システムの活用が中小企業においても進行していることにともない，暗号化などのセキュリティ対策とリスク管理への関心が高まっていることから，近年，出題頻度の高い領域である。

　鍵を用いた暗号化など，要素技術の理解が前提となっている問題があるため，最初の理解がやや難しいものの，一度理解すれば応用が可能な問題が比較的多い出題領域である。たとえば，公開鍵暗号方式は，令和4年度第20問などの問題に応用できる。したがって，本書を用いて出題領域を集中的に学習することによる効果が期待できる出題領域である。

■取組状況チェックリスト

2. セキュリティとリスク管理						
セキュリティとリスク管理						
問題番号	ランク	1回目		2回目		3回目
令和 4 年度　第 17 問	A	/		/		/
令和 2 年度　第 21 問	A	/		/		/
令和 4 年度　第 16 問	B	/		/		/
平成 26 年度　第 16 問	B	/		/		/
令和 3 年度　第 11 問	A	/		/		/
平成 28 年度　第 19 問	A	/		/		/
令和元年度　第 19 問	A	/		/		/
平成 28 年度　第 13 問	B	/		/		/
平成 26 年度　第 14 問	B	/		/		/
平成 26 年度　第 21 問	A	/		/		/
令和 4 年度　第 20 問	A	/		/		/
平成 27 年度　第 22 問	B	/		/		/
令和 5 年度　第 23 問	B	/		/		/
令和元年度　第 20 問	B	/		/		/
平成 28 年度　第 20 問	A	/		/		/
平成 30 年度　第 23 問	B	/		/		/
令和 3 年度　第 22 問	C *	/		/		/
平成 29 年度　第 22 問	C *	/		/		/
平成 27 年度　第 21 問	C *	/		/		/

＊ランク C の問題と解説は，「過去問完全マスター」の HP（URL：https://jissen-c.jp/）よりダウンロードできます。

セキュリティと リスク管理	ランク	1回目		2回目		3回目	
	A	／		／		／	

■令和 4 年度　第 17 問

　情報セキュリティマネジメントにおいては，情報セキュリティリスクアセスメントの結果に基づいて，リスク対応のプロセスを決定する必要がある。

　リスク対応に関する記述とその用語の組み合わせとして，最も適切なものを下記の解答群から選べ。

a　リスクを伴う活動の停止やリスク要因の根本的排除により，当該リスクが発生しない状態にする。

b　リスク要因の予防や被害拡大防止措置を講じることにより，当該リスクの発生確率や損失を減じる。

c　リスクが受容可能な場合や対策費用が損害額を上回るような場合には，あえて何も対策を講じない。

d　保険に加入したり，業務をアウトソーシングするなどして，他者との間でリスクを分散する。

〔解答群〕

ア　a：リスク移転　b：リスク低減　c：リスク回避　d：リスク保有

イ　a：リスク移転　b：リスク保有　c：リスク回避　d：リスク低減

ウ　a：リスク回避　b：リスク移転　c：リスク保有　d：リスク低減

エ　a：リスク回避　b：リスク低減　c：リスク保有　d：リスク移転

オ　a：リスク低減　b：リスク回避　c：リスク移転　d：リスク保有

解答	エ

■解説

　リスクマネジメントにおける４種類のリスク対策について，それぞれの内容について問う問題である。

　　a：リスク回避に関する記述である。リスク回避の具体例は，社外のネットワークから攻撃されるリスクに対して，外部ネットワークと遮断するなどである。

　　b：リスク低減に関する記述である。リスク低減の具体例は，社用PCの社外持ち出し禁止などである。

　　c：リスク保有に関する記述である。リスク保有については，令和２年度に問われているため，ウかエに絞り込めた受験生は多かったと考えられる。

　　d：リスク移転に関する記述である。

　よって，エが正解である。

セキュリティと リスク管理	ランク	1回目		2回目		3回目	
	A	／		／		／	

■令和2年度　第21問

　情報システムにおいては，情報漏洩に対する脆弱性に注意するなど情報セキュリティを高めることが必要である。情報セキュリティにおけるリスクに対処する方法として，「リスクの低減」，「リスクの保有」，「リスクの回避」，「リスクの移転」の4つがある。

　このうち，「リスクの保有」に関する記述として，最も適切なものはどれか。

　　ア　PCの社外への持ち出し禁止など最低限のことだけを行う。

　　イ　外部のネットワークからの不正な侵入のようなリスクが生じないように，強固なファイアウォールを構築する。

　　ウ　現状のリスクを分析した結果，大きなリスクと考えられない場合はセキュリティ対策をあえて行わない。

　　エ　災害による長時間の停止や情報漏洩に備えて，保険に加入しておく。

解答	ウ

■解説

情報セキュリティにおける，リスク保有に関する知識を問う問題である。

ア：不適切である。持ち出し禁止など最低限のことを行うといった対策はリスクの低減にあたる。

イ：不適切である。ファイアウォールにより，外部のネットワークからの不正な侵入のリスクを低減できるため，リスクの低減にあたる。なお，リスクの回避を図るには，たとえば，外部のネットワークとの接続を遮断するなど，発生要因を断つ必要がある。したがって，ファイアウォールの設定誤りや不具合による不正侵入などが発生する可能性があるため，この選択肢の記述は，リスクの回避にはあたらない。

ウ：適切である。リスクの保有の場合は，選択肢アのような低減策も行わない。

エ：不適切である。保険への加入はリスクを自社から保険に移転するため，リスクの移転にあたる。

よって，ウが正解である。

セキュリティと リスク管理	ランク	1回目	2回目	3回目
	B	／	／	／

■令和4年度　第16問

　パスワードを適切に設定して管理することは，ネットワーク社会でセキュリティを守るための基本である。

　総務省は，「IDとパスワードの設定と管理のあり方（国民のための情報セキュリティサイト）」でパスワードの設定と管理についての留意点をあげている。パスワードの漏洩（ろうえい）リスクを低減するための個人や組織の対策として，<u>最も不適切なものはどれか</u>。

　　ア　アカウントの乗っ取りやパスワード流出の事実がなくとも，管理者がユーザにパスワードの定期的変更を要求すること。

　　イ　パスワードのメモをディスプレイなど他人の目に触れる場所に貼ったりしないこと。

　　ウ　パスワードを電子メールでやりとりしないこと。

　　エ　パスワードを複数のサービスで使い回さないこと。

　　オ　やむを得ずパスワードをメモなどに記載した場合は，鍵のかかる机や金庫など安全な方法で保管すること。

解答	ア

■解説

　セキュリティを守るための望ましいパスワード管理について，総務省がまとめた留意点に関する具体的な知識を問う問題である。

　ア：不適切な記述である。定期的な変更を強制してしまうと，パスワードの作り方がパターン化し簡単なものになったり，使い回しをするようになるリスクがある。そのため，アカウント乗っ取りやパスワード流出がない限りは，パスワードの変更は不要としている。

　イ：適切な記述である。他人の目に触れる場所にパスワードが掲示されていると，他人に読み取られるリスクがある。

　ウ：適切な記述である。パスワードを電子メールで送ることは，メールを送受信する経路で盗み見られるリスクがある。特に，PPAP（ファイルをパスワードつきの圧縮ファイルにしてメールに添付し送信し，その後に別のメールでパスワードを送信すること）をしている場合は，もしメールを盗み見る攻撃をされると，添付ファイル付きのメールもパスワードも盗み見られて大量の情報漏洩が発生するリスクが高い。そのため，近年ではPPAPはセキュリティ対策として推奨されないようになっている。

　エ：適切な記述である。1箇所のパスワード流出が複数の不正アクセスに波及するリスクが増すため，パスワードを使い回すべきではない。

　オ：適切な記述である。パスワードを記載した紙などは，他人の目に触れることがないように鍵のかかる机の引き出しや金庫などの安全な場所に保管するべきである。

　よって，アが正解である。

セキュリティと リスク管理	ランク	1回目		2回目		3回目	
	B	／		／		／	

■平成26年度　第16問

　システム開発プロジェクトにおいて「経営層によるプロジェクト運営への関与が十分でない」ことが原因で失敗するリスクがあるとき，いくつかの対策が考えられる。

　対策は回避策と軽減策に分けられ，回避策は，それを十分に行った場合にリスク事象ドライバー※を消滅させる措置である。他方，軽減策は，リスク事象ドライバーを消滅させることはないが，リスク事象の発生確率を減少させる措置である。

　経営層からのプロジェクトおよびプロジェクトメンバーへの明確な直接的メッセージあるいは経営者のプロジェクトへの参画があれば回避策になり，そうでなければ軽減策になる。

　軽減策にあたるものとして最も適切なものはどれか。

　※ドライバー：誘発する要因

　　ア　関連組織の参画について経営者の指示を文書化する。

　　イ　経営層への定期的あるいはフェーズごとの報告の必要性について経営層の了解を得る。

　　ウ　重要なタイミングにおける経営者の参加の重要性を説明し経営層の了承を得る。

　　エ　プロジェクト要件の優先順位に関する経営層の考え方を文書化する。

解答	イ

■解説

システム開発におけるリスク回避策に関する知識を問う問題である。

ア：不適切である。関連組織の参画について経営者の指示を文書化することは，経営層によるプロジェクト運営への関与に相当し，リスク事象ドライバーを消滅させる措置であるため回避策に相当する。

イ：適切である。経営層への定期的あるいはフェーズごとの報告により，リスク事象の発生確率を減少させることが可能であるため，軽減策に相当する。

ウ：不適切である。重要なタイミングにおける経営者の参加の重要性を説明し経営層の了承を得ることは，回避策に相当する。

エ：不適切である。プロジェクト要件の優先順位に関する経営層の考え方を文書化することで，プロジェクト運営へ関与しているため，回避策に相当する。

よって，イが正解である。

セキュリティと リスク管理	ランク	1回目		2回目		3回目	
	A	／		／		／	

■**令和3年度　第11問**

　情報システムの利用において，利用者を認証する仕組みの理解は重要である。それらに関する記述として，最も適切なものはどれか。

　　ア　生体認証では，IDとパスワードに加えてセキュリティトークンによって利用者を認証する。

　　イ　チャレンジレスポンス認証では，指紋認証，静脈認証，署名の速度や筆圧などによって利用者を認証する。

　　ウ　二要素認証では，パスワードだけではなく秘密の質問の答えの2つを組み合わせることによって利用者を認証する。

　　エ　リスクベース認証では，普段と異なる環境からログインする際，通常の認証に加えて合言葉などによって利用者を認証する。

　　オ　ワンタイムパスワードによる認証では，一度認証されれば，利用する権限を持つ各サーバやアプリケーションでの認証が不要となる。

解答	エ

■解説

利用者の認証方式に関する知識を問う問題である。

ア：不適切である。二要素認証でセキュリティトークンを利用する場合の記述である。

イ：不適切である。生体認証に関する記述である。チャレンジレスポンス認証とは，チャレンジと呼ばれるデータと，パスワードを用いた認証方式である。具体的には，サーバがチャレンジと呼ばれるデータをクライアントに送信し，クライアントはチャレンジをパスワードで変換したハッシュ値をサーバに返信する。その後，サーバ側もクライアントと同様に，チャレンジとサーバ側で事前に保持しているユーザのパスワードを利用して，ハッシュ値を計算し，クライアントから受信したハッシュ値と同一であることを確認することで，クライアントがパスワードを適切に入力したと判断し，認証を行う。

ウ：不適切である。選択肢の記述は，二段階認証に関する記述である。
二要素認証では，以下の要素のうち，2つの要素を用いて認証する。
・知識要素：パスワードや秘密の質問など，ユーザの頭の中にしかない情報
・所有要素：IC カードやハードウェアトークンなど，ユーザのみが所有しているものを用いる
・生体要素：指紋や静脈など，ユーザ固有の身体的特徴を用いる

エ：適切である。リスクベース認証では，たとえば PC とスマートフォンなど，普段と異なる機器によるログインを検知した場合に，不正な認証のリスクが高いとみなして通常の認証以外の認証をさせる。

オ：不適切である。選択肢の記述は，シングルサインオンに関する記述である。なおワンタイムパスワードとは，一定時間で変更され，かつ一度しか使用できないパスワードである。

よって，エが正解である。

セキュリティと リスク管理	ランク	1回目	2回目	3回目
	A	／	／	／

■平成 28 年度　第 19 問

　情報システムの利用においては，フィッシング詐欺や情報漏洩事案などの増加に対応するために情報セキュリティをより高めなければならない。その一環としてユーザ認証の強化が叫ばれている。これに関する記述として最も適切なものはどれか。

　　ア　CHAP 認証とは，チャレンジ／レスポンスという方式で，Web サイトにアクセスしてきたユーザを認証するものである。

　　イ　二段階認証とは，同じパスワードを 2 回入力させてユーザの認証を行う方式のことである。

　　ウ　ハードウェアトークンとは，その機器を認証装置にかざすことで本人を認証する仕組みのことである。

　　エ　ワンタイムパスワードとは，サイトに登録した際に最初の認証に利用されるパスワードである。

解答	ア

■解説

　情報セキュリティを高めるための，ユーザ認証の強化方法に関する知識を問う問題である。

　ア：適切である。CHAP 認証は，Web サーバがユーザに対してチャレンジと呼ばれるデータを送信し，ユーザがチャレンジを変換したデータを返信することでユーザを認証する方式である。

　イ：不適切である。二段階認証とは，異なるパスワード（例：ユーザが設定したパスワードと，携帯電話の音声通話経由で通知されるパスワードなど）を2回入力させて，ユーザの認証を行う方式のことである。

　ウ：不適切である。ハードウェアトークンとは，一定期間で変更されるパスワードを表示する機器で，ハードウェアトークンに表示されたパスワードを入力することで認証を行う。機器を認証装置にかざして認証を行うものではない。

　エ：不適切である。ワンタイムパスワードとは，一定時間で変更され，かつ一度しか使用できないパスワードである。サイト登録後の最初の認証に利用されるパスワードではない。

　よって，アが正解である。

セキュリティと リスク管理	ランク	1回目		2回目		3回目	
	A	／		／		／	

■令和元年度　第19問

　情報ネットワーク社会を支えるセキュリティ技術の1つに暗号化技術がある。

　暗号化方式に関する記述として，最も適切なものの組み合わせを下記の解答群から
選べ。

　　a　共通鍵暗号方式は，暗号化と復号に共通鍵を用いる方式である。この方式で
　　　は，送信者と受信者はあらかじめ共通鍵を共有しておく必要がある。

　　b　公開鍵暗号方式では，送信者は送信データを受信者の公開鍵で暗号化し，そ
　　　れを受け取った受信者は，ペアとなる送信者の秘密鍵で復号する。

　　c　公開鍵暗号方式は，暗号化と復号に2個1組の異なる鍵を用いる方式である。
　　　この方式では，データを送信する時には送信者の公開鍵を使う。

　　d　セッション鍵方式は，共通鍵暗号方式の長所と公開鍵暗号方式の長所を組み
　　　合わせた方式である。

〔解答群〕

　　ア　aとb

　　イ　aとd

　　ウ　bとc

　　エ　cとd

解答	イ

■解説

　ネットワーク通信のデータ暗号化で使用される暗号化方式に関する知識を問う問題である。

　　a：適切である。共通鍵暗号方式は，暗号化と復号で同じ鍵を用いるため，送信者と受信者はあらかじめ共通鍵を共有しておく必要がある。共通鍵が第3者に漏洩した場合，通信内容を盗聴されるという短所がある。

　　b：不適切である。ペアとなる受信者の秘密鍵で復号する。秘密鍵は本人しか知り得ないことを知っていれば不適切であることがわかる記述である。

　　c：不適切である。データを送信する際は，受信者の公開鍵で暗号化し，復号化する際は受信者の秘密鍵で復号する。

　　d：適切である。セッション鍵暗号方式は，ハイブリッド方式と呼ばれる方式の1つである。共通鍵暗号方式の処理負荷が低いという長所と，公開鍵暗号方式の盗聴に対して安全性が高いという長所を組み合わせた方式である。

　よって，イが正解である。

セキュリティと	ランク	1回目	2回目	3回目
リスク管理	B	／	／	／

■平成 28 年度　第 13 問

　個人番号カードによる公的個人認証サービスに関する記述として，最も適切なものはどれか。

　　ア　個人番号カードから利用者証明用電子証明書を読み出せば，基本4情報も読み出せる。

　　イ　個人番号カードの利用者証明用電子証明書は，地方公共団体情報システム機構の署名用認証局から発行される。

　　ウ　個人番号カード保有者が転居しても，市区町村に転居を届けて個人番号カード記載内容を変更してあれば，個人番号カードの利用者証明用電子証明書にアクセスすることで転居したことが分かる。

　　エ　個人番号カード保有者の転居により住所が変わっても，個人番号カードの利用者証明用電子証明書は有効である。

解答	エ

■解説

公的個人認証サービスに関する知識を問う問題である。

ア：不適切である。電子証明書には署名用電子証明書と利用者証明用電子証明書の２種類があり，基本４情報（氏名・住所・生年月日・性別）が含まれるのは署名用電子証明書である。

イ：不適切である。利用者証明用電子証明書は，住民票のある市区町村窓口で発行する。

ウ：不適切である。選択肢アの解説のとおり，利用者証明用電子証明書には住所を含む基本４情報が記載されていないため，利用者証明用電子証明書にアクセスしても転居したことはわからない。

エ：適切である。利用者証明用電子証明書は転居により住所が変わっても有効である。なお，選択肢アの解説に記載したとおり，署名用電子証明書には住所を含む基本４情報が記載されているため，転居による住所変更に伴い無効となる。

よって，エが正解である。

セキュリティと リスク管理	ランク	1回目		2回目		3回目	
	B	／		／		／	

■**平成 26 年度　第 14 問**

　法務省の電子認証登記所が発行する，オンライン申請に際して必要な電子証明書に関する説明として，最も適切なものはどれか。

　　ア　電子証明書の証明期間は 3 か月から 36 か月まで任意に選択できる。

　　イ　電子証明書発行の申請地にかかわらず，東京法務局が電子認証登記所になる。

　　ウ　登記官の自己署名証明書ハッシュ値は MD5 で計算されている。

　　エ　登記官の電子署名は 1 年ごとに更新される。

解答	イ

■解説

法務省の電子認証登記所が発行する電子証明書に関する知識を問う問題である。

ア：不適切である。電子証明書の証明期間は最長で 27 ヵ月である。

イ：適切である。申請の受付は法人等の登記を管轄する全国の登記所で行うが，電子認証登記所は，申請地にかかわらず東京法務局となる。

ウ：不適切である。登記官の自己署名証明書ハッシュ値は MD5 ではなく，SHA-1 または SHA-256 で計算されている。

エ：不適切である。1 年ごとに更新されるのは，登記官が証明書を発行する際に使用する秘密鍵である。電子署名が 1 年毎に更新されるわけではない。

よって，イが正解である。

セキュリティと リスク管理	ランク	1回目	2回目	3回目
	A	／	／	／

■平成 26 年度　第 21 問

　インターネットが普及した現在においては，関係者以外に知られてはならないような情報を，インターネットを介してやり取りしなければならない状況も多い。そのような状況下では暗号化の技術が重要になる。

　大阪の A さんが，東京にいる B さんに顧客名簿を送ってもらうように依頼した。その場合に利用する暗号化方式に関する記述として最も適切なものはどれか。

ア　B さんは，顧客名簿のファイルを，暗号化鍵を管理する社内部署から鍵をひとつもらって暗号化した。A さんに送付後，その鍵で暗号化したことを鍵管理部署に連絡した。A さんは，その部署から B さんが使った鍵を聞き，送られたファイルを復号化した。この方式は SSL 方式のひとつである。

イ　B さんは，顧客名簿のファイルを A さんと B さんが共有する秘密鍵で暗号化して A さんに送付した。この方式はシーザー暗号方式のひとつである。

ウ　B さんは，顧客名簿のファイルを A さんの公開鍵で暗号化して送付した。A さんは，B さんの秘密鍵で復号化した。この方式は公開鍵方式のひとつである。

エ　B さんは，顧客名簿のファイルを任意に決めた鍵で暗号化して A さんに送付した。A さんは B さんから電話でその鍵を聞き，復号化した。この方式は共通鍵方式のひとつである。

解答	エ

■解説

電子鍵による暗号化技術に関する知識を問う問題である。

ア：不適切である。暗号化に使用した鍵と復号化に用いる鍵が共通であるため，共通鍵方式に該当する。

イ：不適切である。シーザー暗号とは，英字の文字列をアルファベット順に一定間隔ずらして表現する暗号化方式である。平成22年第16問選択肢アでは，「TOKYOを，シーザー暗号を用いて暗号化した場合，その1つはWRNBRである。」という記述の真偽を問う問題が出題された。

ウ：不適切である。公開鍵暗号方式では，送り手が，「受け手の公開鍵」で送信情報を暗号化し，受け手が，「受け手の秘密鍵」で情報を復号化することで，暗号化した情報を授受する。したがって，選択肢ウの記述は，Bさんの秘密鍵で復号化したという記述が誤りである。

エ：適切である。暗号化に使用した鍵と復号化に用いる鍵が共通であるため，共通鍵方式の1つに該当する。

よって，エが正解である。

セキュリティと リスク管理	ランク	1回目	2回目	3回目
	A	╱	╱	╱

■令和4年度　第20問

デジタル署名に関する記述として，最も適切な組み合わせを下記の解答群から選べ。

　a　送信者のなりすましを防ぎ，本人が送信したメッセージであることを証明できる。

　b　送信されたメッセージが改変（改ざん）されていないことを検知できる。

　c　送信されたメッセージが傍受（盗聴）されていないことを証明できる。

　d　送信者はメッセージのダイジェストを公開鍵で暗号化し，受信者は秘密鍵で復号する。

　e　電子証明書は，秘密鍵の所有者を証明するものである。

〔解答群〕

　ア　aとb

　イ　aとe

　ウ　bとc

　エ　cとd

　オ　dとe

解答	ア

■解説

　電子メールメッセージ，マクロ，電子ドキュメントなどのデジタル情報を暗号化する際に使用されるデジタル署名の機能について問う問題である。

　　a：適切な記述である。デジタル署名とは，公開鍵暗号方式を利用して，電子メールなどの電子データのなりすましの防止と，改ざんされた場合の検知を実現する技術のことである。

　　b：適切な記述である。

　　c：不適切な記述である。デジタル署名は改変されていないことは証明できるが，傍受されていないことは証明できない。

　　d：不適切な記述である。デジタル署名は，メッセージのダイジェストを「送信者の秘密鍵」で暗号化し，受信者は「送信者の公開鍵」で復号化し，メッセージのダイジェストが一致することを確認することで，本人が送信したことと改ざんされていないことを確認する。

　　e：不適切な記述である。電子証明書は公開鍵の所有者を証明するものである。

よって，アが正解である。

セキュリティと リスク管理	ランク	1回目	2回目	3回目
	B	／	／	／

■平成 27 年度　第 22 問

　一般財団法人日本情報経済社会推進協会の ISMS ユーザーズガイド（リスクマネジメント編）などが，情報セキュリティリスクアセスメントを実施するためのアプローチとして，ベースラインアプローチ，非形式的アプローチ，詳細リスク分析，組み合わせアプローチの 4 つを紹介している。これらのアプローチに関する記述として最も適切なものはどれか。

ア　ベースラインアプローチとは，システムの最も基本的な部分を選び，これに確保すべき一定のセキュリティレベルを設定して，現状とのギャップをリスクとして評価することを指す。

イ　非形式的アプローチとは，組織や担当者の経験や判断によってリスクを評価することを指す。

ウ　詳細リスク分析とは，システムをサブシステムに分解し，そのシステムごとにリスク評価を行うことを指す。

エ　組み合わせアプローチとは，システムをサブシステムに分解し，その組み合わせすべてについてリスク評価を行うことを指す。

解答	イ

■解説

　情報セキュリティのリスクアセスメントを実施するための方法に関する知識を問う問題である。

　　ア：不適切である。ベースラインアプローチとは，既存の標準や基準を元に自組織の対策基準（ベースライン）を設定し，リスクを抽出するアプローチである。本肢の記述にあるような，システムの最も基本的な部分などの特定の箇所に限定する規定はない。

　　イ：適切である。非形式的アプローチとは，組織や担当者の経験や判断によってリスクを評価するため，担当者のミスやスキルレベルによる影響を受けやすいという特性を持つ。

　　ウ：不適切である。詳細リスク分析では，システムごとではなく，情報資産ごとにリスク評価を行う。

　　エ：不適切である。組み合わせアプローチとは，ベースラインアプローチと詳細リスク分析など，複数のアプローチを用いて分析することで，それぞれのアプローチのメリットを享受する方法である。

　よって，イが正解である。

セキュリティと リスク管理	ランク	1回目		2回目		3回目	
	B	／		／		／	

■令和 5 年度　第 23 問

　JIS Q 27000：2019（情報セキュリティマネジメントシステム－用語）におけるリスクに関する以下の記述の空欄 A～E に入る用語の組み合わせとして，最も適切なものを下記の解答群から選べ。

・リスク　A　とは，結果とその起こりやすさの組み合わせとして表現されるリスクの大きさのことである。

・リスク　B　とは，リスクの特質を理解し，リスクレベルを決定するプロセスのことである。

・リスク　C　とは，リスクの重大性を評価するための目安とする条件のことである。

・リスク　D　とは，リスクの大きさが受容可能かを決定するために，リスク分析の結果をリスク基準と比較するプロセスのことである。

・リスク　E　とは，リスクを発見，認識および記述するプロセスのことである。

〔解答群〕
　ア　A：基準　　　B：特定　　C：レベル　　D：評価　　E：分析

　イ　A：基準　　　B：分析　　C：レベル　　D：特定　　E：評価

　ウ　A：レベル　　B：特定　　C：基準　　　D：評価　　E：分析

　エ　A：レベル　　B：分析　　C：基準　　　D：特定　　E：評価

　オ　A：レベル　　B：分析　　C：基準　　　D：評価　　E：特定

解答	オ

■解説

JIS Q 27000：2019 におけるリスクに関する用語とその定義に関する知識を問う問題である。

A：リスクレベルに関する記述である。リスクレベルを把握することにより，リスクの起こりやすさと大きさに応じて適切な対策を講じる際の参考情報となる。

B：リスク分析に関する記述である。リスク分析は，リスクの特質を理解し，リスクレベルを決定するプロセスである。

C：リスク基準に関する記述である。リスク基準は，リスクの重大性を評価するための目安とする条件であり，リスクの評価や優先順位付けに用いられる。

D：リスク評価に関する記述である。リスク評価は，リスク分析の結果をリスク基準と比較することで，組織がとるべき対策や優先順位付けに寄与する。

E：リスク特定に関する記述である。リスク特定は，リスクを発見，認識及び記述するプロセスであり，リスクの原因の特定を含む。

よって，オが正解である。

セキュリティと リスク管理	ランク	1回目		2回目		3回目	
	B	／		／		／	

■令和元年度　第20問

　独立行政法人情報処理推進機構（IPA）は，「中小企業の情報セキュリティ対策ガイドライン（第3版）」を公表している。この中で経営者が実行すべき「重要7項目の取組」を挙げている。

　「重要7項目の取組」に<u>該当しないもの</u>はどれか。

　　ア　情報セキュリティ対策のための予算や人材などを確保する。

　　イ　情報セキュリティに関する組織全体の対応方針を定める。

　　ウ　情報セキュリティは専門的な問題なので，専門家に一任する。

　　エ　必要と考えられる対策を検討させて実行を指示する。

解答	ウ

■解説

　IPA が公開している，中小企業の情報セキュリティ対策ガイドラインに関する知識を問う問題である。ガイドラインの詳細を知らない場合でも，あるべきセキュリティ対策を考えることで正解できる問題である。

　　ア：適切である。また，予算や人材の配分には，事故防止だけでなく，事故発生時の拡大防止や復旧対応も含む必要がある。

　　イ：適切である。自社に適した情報セキュリティに関する基本方針を定めることで，組織としての方針を立てやすくなる。

　　ウ：不適切である。情報セキュリティ対策には高度な技術が必要となる場合があるため，適切な外部サービスの利用や専門家のサポートを導入することが望ましい。しかし，取組みの実効性は経営者や従業員の主体性によるところが大きいため，専門家に一任する当記述は適切ではない。

　　エ：適切である。懸念される自体に関連する情報や業務を整理し，損害を受ける可能性を把握したうえで，責任者・担当者に対策を検討させる。

　よって，ウが正解である。

セキュリティと リスク管理	ランク	1回目		2回目		3回目	
	A	／		／		／	

■平成 28 年度　第 20 問

　情報セキュリティへの脅威としてのクリックジャッキング攻撃およびその対策に関する記述として，最も適切なものはどれか。

ア　Web ページに出力するすべての要素に対して，エスケープ処理を実施することで，クリックジャッキング攻撃を防止することができる。

イ　Web ページの HTTP レスポンスヘッダに X-Frame-Options ヘッダフィールドを出力しないことが，クリックジャッキング攻撃への対策となる。

ウ　クリックジャッキング攻撃とクロスサイト・リクエスト・フォージェリに共通する対策がある。

エ　クリックに応じた処理を実行する直前のページで再度パスワードの入力を求め，再度入力されたパスワードが正しい場合のみ処理を実行することが，クリックジャッキング攻撃とクロスサイト・スクリプティングで共通の対策となる。

解答	ウ

■**解説**

クリックジャッキングなど，ブラウザ経由の攻撃に関する知識を問う問題である。

ア：不適切である。クリックジャッキングは，一見正常な表示に見える Web ペー
ジに，ユーザには見えない形式で別のサイトを攻撃するためのリンク
（iframe の HTML タグを悪用して作成する）を埋め込んでおき，該当の
Web ページを訪問してリンクをクリックしたユーザに攻撃を実行させる方
式である。したがって，iframe など特定の HTML の要素をエスケープする
ことで攻撃を防止することができる。すべての HTML の要素に対してエス
ケープをする必要はない。

イ：不適切である。X-Frame-Options を出力しないのではなく，X-Frame-
Options に，iframe を表示しないように設定をすることがクリックジャッキ
ング攻撃への対策となる。

ウ：適切である。クロスサイト・リクエスト・フォージェリは，ユーザを攻撃用
サイトにアクセスさせ，攻撃用サイトに設定したスクリプトから，最終的な
攻撃対象のサイトに攻撃する。その際，クリックジャッキングと同様に
iframe などを用いて，攻撃用サイトであることを隠してユーザを攻撃用サ
イトに誘導する場合がある。したがって，攻撃に用いられる HTML の要素
をエスケープさせる対策は共通する対策となる。

エ：不適切である。クロスサイト・スクリプティングは，インターネット上の掲
示板などに書き込まれた，ブラウザの cookie などを不正に読み取る
javascript のタグなどをユーザが実行する等により攻撃が成立する。したが
って，対策としては攻撃に使用されるタグに対してエスケープ処理を実施す
る等が有効である。クリックジャッキングは，ブラウザ上にユーザから見え
ないサイトを iframe などで埋め込み，攻撃者の意図した箇所をクリックさ
せる攻撃である。したがって，選択肢エのようにキーボードでパスワードを
再入力させることは，クリックジャッキングに対しては有効な対策である。

よって，ウが正解である。

452

セキュリティと リスク管理	ランク	1回目		2回目		3回目	
	B	／		／		／	

■平成30年度　第23問

　近年，機密情報への攻撃の手法が多様化している。機密情報を不正に入手する手法であるソーシャルエンジニアリングに関する記述として，最も不適切なものはどれか。

　　ア　シュレッダーで処理された紙片をつなぎ合わせて，パスワードを取得する。

　　イ　パソコンの操作画面を盗み見して，パスワードを取得する。

　　ウ　文字列の組み合わせを機械的かつ総当たり的に試すことで，パスワードを取得する。

　　エ　ユーザになりすまして管理者に電話し，パスワードを取得する。

解答	ウ

■解説

　機密情報に対する攻撃手法のうち，ソーシャルエンジニアリングに関する知識を問う問題である。

　ソーシャルエンジニアリングとは，不正に情報を入手する手法の1つである。コンピュータシステムやプログラムなどの電子的な方法だけではなく，オフィスにあるごみやシステムの利用者や管理者との会話などの社会的な方法も組み合わせて，不正な情報収集やシステムへの不正な侵入を試みる。

　　ア：適切である。

　　イ：適切である。

　　ウ：不適切である。本選択肢はブルートフォースアタックに関する記述で，パスワードを総当たりで試すプログラムを実行して不正アクセスする手法であるため，ソーシャルエンジニアリングにはあたらない。

　　エ：適切である。

　よって，ウが正解である。

第9章

情報システムの評価

1. 情報システムの評価

▶▶ 出題項目のポイント

本出題項目では，情報システムの評価法について出題される。

主な評価法としては，

①ファンクションポイント法：システムが持っている機能が何個あるかを数えて，開発コストを評価する方法である。具体的には，プログラムの行数でソフトウェアの規模を表すことに対する不完全さから出てきた方法である。

②スコアリングモデル：複数の評価基準を作って，それらの評価基準について，関係者が点数を付けて，その結果を見ながら議論する評価方法である。

③BSC（バランストスコアカード）：財務，顧客，業務プロセス，学習と成長の4つの視点から評価を行う手法である。

なお，TCO（Total Cost of Ownership）という用語が頻出しているので，覚えておきたい。

TCOとは，コンピュータシステム開発に対する，初期投資，維持管理などコストの総額を表す用語である。コンピュータシステムは，システムトラブルの対応コスト，システムの変更コストやソフトウェア，ハードウェアの保守サポート費など各種の維持管理費用が発生する。そのため，イニシャルコストだけを考慮するのではなく，維持管理費を含めたトータルのコストを考慮する必要がある。

▶▶ 出題の傾向と勉強の方向性

ファンクションポイント法については，情報システムの評価の出題領域で3回出題されており（平成17年度第14問，平成21年度第22問，平成29年度第18問），また，「第7章　情報システムの開発」の出題領域においても1回出題されている（平成20年度第19問）ことから，定義を正確に学習されたい。

その他の問題は，出題頻度の低いフレームワークやガイドに関する出題なので，効率的な学習を意識するのであれば，学習の優先度は低めである。

■取組状況チェックリスト

1. 情報システムの評価（品質評価・価値評価）						

情報システムの評価（品質評価）

問題番号	ランク	1回目		2回目		3回目
平成28年度 第21問	B	／		／		／
令和4年度 第18問	A	／		／		／

情報システムの評価（価値評価）

問題番号	ランク	1回目		2回目		3回目
平成29年度 第18問	B	／		／		／
平成30年度 第18問	A	／		／		／
令和2年度 第18問	A	／		／		／
令和元年度 第21問	A	／		／		／
平成28年度 第16問	B	／		／		／
平成29年度 第20問	B	／		／		／
平成30年度 第19問	B	／		／		／

情報システムの評価 （品質評価）	ランク	1回目		2回目		3回目	
	B	／		／		／	

■平成 28 年度　第 21 問

　顧客に情報サービスを提供するシステムを開発するプロジェクトにおいては，品質に関わる様々な基準や仕組みを考慮しなければならない。以下の a ～ c について参考とする基準や仕組みの組み合わせとして，最も適切なものを下記の解答群から選べ。

　　a　顧客に提供する情報サービス品質の管理

　　b　セキュリティを重視する IT 製品の調達

　　c　ソフトウェア品質保証のために厳密に定義された仕様記述と検証

〔解答群〕

　ア　a：Common Criteria　　b：ITSMS　　　　　　c：ISMS

　イ　a：ITSMS　　　　　　　b：Common Criteria　c：VDM

　ウ　a：ISMS　　　　　　　　b：VDM　　　　　　　c：Common Criteria

　エ　a：VDM　　　　　　　　b：ISMS　　　　　　　c：ITSMS

解答	イ

■解説

システムの品質に関わる基準および仕組みに関する知識を問う問題である。

a：ITSMS に関する記述である。ITSMS とは，サービス提供者が提供する IT サービスのマネジメントを効率的・効果的に運営し，情報サービス品質を管理するための仕組みである。

b：Common Criteria に関する記述である。Common Criteria とは，情報技術セキュリティの観点から，情報技術に関連した製品及びシステムが適切に設計され，その設計が正しく実装されていることを評価するための国際標準規格である。

c：VDM に関する記述である。VDM とは，Vienna Development Method の略で，ソフトウェアの仕様を厳密に記述し，モデルを検証して品質保証を行う開発手法である。

よって，イが正解である。

情報システムの評価 （品質評価）	ランク	1回目		2回目		3回目	
	A	／		／		／	

■**令和4年度　第18問**

　ITサービスマネジメントとは，ITサービス提供者が，提供するITサービスを効率的かつ効果的に運営管理するための枠組みである。

　ITサービスマネジメントに関する記述として，最も適切なものはどれか。

　　ア　COSOは，ITサービスマネジメントのベストプラクティス集である。

　　イ　ITサービスマネジメントシステムの構築に経営者が深く関与することは，避けた方が良い。

　　ウ　ITサービスマネジメントシステムの認証を受けるとPマークを取得できる。

　　エ　ITサービスマネジメントにおけるインシデントとは，顧客情報の流出によってセキュリティ上の脅威となる事象のことをいう。

　　オ　SLAは，サービス内容およびサービス目標値に関するサービス提供者と顧客間の合意である。

解答	オ

■解説

　IT サービスマネジメント（ITSMS）および関連する用語について問う問題である。

　　ア：不適切である。選択肢の記述は，COSO ではなく ITIL に関する記述である。COSO とは，COSO（Committee of Sponsoring Organizations of the Treadway Commission）により提示された，世界標準となっている内部統制のフレームのワークである。

　　イ：不適切である。今日の IT サービスは，企業経営との関わりが深いため，IT サービスマネジメントシステムの構築に経営者が関与することが望ましい。

　　ウ：不適切である。P マークとは，事業者の個人情報の取扱いが適切であるかを評価し，基準に適合した事業者に使用を認められるマークのことである。IT サービスマネジメントシステムの認証を受けて取得するものではない。

　　エ：不適切である。インシデントとは，IT システムで本来やりたいと考えていたことが，障害など何らかの事象により実行できない事象を指す。

　　オ：適切である。SLA は Service Level Agreement の略で，サービス内容およびサービス目標値に関するサービス提供者と顧客間の合意である。

　よって，オが正解である。

情報システムの評価 （価値評価）	ランク	1回目		2回目		3回目	
	B	／		／		／	

■平成 29 年度　第 18 問

　ソフトウェア開発の見積もり手法には，大きく分けて，類推法，パラメトリック法，ボトムアップ法がある。

　それらの手法に関する記述として，最も適切なものはどれか。

　　ア　LOC 法は，プログラムのステップ数に基づいて見積もりを行う手法であり，パラメトリック法に分類される。

　　イ　ファンクションポイントは，どの見積もり手法でも必要となる重要データである。

　　ウ　ボトムアップ法は，要件定義の段階で見積もる手法であり，以降の段階ではより詳細なパラメトリック法が用いられる。

　　エ　類推法は，過去の類似システムと比較して見積もる手法で，標準タスク法などがこれに該当する。

解答	ア

■解説

見積もり手法に関する知識を問う問題である。

ア：適切である。LOC 法は，Lines Of Code の略で，ソースコードの行数（ステップ数）に，パラメータ（ステップ数ごとの費用や工数）を掛け算して見積もりを行うため，パラメトリック法に分類される。

イ：不適切である。ファンクションポイント法は，システムが持っている機能が何個あるかを数えて，開発コストを評価する方法である。どの見積もり手法でも必要となるデータではない。

ウ：不適切である。ボトムアップ法では，成果物や作業を分解し，分解した要素ごとの見積もりを積み上げる手法であるため，成果物や作業が明確になっていない要件定義などの開発の初期段階では用いられない。

エ：不適切である。標準タスク法は，作業成果物や作業を，あらかじめ設定された標準的な作業量や作業内容に分解し，要素ごとの見積もりを積み上げる手法であるため，ボトムアップ法に該当する。

よって，アが正解である。

情報システムの評価 （価値評価）	ランク	1回目		2回目		3回目	
	A	/		/		/	

■平成30年度　第18問

　ソフトウェア開発では，仕様の曖昧さなどが原因で工数オーバーとなるケースが散見される。開発規模の見積もりに関する記述として，最も適切なものはどれか。

　　ア　CoBRA法では，開発工数は開発規模に比例することを仮定するとともに，さまざまな変動要因によって工数増加が発生することを加味している。

　　イ　LOC法では，画面や帳票の数をもとに開発規模を計算するため，仕様書が完成する前の要件定義段階での見積もりは難しい。

　　ウ　標準タスク法は，ソフトウェアの構造をWBS（Work Breakdown Structure）に分解し，WBSごとに工数を積み上げて開発規模を見積もる方法である。

　　エ　ファンクション・ポイント法は，システムのファンクションごとにプログラマーのスキルを数値化した重みを付けて，プログラム・ステップ数を算出する。

解答	ア

■解説

ソフトウェア開発における，開発規模の見積手法に関する知識を問う問題である。

ア：適切である。CoBRA 法では，ファンクション・ポイント法などで算出した規模に工数が比例すると仮定し工数を見積り，さらにさまざまな変動要因による工数の増減を加味して最終的な見積もり結果を算出する。

イ：不適切である。LOC 法は，Lines Of Code の略で，ソースコードの行数（ステップ数）に，パラメータ（ステップ数ごとの費用や工数）を掛け算して見積りを行う。

ウ：不適切である。標準タスク法は，作業成果物や作業を，あらかじめ設定された標準的な作業量や作業内容に分解し，要素ごとの見積もりを積み上げる手法である。WBS ごとに工数を積み上げて開発規模を見積もる見積手法は，WBS 法である。また，WBS 法において WBS に分解するのは，ソフトウェアの構造ではなく，ソフトウェア開発における作業である。

エ：不適切である。ファンクション・ポイント法では，システムが持っている機能が何個あるかを数えて，開発コストを見積もる。コストの重みづけは，プログラマーのスキルではなく，機能の複雑さに基づいて行われる。

よって，アが正解である。

情報システムの評価 （価値評価）	ランク	1回目		2回目		3回目	
	A	／		／		／	

■**令和2年度　第18問**

　システム開発は一つのプロジェクトとして進められることが多い。プロジェクトの進捗を管理することは非常に重要である。

　プロジェクトを管理するために利用される手法やチャートに関する以下のa～dの記述と，その名称の組み合わせとして，最も適切なものを下記の解答群から選べ。

　　a　プロジェクトの計画を立てる際に用いられる手法の一つで，プロジェクトで行う作業を，管理可能な大きさに細分化するために，階層的に要素分解する手法。

　　b　プロジェクトにおける作業を金銭価値に換算して，定量的にコスト効率とスケジュール効率を評価する手法。

　　c　作業開始と作業終了の予定と実績を表示した横棒グラフで，プロジェクトのスケジュールを管理するために利用するチャート。

　　d　横軸に開発期間，縦軸に予算消化率をとって表した折れ線グラフで，費用管理と進捗管理を同時に行うために利用するチャート。

〔解答群〕

　　ア　a：PERT　　b：BAC　　c：ガントチャート　　d：管理図

　　イ　a：PERT　　b：BAC　　c：流れ図　　　　　　d：トレンドチャート

　　ウ　a：WBS　　b：EVM　　c：ガントチャート　　d：トレンドチャート

　　エ　a：WBS　　b：EVM　　c：流れ図　　　　　　d：管理図

解答	ウ

■解説

システム開発において，進捗管理に使用するチャートに関する知識を問う問題である。

a：WBS に関する記述である。WBS とは，プロジェクトの作業を各担当者のレベルまで展開し木構造にまとめたものである。

b：EVM に関する記述である。EVM では，プロジェクトにおける作業を Earned Value と呼ぶ数値に換算して，定量的にコスト効率とスケジュール効率を評価する。

c：下図のように，作業開始と作業終了の予定と実績を表示した横棒グラフで，プロジェクトのスケジュールを管理するために利用するチャートは，ガントチャートである。

	0	2	4	6	8	10	12	14	16	18
第1工程	A		B	C						
第2工程			A			B			C	

（平成 30 年度中小企業診断士 1 次試験「運営管理」第 4 問より）

d：横軸に開発期間，縦軸に予算消化率をとって表した折れ線グラフで，費用管理と進捗管理を同時に行うために利用するチャートは，トレンドチャートである。

よって，ウが正解である。

情報システムの評価 （価値評価）	ランク	1回目		2回目		3回目	
	A	／		／		／	

■令和元年度　第21問

　R．S．キャプランとD．P．ノートンが開発したバランスト・スコアカード（BSC）は，情報通信技術（ICT）投資の評価手法の1つとして使われることがある。BSCでは4つの視点から評価するとされているが，この4つの視点に<u>含まれないもの</u>はどれ<u>か</u>。

　　ア　学習と成長の視点

　　イ　競合企業の視点

　　ウ　業務プロセスの視点

　　エ　顧客の視点

　　オ　財務の視点

解答	イ

■解説

　経営的な視点で情報システムの有効性を評価する方法の1つとして利用される，BSC に関する知識を問う問題である。

　BSC は，情報システムを

・財務

・顧客

・業務プロセス

・学習と成長

の4つの視点から評価する。BSC により得られる ICT の価値評価と，コスト面の評価を組み合わせることで，より多面的に ICT の投資評価することができる。

　　ア：適切である。

　　イ：不適切である。

　　ウ：適切である。

　　エ：適切である。

　　オ：適切である。

　よって，イが正解である。

情報システムの評価 （価値評価）	ランク	1回目		2回目		3回目	
	B	／		／		／	

■平成28年度　第16問

　システム開発プロジェクトにおいて見積もりの方法として使われている CoBRA 法に関する記述として，最も適切なものはどれか。

　　ア　CoBRA 法では，工数の尺度として予算総額を用いる。

　　イ　CoBRA 法では，変動要因の値の散らばり方を近似するのに，正規分布を用いる。

　　ウ　規模・工数の実績データが10件程度あれば，CoBRA 法を適用できる。

　　エ　ファンクションポイントから CoBRA 法により，開発するシステムの規模を見積もる。

解答	ウ

■**解説**

　システム開発の見積もり手法である CoBRA 法に関する知識を問う問題である。

　　ア：不適切である。CoBRA 法で用いる工数の尺度は，予算総額ではなくファンクションポイント等で算出した規模を用いる。

　　イ：不適切である。CoBRA 法で変動要因によるコストの増加割合を近似するために用いるのは，正規分布ではなく三角分布である。

　　ウ：適切である。CoBRA 法は従来の熟練者による経験と過去のデータを組合せて見積もりを行う手法であり，過去 10 件程度の実績データから見積もりモデルを構築できるとしている。

　　エ：不適切である。CoBRA 法は，ファンクションポイント等で算出した規模に基づき，工数（コスト）を見積もる手法である。

　よって，ウが正解である。

情報システムの評価 （価値評価）	ランク	1回目		2回目		3回目	
	B	／		／		／	

■平成 29 年度　第 20 問

　システム化の構想や計画，あるいは IT 投資評価などを行う際に必要となる概念や
フレームワークなどに関する記述として，最も適切なものはどれか。

ア　EA（Enterprise Architecture）とは，組織全体の意思決定の階層を，戦略
　　的計画，マネジメントコントロール，オペレーショナルコントロールの3つ
　　に分けて，システム化の構想をするものである。

イ　IT ポートフォリオとは，リスクやベネフィットを考慮しながら IT 投資の対
　　象を特性に応じて分類し，資源配分の最適化を図ろうとするものである。

ウ　SLA（Service Level Agreement）とは，IT サービスを提供する事業者と
　　IT サービスを利用する企業間の契約で，IT サービスを提供する事業者が知
　　り得た経営上あるいは業務上の知識や情報の秘密を漏えいしないための秘密
　　保持契約をいう。

エ　WBS（Work Breakdown Structure）とは，現行の業務フロー分析を行い，
　　システム化の範囲を定めるために用いる手法である。

解答	イ

■解説

　システム化の構想や IT 投資評価に関する知識を問う問題である。

　　ア：不適切である。EA（Enterprise Architecture）とは，企業や政府機関など
　　　　の大規模な組織において，情報システムだけではなく業務手順を含めた全体
　　　　最適を図るための手法である。EA では，業務およびシステムを，4 つの層
　　　　　政策・業務体系（ビジネスアーキテクチャ）
　　　　　データ体系（データアーキテクチャ）
　　　　　アプリケーション体系（アプリケーションアーキテクチャ）
　　　　　技術体系（テクノロジーアーキテクチャ）
　　　　に分けて，現状の分析とあるべき姿を検討し，システム化の構想を行う。

　　イ：適切である。IT ポートフォリオでは，IT 投資の資源配分の最適化を図るた
　　　　めに，システム開発のプロジェクト遂行に関するリスクの軸と，システムに
　　　　よってもたらされるベネフィットとの軸の視点で IT 投資を評価する。

　　ウ：不適切である。SLA とは，IT サービスを提供する事業者と IT サービスを
　　　　利用する企業間の契約で，システムに求められる要件をどこまで実現するの
　　　　かを明記し，かつ，実現できなかった場合の対処法を明記したものである。
　　　　秘密保持契約は，NDA（Non-Disclosure Agreement）である。

　　エ：不適切である。WBS とは，プロジェクトの作業を各担当者のレベルまで展
　　　　開し木構造にまとめたものである。

　よって，イが正解である。

情報システムの評価 （価値評価）	ランク	1回目	2回目	3回目
	B	╱	╱	╱

■平成 30 年度　第 19 問

　情報システムを構築する上で，対象業務の最適化のみならず，企業全体にわたる業務とシステムの最適化を図ることが重要とされている。そのための手法として，エンタープライズアーキテクチャ（EA）が提唱されている。EA のビジネスアーキテクチャに関する記述として，最も適切なものはどれか。

　　ア　各業務において利用されるデータの内容やデータ間の関連性を体系化するもので，その結果，E−R 図などが作成される。

　　イ　共通化・合理化などを行った実現すべき業務の姿を体系化するもので，その結果，機能構成図や業務フローなどが作成される。

　　ウ　業務処理に最適な情報システムの形態を体系化するもので，その結果，情報システム関連図などが作成される。

　　エ　システムを構築する際に利用するもろもろの技術的構成要素を体系化するもので，その結果，ネットワーク構成図などが作成される。

解答	イ

■解説

　エンタープライズアーキテクチャにおける，ビジネスアーキテクチャに関する知識を問う問題である。

　エンタープライズアーキテクチャの最適化の検討イメージは下記のとおりである。現状とあるべき姿を，最もビジネスに近い業務体系からシステムが利用する技術体系までの４層の体系に分けて検討を行うことで，特定の領域に偏らない，企業活動の全体最適に貢献するシステムの最適化検討を行う。

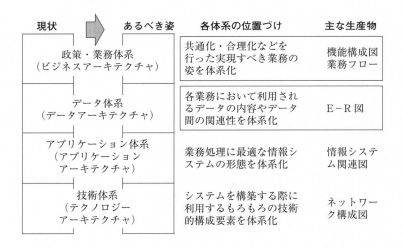

ア：不適切である。データアーキテクチャに関する記述である。

イ：適切である。ビジネスアーキテクチャに関する記述である。

ウ：不適切である。アプリケーション体系に関する記述である。

エ：不適切である。テクノロジーアーキテクチャに関する記述である。

　よって，イが正解である。

第 **10** 章

情報システムと意思決定

1. 計量分析技法

▶▶ 出題項目のポイント

・自由度とは，変数のうち，他の変数により影響されないものの数である。たとえば変数がN個存在する場合，もしそのうち1つの変数が他の変数の値から計算式等で算出できる変数であれば，自由度はN−1個になる。

・幾何分布とは，ベルヌーイ試行（AかBの事象しか発生しないといった事象）において，x回Bの事象が発生したあとx+1回目にAの事象が発生する確率の分布である。

・超幾何分布とは，ベルヌーイ試行（AかBの事象しか発生しないといった事象）において，母集団からn個の標本を取り出したとき，そのうちAの事象がx回発生する確率を表現した分布である。

▶▶ 出題の傾向と勉強の方向性

　統計に関する出題は，毎年のように出題される。そのため，学習の優先度を高めなければならないような印象を受ける受験生がいるかもしれない。しかし，他の過去問の知識をそのまま利用して解答できる問題が少なく，また，配点は他の問題と同じであるため，勉強時間に対して得点がアップする効果は限定的である。

■取組状況チェックリスト

1. 計量分析技法

計量分析技法

問題番号	ランク	1回目	2回目	3回目
令和元年度　第24問	A	/	/	/
令和4年度　第24問	B	/	/	/

計量分析技法（確率分布）

問題番号	ランク	1回目	2回目	3回目
—	—	/	/	/

計量分析技法（検定）

問題番号	ランク	1回目	2回目	3回目
令和3年度　第24問	C*	/	/	/
平成28年度　第25問	C*	/	/	/
平成27年度　第24問	C*	/	/	/
平成27年度　第25問	C*	/	/	/
平成26年度　第25問	C*	/	/	/

計量分析技法（回帰分析）

問題番号	ランク	1回目	2回目	3回目
令和4年度　第23問	B	/	/	/
令和2年度　第24問	B	/	/	/
平成29年度　第24問	B	/	/	/

計量分析技法（その他）

問題番号	ランク	1回目	2回目	3回目
令和3年度　第23問	C*	/	/	/
令和2年度　第23問	C*	/	/	/
平成29年度　第25問	C*	/	/	/
平成26年度　第24問	C*	/	/	/
平成28年度　第24問	C*	/	/	/

問題分析・意思決定技法						
問題番号	ランク	1回目		2回目		3回目
平成 30 年度　第 25 問	C *	／		／		／

＊ランク C の問題と解説は，「過去問完全マスター」の HP（URL：https://jissen-c.jp/）よりダウンロードできます。

計量分析技法	ランク	1回目		2回目		3回目	
	A	/		/		/	

以下の文章の空欄 A〜C に入る数値の組み合わせとして，最も適切なものを下記の解答群から選べ。

集積した数値データを分析する際に，データの値の大きさやばらつきの目安となるような特性値に注目することがある。

あるスーパーマーケットで 10 日間毎日，サンドイッチの売上個数を調査し，小さい順に並べたデータが以下に示されている。

46　48　50　50　51　51　53　53　53　55

このとき，サンドイッチの 1 日当たり売上個数の平均は　A　，メディアンは　B　，平均偏差は　C　である。

〔解答群〕

　ア　A：51　　B：51　　C：0.0

　イ　A：51　　B：51　　C：2.0

　ウ　A：51　　B：52　　C：2.0

　エ　A：52　　B：53　　C：0.0

解答	イ

■**解説**

統計データの基本統計量に関する知識を問う問題である。

平均は,

$(46+48+50+50+51+51+53+53+53+55)/10 = 51$

である。

平均偏差は,残渣の絶対値の平均であるため,

$(5+3+1+1+0+0+2+2+2+4)/10 = 2$

である。

メディアンは,中央値（昇順に並べた際に順位が真ん中の値）であるため,

51

である。

よって,イが正解である。

計量分析技法	ランク	1回目		2回目		3回目	
	B	／		／		／	

■令和 4 年度　第 24 問

　200 人が受験した試験結果から 10 人の得点を無作為に抽出して並べ替えたところ，以下のとおりであった。

　　2　　　2　　　4　　　5　　　5　　　7　　　8　　　8　　　9　　　10

　点推定による母平均と母分散の推定値に関する記述として，最も適切なものはどれか。なお，母分散の推定には不偏分散を用いることとする。

　　ア　母平均の推定値は 6.0 であり，母分散の推定値は 6.5 である。

　　イ　母平均の推定値は 6.0 であり，母分散の推定値は 7.2 である。

　　ウ　母平均の推定値は 6.0 であり，母分散の推定値は 8.0 である。

　　エ　母平均の推定値は 6.7 であり，母分散の推定値は 7.2 である。

　　オ　母平均の推定値は 6.7 であり，母分散の推定値は 8.5 である。

解答	ウ

■**解説**

　母平均の公式および母分散の公式を使用して，具体的な値を計算できるかを問う問題である。

　母平均＝（2＋2＋4＋5＋5＋7＋8＋8＋9＋10）／10＝6.0

　母分散＝偏差平方和／自由度

$$= \frac{(2\text{-}6)^2 + (2\text{-}6)^2 + (4\text{-}6)^2 + (5\text{-}6)^2 + (5\text{-}6)^2 + (7\text{-}6)^2 + (8\text{-}6)^2 + (8\text{-}6)^2 + (9\text{-}6)^2 + (10\text{-}6)^2}{10\text{-}1}$$

$$= 72 ／ 9 = 8.0$$

である。

　よって，ウが正解である。

計量分析技法（検定）	ランク	1回目	2回目	3回目
	B	／	／	／

■令和4年度　第23問

　統計的仮説検定に関する記述として，最も適切な組み合わせを下記の解答群から選べ。

　　a　第1種の過誤とは，帰無仮説が真であるにもかかわらず帰無仮説を棄却してしまう誤りをいう。

　　b　第1種の過誤とは，帰無仮説が偽であるにもかかわらず帰無仮説を採択してしまう誤りをいう。

　　c　第2種の過誤とは，帰無仮説が偽であるにもかかわらず帰無仮説を採択してしまう誤りをいう。

　　d　第2種の過誤とは，帰無仮説が真であるにもかかわらず帰無仮説を棄却してしまう誤りをいう。

　　e　有意水準（危険率）とは，第1種の過誤を犯す確率のことである。

　　f　有意水準（危険率）とは，第2種の過誤を犯す確率のことである。

　　g　検定力（検出力）とは，第1種の過誤を犯す確率のことである。

〔解答群〕
　　ア　aとcとe
　　イ　aとcとf
　　ウ　aとfとg
　　エ　bとdとe
　　オ　bとdとg

解答	ア

■解説

　統計的仮説検定に関連する第1種の過誤・第2種の過誤について知識を問う問題である。

　　a：適切な記述である。なお，帰無仮説とは，仮説検定において当否を検定される仮説。通常，否定されることを期待するよう設定される。

　　b：不適切な記述である。aの記述のとおり，帰無仮説が真であるにもかかわらず帰無仮説を棄却することを第1種の過誤と呼ぶ。

　　c：適切な記述である。

　　d：不適切な記述である。cの記述のとおり，第2種の過誤とは，帰無仮説が偽であるにもかかわらず帰無仮説を採択してしまう誤りをいう。

　　e：適切な記述である。なお，有意水準は α（アルファ）とも呼ばれる。

　　f：不適切な記述である。第2種の過誤を犯す確率は，β と呼ばれる。

　　g：不適切な記述である。検定力とは，$1 - \beta$ で表される値である。

　よって，アが正解である。

計量分析技法 （回帰分析）	ランク	1回目	2回目	3回目
	B	／	／	／

■令和 2 年度　第 24 問

　以下の a ～ d は，分析したい状況に関する記述である。それぞれの状況において，どのような分析手法が適切か。最も適切なものの組み合わせを下記の解答群から選べ。

　a　ある企業には 3 つの事業部がある。事業部ごとの売上高利益率の日次データが与えられている。この 3 つの事業部で売上高利益率に差異が見られるのかを検討したい。

　b　ある商品の売上高の日次データと，その商品の売上高に関係があると想定されるいくつかの変数のデータがある。どの変数が売上高にどの程度寄与しているのかを検討したい。

　c　数千人の顧客について，属性データ（男女・所得・購入履歴など）や趣味・嗜好に関するデータがある。顧客の特性にあったマーケティング活動をしたいので，顧客を分類したい。

　d　Web サイトの候補として 2 つのパターンがある。どちらのパターンを採用するかを決めたい。

〔解答群〕

　ア　a：判別分析　b：回帰分析　c：コンジョイント分析　d：A/B 分析

　イ　a：判別分析　b：相関分析　c：コンジョイント分析　d：アクセス分析

　ウ　a：分散分析　b：回帰分析　c：クラスター分析　d：A/B 分析

　エ　a：分散分析　b：相関分析　c：クラスター分析　d：アクセス分析

解答	ウ

■解説

計量分析の目的と，それに適する分析手法に関する知識を問う問題である。

a：分散分析に関する記述である。分散分析は，たとえば3クラスのテストの点数の平均点に差があるかどうかなどを検定する際に使用される。

b：回帰分析に関する記述である。回帰分析では，売上高とそれぞれの変数ごとの因果関係の強さを，寄与率によって定量化することができるため，回帰分析が適切である。

c：クラスター分析に関する記述である。数千人の顧客をクラスターというかたまりにまとめて，クラスターごとにマーケティングをする際などに用いられる。

d：A/B分析に関する記述である。パターンAとパターンBのWebサイトの候補をユーザに提示し，より期待した反応を得たパターンを採用する手法である。

よって，ウが正解である。

計量分析技法 （回帰分析）	ランク	1回目	2回目	3回目
	B	／	／	／

■**平成 29 年度　第 24 問**

　ある企業では，ここ数年の月当たり販売促進費とその月の売上高を整理したところ，下図のような関係が観察された。

　販売促進費と売上高の関係式を求めるための分析手法として，最も適切なものを下記の解答群から選べ。

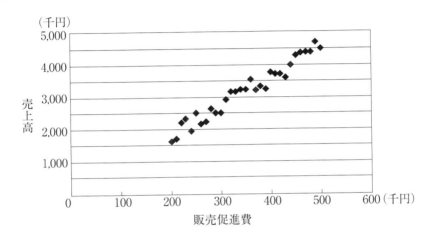

〔解答群〕

　ア　因子分析

　イ　回帰分析

　ウ　クラスター分析

　エ　コンジョイント分析

解答	イ

■**解説**

回帰分析に関する知識を問う問題である。

ア：不適切である。因子分析は，複数の因子（パラメータ）を，対象とする事象
と相関関係の強い因子に絞り込む際に使用する。

イ：適切である。回帰分析では，本設問の図のように，複数のパラメータ間の関
係式を求める。これにより，たとえば，目標とする売上高を達成するために
どの程度の販売促進費をかけるべきかといった経営判断に利用することが可
能である。

ウ：不適切である。クラスター分析は，異なるデータをいくつかのパラメータに
もとづいてグループ分けする手法である。

エ：不適切である。コンジョイント分析とは，分析対象の評価に対する，個々の
パラメータの影響の度合いを算出する分析である。

よって，イが正解である。

第 11 章

その他経営情報管理に関する事項

事業系パソコンについては平成13年から，家庭系パソコンについては平成15年から，法律に基づいた回収・リサイクルが行われている。そのため，それ以降に廃棄されるパソコンについて，メーカーは回収・再資源化の義務が課せられている。

また，個人や家庭で利用する家庭系パソコンと，法人が利用する事業系パソコンの場合で，下記のように扱いが異なるポイントについて，問われている。

・家庭系パソコンの場合

PCリサイクルマークがある場合，メーカーが無償で回収・再資源化する。また，PCリサイクルマークがない場合，または回収するメーカーがないパソコン（自作のパソコン，倒産したメーカー・事業撤退したメーカーのパソコンなど）は，有限責任中間法人パソコン3R推進センター（平成21年に一般社団法人パソコン3R推進協会に名称変更）が有償で回収・再資源化する。

・事業系パソコンの場合

法人が利用する事業系パソコンでは，個人や家庭で利用する家庭系パソコンと異なり，PCリサイクルマークが付くことはない。また，回収スキームが一部家庭系パソコンと異なる。たとえば，事業系パソコンは家庭・個人から排出されるパソコンと異なり，ゆうパックによる回収を行うことができず，メーカーが行っている回収を利用する必要があるなどの違いがある。

▶▶ 出題の傾向と勉強の方向性

パソコンの回収・再資源化に関する出題が過去2回行われている。今やパソコンは中小の事業者にとっても利用を避けられないものであるため，正確に理解して同様の問題が出題された際に，問題なく解答できるようにしたい。

■取組状況チェックリスト

1. その他経営情報管理に関する事項							
その他経営情報管理に関する事項							
問題番号	ランク	1回目		2回目		3回目	
平成28年度 第23問	A	/		/		/	

その他経営情報管理に関する事項	ランク	1回目		2回目		3回目	
	A	/		/		/	

多くの情報機器を用いて業務を行わなくてはならない状況が進展しつつある中，そのエネルギー消費や機器の廃棄などで環境への配慮が重要な課題となりつつある。環境問題への対応に関する記述として最も適切なものはどれか。

ア　EuP（Energy-using Product）とは，エネルギー使用製品に対して環境配慮設計を義務づけるわが国独自の規制のことである。

イ　IT 機器自体の省エネを Green by IT，IT を利活用した社会の省エネを Greenof IT といい，グリーン IT 委員会（JEITA）はそれらを導入した場合の省エネ効果を試算している。

ウ　PUE（Power Usage Effectiveness）とは，データセンターやサーバ室のエネルギー効率を表す指標で，企業全体の消費電力をデータセンターの消費電力で除算した数値である。

エ　ホワイトデータセンターとは，電力消費を低減するため雪氷熱を利用するデータセンターである。

解答	エ

■解説

情報機器の利用に伴う環境問題への対応に関する知識を問う問題である。

ア：不適切である。EuP とは，エネルギーを使う製品にデザインや設計段階における環境配慮を求める指令である。欧州議会（EU）で制定されたため，わが国独自の規制ではない。

イ：不適切である。IT 機器や情報システム自体の省エネが Green of IT であり，IT を利活用した社会の省エネが Green by IT である。JEITA は導入に伴う CO_2 削減効果を試算しており，JEITA による導入効果の試算が存在する趣旨の記述は適切である。

ウ：不適切である。PUE とは，データセンター全体の消費電力を IT 機器の消費電力で除算した数値である。

エ：適切である。ホワイトデータセンターとは，寒冷地にデータセンターを構築し，IT 機器の冷却に雪や外気を利用して消費電力を低減するデータセンターである。

よって，エが正解である。

参考文献

・同友館編集部『中小企業診断士1次試験過去問題集　各年版』同友館

■経営情報システム　出題範囲と過去問題の出題実績対比

情報通信技術に関する基礎的知識

大分類	中分類	小分類	ページ	H26	H27	H28	H29
情報処理の基礎技術	ハードウェア	コンピュータの機能	13~42	第1問，第2問，第6問	第1問	第1問，第3問	第1問，第2問，第14問
		コンピュータの利用	43~54			第2問	第3問，第4問
	ソフトウェア	ソフトウェアとその種類	59~66			第4問	第5問，第15問
		オペレーティングシステム	67~70	第3問			
		プログラム言語と言語プロセッサ	71~84		第3問，第4問		
		表計算ソフトウェア	85~86		第5問	第5問	
	プログラム設計	アルゴリズム	電子版	第5問			
		データ構造	電子版				第6問
情報処理の形態と関連技術		バッチ処理	91~94				
		クライアント・サーバシステム	—				
		マルチメディア処理	95~102	第8問			
		Webコンピューティング	107~158	第4問	第2問，第13問，第15問	第7問，第22問	第7問，第8問，第23問
データベースとファイル		データベースの構造・種類	163~200	第9問	第6問，第7問，第8問	第8問，第9問	第10問
		ファイルの編成	—				
通信ネットワーク		LAN・VAN	209~226	第11問		第11問	第11問
		インターネット・イントラネット・エクストラネット	227~268	第10問，第12問，第19問	第9問，第10問	第6問，第10問，第12問	第12問
システム性能		システムの性能評価	273~278		第11問		
		システムの信頼性・経済性	279~292	第7問	第12問		第13問
その他情報通信技術に関する基礎的知識に関する事項			293~306				

※電子版とは，PDF で提供しているランク C の問題のことです。

H30	R1	R2	R3	R4	R5
	第1問, 第2問	第2問, 第12問	第1問	第6問	第1問
第1問, 第12問		第1問	第2問		第10問, 第14問
				第10問	
第3問					
第2問		第3問	第4問, 第6問	第3問	
	第4問				
			第9問		第2問
				第2問	
	第6問	第7問			
	第10問	第8問			第7問
第6問, 第13問	第3問, 第15問, 第22問, 第23問	第5問, 第13問, 第16問, 第22問, 第25問	第3問, 第7問, 第17問	第12問, 第22問	第25問
第4問, 第8問	第9問	第6問	第10問	第2問, 第5問, 第14問	第5問, 第8問, 第9問
	第11問, 第12問	第9問	第12問	第1問, 第8問	第12問
第5問, 第7問, 第9問, 第10問, 第14問	第8問	第10問	第5問, 第21問, 第25問	第7問	第11問, 第21問, 第22問
				第21問	第13問
第11問	第7問, 第13問		第20問		第6問
第15問	第25問	第11問	第13問	第15問, 第25問	第3問, 第24問

経営情報管理

大分類	中分類	小分類	ページ	H26	H27	H28	H29
経営戦略と情報システム	経営戦略と情報化	e- ビジネス	電子版			第14問	
	情報システムの種類と内容	意思決定支援システム	313～324				第16問
		企業革新と情報システム	—				
情報システムの開発	システム化の計画とプロセス	システム構想策定	331～360	第13問, 第18問, 第20問, 第22問	第17問, 第23問	第15問, 第17問	
		システム分析・設計技法	361～392	第15問, 第17問	第16問, 第18問, 第20問		第17問
	現行システムの分析		—				
	システムテスト・導入支援		395～404		第19問		第19問
情報システムの運用管理	システム運用	利用者の参加・教育	—				
		情報専門家の育成・配置	電子版			第18問	
		システム運用管理体制	409～410	第23問	第14問 (削除)		
		プロジェクト管理	411～418				第21問
	セキュリティとリスク管理		423～454	第14問, 第16問, 第21問	第22問, 第21問	第13問, 第19問, 第20問	第22問
情報システムの評価	品質評価		459～462			第21問	
	価値評価		463～476			第16問	第18問, 第20問
情報システムと意思決定	計量分析技法		481～490	第24問, 第25問	第24問, 第25問	第24問, 第25問	第24問, 第25問
	問題分析・意思決定技法		電子版				
その他経営情報管理に関する事項			493～494			第23問	

H30	R1	R2	R3	R4	R5
	第14問	第14問			
	第16問		第8問	第4問	第4問，第16問
第16問，第17問		第4問，第15問，第19問	第15問，第16問，第19問	第9問	第15問，第19問
第20問	第5問，第17問	第17問	第14問，第18問	第11問，第13問	第17問
第21問	第18問	第17問，第20問			第18問
第24問					
第22問				第19問	第20問
第23問	第19問，第20問	第21問	第11問，第22問	第16問，第17問，第20問	第23問
				第18問	
第18問，第19問	第21問	第18問			
	第24問	第23問，第24問	第23問，第24問	第23問，第24問	
第25問					

■編著者

過去問完全マスター製作委員会

中小企業診断士試験第1次試験対策として，複数年度分の過去問題を論点別に整理して複数回解くことで不得意論点を把握・克服し，効率的に合格を目指す勉強法を推奨する中小企業診断士が集まった会。

「過去問完全マスター」ホームページ

https://jissen-c.jp/

頻出度ランクCの問題と解説は，ホームページから
ダウンロードできます（最初に，簡単なアンケートがあります）。
また，本書出版後の訂正（正誤表），重要な法改正等も
こちらでお知らせします。
誤植・正誤に関するご質問もこちらにお願いいたします。ただし，
それ以外のご質問に対しては回答しかねます。

2024年4月15日　第1刷発行

2024年版　中小企業診断士試験
過去問完全マスター　6　経営情報システム

編著者　過去問完全マスター製作委員会
発行者　脇　坂　康　弘

発行所　株式会社　同友館

東京都文京区本郷 2-29-1
郵便番号　113-0033
電話　03(3813)3966
FAX　03(3818)2774
https://www.doyukan.co.jp/

落丁・乱丁本はお取替えいたします。　　　　　　　　藤原印刷
ISBN978-4-496-05687-1　　　　　　　　　　　Printed in Japan

同友館 中小企業診断士試験の参考書・問題集

2024年版 ニュー・クイックマスターシリーズ

2024年版 過去問完全マスターシリーズ

https://www.doyukan.co.jp/

〒113-0033　東京都文京区本郷 2-29-1
Tel. 03-3813-3966　Fax. 03-3818-2774